RENCONTRES SUR LE MISSISSIPI, 1682-1763

RENCONTRES SUR LE MISSISSIPI, 1682-1763

A French Language Reader of Historical Texts

Gail Alexander Buzhardt

Margaret Hawthorne

Published for the Mississippi Department of Archives and History

University Press of Mississippi
Jackson

Mississippi Department of Archives and History

Patricia Galloway, Project Director

Elbert R. Hilliard, Director

Typesetting and layout by Altamese Wash

Copyright © 1993 by Mississippi Department of Archives and History
All rights reserved
Manufactured in the United States of America
96 95 94 93   4 3 2 1
This book meets the guidelines for permanence and durability of the
Committee on Production Guidelines for Book Longevity of the Council on
Library Resources and the Official Manufacturing Standards and Specifications
of the National Association of State Textbook Administrators.

Library of Congress Cataloging-in-Publication Data

Rencontres sur le Mississipi, 1682-1763 : a French language reader of historical
   texts / [compiled by] Gail Alexander Buzhardt, Margaret Hawthorne.
        p.   cm.
     Includes bibliographical references.
     ISBN 0-87805-665-3 (alk. paper)
     1. Mississippi River Valley — Discovery and exploration — French —
   Sources. 2. French — Mississippi River Valley — History — Sources. 3.
   French language — Readers — History. I. Buzhardt, Gail Alexander. II.
   Hawthorne, Margaret. III. Mississippi. Dept. of Archives and History.
   F352, R42 1993   93-14053
   975.2'02—dc20   CIP

British Library Cataloging-in-Publication data available

Table of Contents

Credits

Page numbers given in **bold** type. References to sources will be found in the Bibliography on page 250.

Illustration credits: **xiv**, Winsor IV, 228; **2**, Du Pratz II, 368; Minet, Voiage, 29; **3**, Minet, Voiage, 26; **6**, Du Pratz II, 101; Diderot VI, 27 (all volume numbers refer to the 11 volumes of plates in the first edition); **11**, Winsor IV, 237; **15**, Dumont de Montigny, Poeme; **17**, Bibliothèque Municipale de Rouen; **20**, Thomassy, *La Salle*, pl. ii; **22**, Diderot, *Supplément*, 121; **23**, Delisle, *Amérique Septentrionale*, 1718, Mississippi Department of Archives and History (MDAH), MA/A2/1718 (inset); **25**, Winsor V, 15; **31**, Diderot VII, 109; **33**, Diderot VI, 29; Du Pratz II, 60; **35**, Diderot VII, 111 and VI, 45; **37**, Bibliothèque Nationale (BN), Cabinet des Estampes, Vd 21, t 2; **41**, Du Pratz II, 71; **42**, Du Pratz II, 152; Dumont de Montigny, Poeme; **44**, Du Pratz II, 152; **46**, Archives de la Marine, C 4044, 81; **48**, Du Pratz II, 35; **50**, Carte du Cours du Fleuve St. Louis au Detour des Anglois, Archives Nationales (AN), Section Outre-Mer (SOM), Dépôt des Fortifications des Colonies (DFC), Louisiane 55a; De Batz, Temple des Sauvages, 1732, Peabody Museum, Harvard University; **54**, Du Pratz II, 376; **56**, Diderot VI, 59; **60**, Swanton, *Indians*, pl. 89; **62**, Diderot IX, 49; **67**, Diderot, *Supplément*, 146; **68**, Arthur Ollivier, untitled, collection of G. Buzhardt; **69**, Plan de Ville et du Fort Louis, sur la Mobile, AN, SOM, DFC, Louisiane 120b; **73**, Winsor V, 26; **79**, Du Pratz II, 12; **81**, Dumont de Montigny, Carte de la Province de la Louissianne, 1740, MDAH, MA/A2/1740b; Mallet, *Travaux*; **85**, Bossu, *Nouveaux voyages*, frontispiece; Compton 4, 2066; **90**, Dumont de Montigny, Poeme; Dumont de Montigny, Les Natchez, MDAH, MA/A2/1728d; **96**, Monardes, *Historia medicinal*, 40; Veue de l'Isle Dauphine dans la Province de la Louisiane, BN, pf. 138, div. 10-6D; **99**, Law, *Anmerkingen*, opp. 200; **100**, Ibid., frontispiece; **102**, Commerce des esclaves a Martinique, BN, Estampes; **105**, Leblond de la Tour, Plan des Ouvrages Projettés pour le Nouveau Establissement du Nouveau Biloxy, 1721, AN, SOM, DFC, Louisiane 135C; **106**, Diderot VI, 58; **108**, Bouteaux, Veue du Camp de la Concession de Monseigneur Law au Nouveau Biloxy . . . 1720, Newberry Library; **111**, *Tafereel* 19a and b; **113**, Dumont, Concession de Mr. de Chaumont, MDAH, MA/A2/1726/No. 1 (inset); **115**, Monnereau, *Parfait Indigotier*, 15; **117**, Diderot, *Supplément*, 244; **119**, Winsor V, 39; **121**, Du Pratz II, 94; **125**, De Batz, Plan du Batiment Servant d'Hopital pour les negres . . ., AN, SOM, DFC, Louisiane 92c; **131**, Du Pratz III, 55; Broutin, Carte Particuliere du Cours du Fleuve Mississipi ou St. Louis . . ., Service Historique de la Marine, Receuil 69, carte 38; **135**, Du Pratz II, 8, 98; Diderot VI, 14; **139**, Blanchard, *Choctaws at Play*, frontispiece, University of Illinois Press; Diderot VIII, 85; **140**, Catlin, *Indians* II, pl. 226; **146**, Dumont de Montigny, Les Natchez, MDAH, MA/A2/1728d; **148**, MDAH photo; **150**, Lemaire, *Voyages*, 60; **153**, De Batz, Plan du Camp des Negres . . ., AN, SOM, DFC, Louisiane 91; **156**, De Batz, Cabane du Chef, 1732, Peabody Museum, Harvard University; **158**, Gonichon, Plan de la Nouvelle Orleans, 1731, AN, SOM, DFC, Louisiane 89B; Louisiana Department of Transportation; **160**, Hélyot, *Ordres monastiques*; *Tafereel*, 36a; **162**, AN, Archives des Colonies (AC), Série C13A, vol. 22, 68; **165**, Chaussegros de Léry, AN, SOM, DFC, Louisiane 51c; **169**, AC, C13A, vol. 22, 67; **173**, Du Pratz II, 94, 31; **174**, Diderot VI, 15; **179**, Du Pratz III, 210; **181**, Swanton, *Early History*, pl. 5; **189**, N. Guerard engraving, Brown University Library, Anne S.K. Brown Military Collection; Du Pratz II, 429; **191**, *Tafereel*, 74; **200**, Picture Collection, Branch Libraries, New York Public Library; BN, Estampes; **205**, AC, C13A, vol. 39, 277; **210**, Commission of Toupa Ouma, 1760, collection of A.M. Copping; **213**, Dumont de Montigny, *Mémoire Historique* II, 51; **217**, Dumont de Montigny, Memoire ms; **221**, Swanton, *Indians*, pl. 90; **224**, Du Pratz II, 310; **228**, Du Pratz II, 67; **229**, Diderot VI, 30.

Printed images from Du Pratz, Bossu, Law's *Anmerkingen*, *Het Groote Tafereel der Dwaasheid*, and additional images on pages 23, 81, 90, 113, 146, and 148 are used courtesy the Mississippi Department of Archives and History. Images from Lemaire, Monardes, and Monnereau used with permission of the John Carter Brown Library at Brown University. Additional printed and manuscript images used with permission from the credited institutions.

Manuscript materials used with permission from the following repositories: National Archives of Canada (Minet, Voiage), Bibliothèque de l'Arsenal (Dumont de Montigny, Poeme), Newberry Library (Dumont de Montigny, Memoire ms). Selections on pages 107-8, 112-13, 147-48, 212-13, and 229 previously published in *Mississippi's French Heritage*, used with permission of the Mississippi State Department of Education.

Preface

This volume is intended as a supplementary reader for French students on all levels. The selections are varied in length, subject matter and degree of difficulty and are arranged chronologically except for those dealing with flora and fauna. In this way teachers may choose to use the reader as a major element in the classroom or as minor supplement.

The documents were written by French colonists, explorers, administrators, priests and soldiers who lived in the lower Mississippi River region known as *La Louisiane*. Most selections were transcribed from eighteenth-century published volumes or microfilm copies of the original documents. Excerpts from French literature are also included in the reader. The language of the selections has been normalized by changing verb forms and a very few other words to modern spellings.

Teachers and students are strongly encouraged to visit the Mississippi Department of Archives and History in order to read complete documents and to research this intriguing period of American history.

The origin of this project came from Patricia Galloway's suggestion that a textbook based on the writings of 18th century Frenchmen in the Lower Mississippi Valley would be valuable to American students of French. We are extremely grateful for her unceasing encouragement and counsel throughout our preparation of this book and hope that the completed volume is worthy of her conception.

We would also like to thank the director and staff of the Mississippi Department of Archives and History, including former Scholar-in-Residence, Martha Wilkins. Our particular thanks go to Altamese Wash as typesetter and layout specialist.

Our grateful thanks go to Claudine Chadeyras who provided expert advice on French language usage.

The Mississippi State Department of Education has helped this project by providing a forum for teachers to give suggestions for early drafts of this reader and by assisting in setting up classroom trials by Mississippi teachers in 1991. In addition, the 1992 Summer Institute for French Teachers, funded by a National Endowment for the Humanities grant awarded to the State Department of Education and the Institutions of Higher Learning, based its curriculum on some of these materials. Participating teachers contributed valuable units to the instructors' manual for this reader.

This project was made possible in part by grants from the Mississippi Humanities Council, the Kiwanis Club, the Du Pont Corporation, Stuart Irby, the Gannett Foundation, the Telephone Pioneers, and an anonymous friend. A grant from the Phil Hardin Foundation made this publication possible.

Gail Alexander Buzhardt and Margaret Hawthorne

Introduction: The French in the Mississippi Valley

Though Louis Jolliet and Father Jacques Marquette received the credit for "discovering" the Mississippi River in 1673, they only descended as far south as the Arkansas River. The location of the mouth of the Mississippi remained unknown. Nine years later René-Robert Cavelier, Sieur de la Salle, successfully navigated the great river from its confluence with the Illinois all the way to the Gulf of Mexico, establishing peaceful alliances with the Indian inhabitants along the way. On April 9, 1682, he claimed the entire Mississippi watershed for France.

La Salle made an attempt to locate the river's mouth by sea three years later, but was unsuccessful. Fourteen years passed before the effort to establish a French colony was renewed. Pierre Le Moyne, Sieur d'Iberville, a prominent Canadian, was chosen to head an exploratory expedition. His ships reached the coastal waters of Florida in late January of 1699, only to find that the Spaniards had taken the best harbor, Pensacola. Following the coastline, Iberville and his men explored present-day Mobile Bay, Massacre Island (Dauphin Island), Ship Island, and Biloxi Bay before unknowingly sailing right into the Mississippi. When they returned to France they left a small group of men behind under the command of Sauvole to build and man Fort Maurepas on the Mississippi Gulf Coast.

Hearing of the palpable Spanish threat to the French claim on the Mississippi, King Louis XIV decided to establish a colony under Iberville, who made two more trips to the new colony of "Louisiane." When he died in 1707 the colony was left temporarily in the hands of his younger brother, Bienville. The greatest problem facing the young colony was the lack of colonists. By 1702 the French population had not even reached 150 people. Merchants were not willing to assume the great financial risks involved in colonial ventures, nor were skilled laborers willing to risk losing an existing market in France for one just starting up in Louisiana. The problem was worsened by the numbers of people who intended to stay in the colony only long enough to amass a personal fortune. French women were just as reluctant to adopt the lifestyle of a colonist as were men.

Without the help of the Indians of the region, the colony would have been in worse condition. During the winters the men at the forts often went to live among the Indians to escape starvation. Supply ships were few and irregular in their arrivals, and the French attempts at growing wheat in the humid southern regions were a disaster. Disappointed in the lack of progress, the king decided to grant the colony as a monopoly commercial venture to Antoine Crozat, a financier who agreed to send colonists and establish trade. But Crozat's chosen governor, Antoine de La Mothe Cadillac, was a dismal failure. Cadillac, the ex-commandant of the French fort at Detroit, alienated colonists and Indians alike, and Crozat finally handed the colony back in 1717. Still convinced that it would prosper as a commercial venture, the king granted it to the financier John Law and his *Compagnie de l'Occident*. Law moved quickly to populate the colony through joint-stock *concessions* or land-grants whose value inflated until the famous "Mississippi Bubble" burst. But Law had been successful in bringing thousands of colonists as well as black slaves from his Guinea Company enterprise in West Africa, and a combined *Compagnie des Indes* continued to run the colony after Law's fall in 1720.

The Indians of Louisiana were important allies in the continuous struggle to keep the British out of the Mississippi Valley. The Choctaws were especially loyal to the French, but the colony became in many ways more dependent for a time upon the good will of the more complex chiefdom of the Natchez Indians, particularly when their fertile lands on the Natchez Bluffs proved desirable for growing the colony's main cash crop, tobacco. Friction between Frenchmen and Natchez as the two groups began to live close together erupted in rebellion in 1729, when the Natchez killed all French males in the settlements around Fort Rosalie after a demand for one of their sacred sites was made. When the Natchez fled to join the Chickasaws after punitive attacks in 1730, the French were obliged to undertake the first and second Chickasaw wars of 1736 and 1740 under the leadership of Bienville, who had been brought back to run the colony after the *Compagnie des Indes* turned it back over to the crown in 1732.

France's increased competition with Great Britain caused divisive factions among the Indian allies of both countries. The English had had strong ties with the Chickasaws since the end of the seventeenth century, and they were strengthened as a result of the two unsuccessful French campaigns against them in 1736 and 1740. In 1742, after failing to redeem himself against the Chickasaws, Bienville was recalled to France.

Pierre de Rigaud, Marquis de Vaudreuil, Bienville's successor, arrived in New Orleans from Canada in 1743, just before war broke out in Europe between France and England, leading to a long and troublesome blockade of French ships by the British. When Louisiana Choctaw allies were unable to obtain trade goods from the French, some tried to turn to the English, resulting in their fighting a bitter civil war from 1746-1750. The infamous Red Shoe (Soulier Rouge) was the western Choctaw chief who traded with the English and led his people against the eastern Choctaws and their French allies. Although Red Shoe was finally killed, Vaudreuil was never entirely successful in securing an exclusive relationship with the Choctaws. Added to Choctaw trade with the English, isolated attacks on the colonists continued, such as the raid by Choctaw rebels on the German settlement above New Orleans in 1748. Vaudreuil left the colony in 1753 to become governor of New France in Canada.

Louis Billouart de Kerlérec succeeded Vaudreuil as governor and remained for ten years. The French and Indian War, during the years 1754-1763, evolved from territorial disputes between the French and English in Acadia and the Great Lakes region, but necessarily involved colonists and Indians in the southern part of the continent. Kerlérec worked vigorously to defend the colony against the English, but received little support from the French government. In 1763 he returned to France and was later tried for misconduct while governor.

Jean-Jacques Blaise d'Abbadie, appointed as Director-General of the colony after Kerlérec's departure, arrived in June, 1763. He remained until October 1763, when the English began to take over the French posts.

The end of the French and Indian War was also the end of France's reign in colonial Louisiana. The Treaty of Paris, signed in 1763, gave to Great Britain all French possessions east of the Mississippi River. France retained New Orleans, which included control of the mouth of the Mississippi, and territories west of the Mississippi, which she then gave to her ally, Spain, perhaps with the hope of someday regaining her lost empire. The Indians whose land it was were not consulted, much to their chagrin. The majority of existing French settlers remained behind, although many of those living east of the Mississippi chose to cross the river to settle in what would later become the state of Louisiana.

FOR FURTHER READING

Brain, Jeffrey P. *Tunica Treasure*. Cambridge: Peabody Museum, 1979.
Galloway, Patricia, (ed.). *La Salle and His Legacy: Frenchmen and Indians in the Lower Mississippi Valley*. Jackson: University Press of Mississippi, 1982.
Giraud, Marcel. *Histoire de la Louisiane française*. 4 vols. Paris: Presses universitaires de France, 1953: Giraud, *A History of French Louisiana*. Vols. I, II, and V. Baton Rouge: Louisiana State University Press, 1974, 1993, and 1992.
Hall, Gwendolyn Midlo. *Africans in Colonial Louisiana*. Baton Rouge: Louisiana State University Press, 1992.
Huber, Leonard Victor. *Louisiana, A Pictorial History*. New York: Scribners, 1975.
Mitford, Nancy. *The Sun King*. New York: Harper and Row, 1966.
Rowland, Dunbar, and A.G. Sanders, ed. and trans. *Mississippi Provincial Archives: French Dominion*. Vols. I-III. Jackson: Press of the Mississippi Archives and History, 1932: Rowland, Sanders, and Patricia Galloway, ed. and trans. *Mississippi Provincial Archives: French Dominion*. Vols. IV and V. Baton Rouge: Louisiana State University Press, 1984.
Surrey, Nancy M. Miller. *The Commerce of Louisiana During the French Regime, 1699-1763*. New York: Columbia University Press, 1916.
Usner, Daniel H., Jr. *Indians, Settlers, and Slaves in a Frontier Exchange Economy*. Chapel Hill: University of North Carolina Press, 1992.
Weddle, Robert S., ed. *La Salle, the Mississippi and the Gulf*. Texas A&M University Press, 1987.

RENCONTRES SUR LE MISSISSIPI,
1682-1763

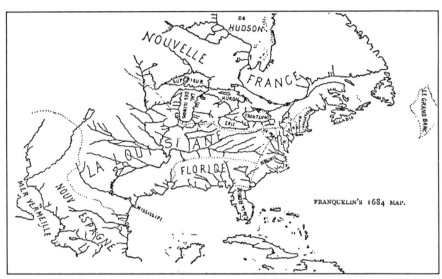

This tracing of a 1684 map by the Canadian cartographer Franquelin shows the confused ideas that Europeans still had about the North American interior even after La Salle's explorations.

La Salle Meets the Quapaws (1682)

After traveling south from the Illinois country on the Mississippi River for over a month, La Salle and his men encountered the Quapaw Indians near the Arkansas River. Once it was clear that the French were not on a war mission, the *calumet de paix* (peace pipe) was presented and a feast declared. Young Nicolas de la Salle, a member of the expedition but no relation to the expedition's leader, narrates the following incident.

On **fit** traverser les canots sur la gauche à une pointe de **sable**. On **se retranche** le mieux que l'on peut avec des petits **bois de tremble**, qu'on **coupa**, **dont** on fit des palissades. La **brume** se **cessa**, et l'on **vit** un **canot** de **Sauvages** venir à nous. **D'abord qu'**ils **furent** à la portée de la **flèche**, ils en **tirèrent** une. Si on leur avait tiré une aussi, ils **auraient** pris cela pour une marque qu'on venait en guerre chez eux. Mais **voyant** qu'on ne leur en tirait point, ils s'en **retournèrent chercher dire** que c'étaient des gens de **paix**. Ils **revinrent** 6 sans armes avec le **calumet** de paix **faisant** signe qu'on **vienne** à leurs habitations. Ils **présentèrent** à fumer à M. de la Salle et à tous ceux qui étaient **autour de** lui **disant** toujours qu'on **s'embarque**. Ce qu'on fit d'abord qu'on **fut** arrivé chez eux, ils **firent festin de maïs** à toute la troupe. Le lendemain les **guerriers** et la jeunesse **dansèrent** le calumet. C'est de s'assembler tous sur la place. Les guerriers mettent leurs présents sur des **perches** comme quand on veut faire **sécher du linge**. Ils apportent deux grands calumets **enjolivés** de plumes de toutes couleurs et **pleins** de cheveux de leurs ennemis. Ils mettent tout cela entre les mains de leurs chefs qui sont **assis** sur leurs **culs** et arrangés autour de la place. Ils ont tous des gourdes pleines de **cailloux** et des **tambours** qui sont des pots de terre. Ils commencent une chanson qu'ils accompagnent du

fit had
sable n.m. sand / **se retranche** entrenches
bois de tremble n.m. aspen trees / **coupa** cut
dont from which / **brume** n.f. fog / **cessa** ceased
vit saw / **canot** n.m. canoe, small boat / **Sauvages** n.m. Indians / **d'abord qu'** as soon as / **furent** were / **flèche** n.f. arrow (**à la portée de la flèche** within arrow-shot) / **tirèrent** shot / **auraient** would have / **voyant** seeing / **retournèrent** turned back / **chercher dire** in order to say / **paix** n.f. peace / **revinrent** returned / **calumet** n.m. pipe / **faisant** making / **vienne** come / **présentèrent** presented / **autour de** round about / **disant** saying / **s'embarque** board (the canoes) / **fut** had / **firent festin de maïs** gave a corn feast / **guerriers** n.m. warriors / **dansèrent** danced / **perches** n.f. poles
sécher du linge to dry the washing / **enjolivés** decorated
plein covered

assis seated / **culs** n.m. backsides
cailloux n.m. pebbles

tambours n.m. drums

bruit de leurs instruments. Les guerriers qui ont fait de belles actions vont danser et frapper un poteau avec leurs casse-tête, et disent les belles actions qu'ils ont faites. S'il y en a dans la compagnie qui savent qui mentent il prend une peau et va essuyer le poteau en le plaignant d'avoir reçu des coups menteurs, et essuie la menterie d'un style dolent; cependant les chefs fument, l'un après l'autre dans les calumets, et chacun le présentait à M. de la Salle et à tous ceux dans la compagnie. Après, ils le prirent et le placèrent au milieu de la place, dansant tous autour de lui au son des instruments et chansons, chacun lui mettant sur le corps son présent qui étaient des peaux de boeufs qui ont de la laine comme nos moutons d'Europe. Si les Français ne l'avaient pas déchargé à mesure de ses peaux, ils l'auraient étouffé sous leurs présents. Il leur fit à son tour présents de haches, couteaux, et rassades.

bruit n.m. noise

poteau n.m. post / casse-tête n.m. club
s'il y en a if there are some
peau n.f. skin, hide

essuyer to wipe off / plaignant pitying
coups menteurs n.m. liars' blows / menterie n.f. lie / dolent doleful / cependant meanwhile / chacun each one
le prirent took him / placèrent placed
son n.m. sound

boeufs n.m. buffalo (peaux de boeufs—buffalo robes)
laine n.f. wool / moutons n.m. sheep
déchargé removed / à mesure at the same rate / étouffé suffocated / tour n.m. turn / haches n.f axes / rassades n.f. beads used in Indian trade

Minet, 1685, 26-28.

Above: Minet's drawing of the calumet. *Left: Ceremonial presentation of the* calumet de paix *to visitors.*

2

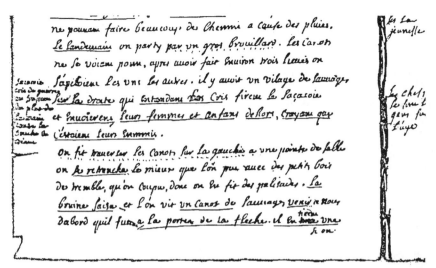

This segment of Minet's manuscript contains the first part of the text of this selection.

Questionnaire:
1. Après leur arrivée sur une pointe de sable, qu'est-ce que La Salle et ses hommes ont fait pour se protéger?
2. Comment les Sauvages ont-ils compris que les Français ne voulaient pas la guerre?
3. Qu'est-ce qui a convaincu les Français d'aller dans les habitations des Sauvages?
4. Quelle était la première chose qu'on ait faite en arrivant chez les Sauvages?
5. Qu'est-ce que les guerriers font pour commencer la cérémonie du calumet?
6. Décrivez le calumet.
7. Où sont les chefs pendant la cérémonie?
8. Quel bruit accompagne la chanson?
9. Pendant la chanson qu'est-ce que les braves guerriers font?
10. Qu'est-ce qui se passe si on soupçonne un guerrier du mensonge? [Pourquoi est-ce qu'on essuie parfois le poteau?]
11. Qu'est-ce que M. de la Salle et ses hommes doivent faire pendant cette danse autour du poteau?
12. Après, autour de qui les guerriers dansent-ils? Que font-ils pendant cette danse?
13. Pourquoi M. de la Salle n'étouffe-t-il pas sous le poids des peaux?
14. Quels présents les deux groupes se sont-ils offerts?

3

Bountiful Provisions from the Taensas (1682)

Many of the early French explorers and colonists relied on the Indians for supplies. The gift of salt La Salle's expedition received from the Taensas, living on Lake St. John in modern-day Louisiana, was of particular interest, since La Salle was in search of an outlet to the sea. When the French made inquiries about its source, they received only warnings that they would encounter cannibals. Some days further on, they saw evidence that the Taensas might have been right.

Le **lendemain côtoyant** le grand **bois** qui est le long de la rivière on **rencontra** un crocodile furieux que M. de la Salle **tua**. On l'**écorcha** et on le **mangea**. C'est une **chair** qui est **fort fade** et sent le **musque**. A 7 **lieues** de là où on **cabana**, on ne **cessa** pas de manger le reste. C'était dans une île comme la précédente où l'on **fit** encore un **abattis**. On **se mit** en chemin de bonne heure; on **passa** dans un pays **plein** de **mûriers** et de vignes **sauvages**. On fit onze lieues mais tout le chemin que l'on fait était sur cette rivière qui **serpente** beaucoup; on n'avançait pas. On cabana encore dans une île assez grande. Le lendemain on fit 10 lieues et on **s'arrêta** dans une grand **anche** où les **Accanca** nous **dirent** de demeurer, parce qu'il y avait ici une nation de leurs alliés nommés les **Taensa**.

On les **envoya** avec trois Français dans un **canot** à leur village qui est situé sur le **bord** d'un lac fait en **fer de cheval**, long de quatre à cinq lieues et large d'une demie. Il y avait de là au village deux lieues. Il fallait faire un **portage** de vingt **pas** pour aller dans le lac parce que la **décharge** est trop pleine de branches d'arbre. Le lendemain ils **revinrent disant** qu'ils avaient été bien reçus. Ils étaient suivis d'une vingtaine de canots **chargés** de **vivres** comme **maïs**, fruits secs, et une **pâte** composée de toutes sortes de fruits et **farine** de maïs **dont** ils en font toutes sortes de figures comme le **pain d'épices** de France. Il nous **donnèrent** aussi du sel.

lendemain n.m. next day / **côtoyant** skirting / **bois** n.m. woods / **rencontra** encountered / **tua** killed / **écorcha** skinned / **mangea** ate / **chair** n.f. meat / **fort** very / **fade** tasteless / **musque** n.m. musk / **lieues** n.f. leagues / **cabana** camped / **cessa** ceased / **fit** made / **abattis** n.m. a barricade of felled trees / **se mit** started out / **passa** passed / **plein** full / **mûriers** n.m. mulberry trees / **sauvages** wild / **serpente** meanders

s'arrêta stopped
anche n.f. river mouth / **Accanca** Quapaw Indians / **dirent** told

Taensa Taensa Indians
envoya sent / **canot** n.m. canoe, small boat
bord n.m. shore
fer de cheval n.m. horseshoe

portage n.m. carrying (canoes, small boats) / **pas** n.m. step, pace / **décharge** n.f. outlet / **revinrent** returned / **disant** saying

chargés filled / **vivres** n.m. provisions
maïs n.m. maize, Indian corn / **pâte** n.f. dough
farine n.f. flour / **dont** from which / **pain d'épices** n.m. gingerbread / **donnèrent** gave

4

On leur fit demander où ils le prenaient. Ils **firent** entendre que c'était vers le soleil quand il **se coucha**. On leur **demanda** si en **descendant** la rivière on **trouverait** de l'eau **salée**. Ils nous firent entendre que non ou qu'ils ne savaient pas. Il nous firent signe qu'en descendant la rivière on trouverait des nations qui nous **mangeraient**. Cela fit **peur** à quatre de nos **Loups** qui **restèrent** chez eux.

firent made, caused

se coucha set
demanda asked / **descendant** descending
trouverait would find / **salée** salty

mangeraient would eat
peur n.f. fear, dread / **Loups** n.m. Abenaki Indians / **restèrent** stayed

✦

On **partit** le lendemain. Après avoir fait quatre lieues on **rencontra** un canot où il y avait trois Sauvages **dedans**. **Dès** qu'ils **aperçurent** du monde ils **fuirent** sur la droite, et ne **pouvant** pas passer au travers des **roseaux** et **canne** avec leurs canots, ils **mirent** pied à terre et **gagnèrent** le bois. On **alla** au canot. On y **trouva** du **caïman boucané** et un **plat de côtes** d'homme qu'on **prit**. On **laissa** pour payement une **haleine**. Comme la faim nous pressait, n'**ayant** qu'un peu de maïs par jour, on **se jeta** sur cette viande. Quand on l'**eut** mangé on **connut** que c'était de l'homme par les **os** et au **goût** qui était meilleur que le caïman.

partit left

rencontra met

dedans within / **dès (que)** as soon as / **aperçurent** saw, noticed / **fuirent** fled / **pouvant** being able to / **roseaux** n.m. reeds / **canne** n.f. cane / **mirent** set / **gagnèrent** arrived at / **alla** went / **trouva** found / **caïman** n.m. alligator / **boucané** smoked (meat) / **plat de côtes** upper ribs / **prit** took / **laissa** left / **haleine** n.f. piece of cloth / **ayant** having / **se jeta** pounced / **eut** had / **connut** knew / **os** n.m. bones / **goût** n.m. flavor

Minet, 1685, 30-32, 37-38.

Questionnaire:
1. Quelle nourriture est-ce qu'on a trouvée en côtoyant le grand bois? Décrivez le goût.
2. A votre avis, pourquoi M. de la Salle et ses hommes ont-ils campé plusieurs fois dans des îles?
3. Pourquoi n'ont-ils pas peur des Taensa?
4. Décrivez le lac où se trouve le village des Taensa.
5. Le lendemain, qui est revenu avec les trois Français et qu'ont-ils apporté?
6. Pourquoi la question sur l'origine du sel était-elle très importante pour M. de la Salle?
7. D'après les Taensa dans quelle direction peut-on trouver du sel?
8. Qu'est-ce qui faisait peur à quatre des Loups?
9. Le lendemain, qu'est-ce que les trois Sauvages dans un canot ont fait quand ils ont vu les Français?
10. Qu'est-ce qu'il y avait dans le canot?

5

11. Enfin, qu'est-ce que les Français ont fait (ce qui ne serait pas accepté dans les salons de Paris)?
12. Comment savaient-ils que c'était de la chair d'homme?

Composition:
Qu'est-ce que vous pensez de ce dernier incident? (Etait-il nécessaire, barbare, normal?)

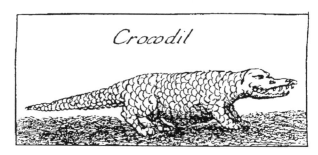

The crocodil *as portrayed by Du Pratz.*

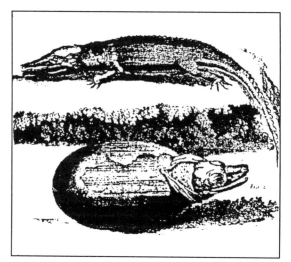

Crocodile *from Diderot's* Encyclopédie.

"Crocodiles" of the Mississippi

Though by the end of the seventeenth century many Europeans had heard of the crocodiles of the Nile, the distinction between "crocodile" and "alligator" was not yet firmly established, as this passage by the colonist Antoine-Simon Le Page du Pratz makes clear.

Le crocodile est très **commun** dans le fleuve St. Louis; mais **quoique** cet amphibie ne **soit** pas moins connu que **ceux** que je viens de **citer**, je ne puis **me dispenser** d'en parler. Sans m'arrêter à faire sa description que l'on trouve partout, je dirai qu'il **fuit** les **bords** du fleuve fréquentés par les hommes . . . . je n'en ai jamais vu de nouvellement **éclos**; le plus petit qui se soit trouvé sous mes yeux, que je **jugeai** avoir trois mois, était de la longueur d'une **anguille** et avait un **pouce** et demi de diamètre; j'en ai **tué** un de dix-neuf pieds de long, et trois pieds et demi dans sa plus grande largeur; un de mes amis en a tué un de 22 de long. Le petit crocodile **dont** je viens de parler, n'avait pas les **pattes** plus grosses que **celles** d'une **grenouille** de trois mois: il les **remuait** avec **peine**, et il m'a **paru** que les gros ne s'en servaient pas beaucoup mieux. Les deux gros que je viens de citer ne les avaient pas plus longues d'un pied. Ils **se meuvent** difficilement, mais tous dans l'eau sont extrêmement agiles.

Cet animal a toujours le corps couvert de **limon**, comme il arrive à tous les poissons d'eaux **vaseuses**, et lorsqu'il vient à terre, il couvre son **chemin** de ce limon, parce que son **ventre traîne** à terre, ce qui **rend** en cet **endroit** le terrain très-**glissant**, et pour retourner à l'eau il y repasse. Il ne **chasse** point le poisson dont il fait la **nourriture**, mais il se met en **embuscade** et l'**attrape** au passage. Pour cet effet du **côté** du fleuve où le courant est plus fort, il **creuse** avec ses **griffes** un **trou** fort **au-dessous** de la surface de l'eau, et il a **soin** de le

commun common
quoique although / **soit** is

ceux m. those / **citer** to name
me dispenser to do without

fuit avoids / **bords** n.m. banks

éclos hatched

jugeai judged
anguille n.f. eel / **pouce** n.m. inch
tué killed

dont of which
pattes n.f. feet / **celles** those / **grenouille** n.f. frog / **remuait** moved / **peine** n.f. difficulty / **paru** appeared

se meuvent move

limon n.m. mud

vaseuses muddy
chemin n.m. path / **ventre** n.m. belly / **traîne** drags
rend makes / **endroit** n.m. place / **glissant** slippery
chasse n.f. hunt / **nourriture** n.f. food
embuscade n.f. ambush / **attrape** trap
côté n.m. side
creuse hollows out / **griffes** n.f. claws / **trou** n.m. hole
au-dessous below / **soin** n.m. care

faire **étroit** à l'**embouchure** et assez **large** au **fond**, pour pouvoir s'y retourner. C'est là qu'il se met à l'**assaut** pour attendre le poisson, qui **battu** du grand courant du fleuve, cherche une eau plus tranquille, pour **se reposer**. Le poisson qui vient du jour, ne **pouvant** pas voir le crocodile dans l'obscurité de son trou, **s'y retire** sans crainte. Son ennemi qui a l'**avantage** de voir facilement des **ténèbres** dans la lumière, en fait aussitôt sa **proie**.

Je ne **démentirai** point la vénérable Antiquité sur ce qu'elle nous apprend des crocodiles du Nil qui **se jettent** sur les hommes et les dévorent, qui traversent les chemins et font une **frayée** de limon jusqu'à l'eau pour faire tomber les **passants** et les faire **glisser** dans le fleuve, et qui **contrefont** la voix d'un enfant pour les **attirer** dans leurs **pièges**. Je ne **m'élèverai** point non plus contre les voyageurs, qui sur des **ouï-dire** ont confirmé ces histoires; mais comme je fais profession de dire la **vérité**, en n'**avançant** rien dont je ne **sois** bien certain par moi-même, je puis assurer que les crocodiles de la Louisiane sont sans doute d'une autre **espèce** que ceux des autres régions. En effet je n'en ai jamais entendu imiter les cris d'un enfant; ils ont la voix aussi forte que **celle** d'un **taureau**, et il n'y a pas d'apparence qu'ils **puissent** la **contrefaire** comme on le **rapporte**. Ils attaquent à la vérité les hommes dans l'eau, mais jamais à terre, où ils ne sont **nullement redoutables**. J'en ai donné un exemple **convainquant** dans la première partie, lorsque je fais mention de **celui** que mon **esclave tua**, et qui avait 5 pieds de long.* J'ai aussi parlé de quelle manière j'avais tué celui de dix-neuf pieds. **D'ailleurs** il y a des Nations qui vivent en bonne partie de cet animal que les enfants vont tuer, et que les pères et mères vont chercher. Que peut-on donc croire de ce qu'on nous **débite** au sujet des crocodiles? **Au reste** j'en ai tué **autant** que j'en ai rencontré, et ils

*Du Pratz's slave who killed the alligator was a young Chitimacha Indian girl.

étroit narrow / **embouchure** n.f. mouth / **large** broad / **fond** n.m. farther end
assaut n.m. assault / **battu** beaten

se reposer to rest

pouvant being able to
se retire finds shelter

avantage n.m. advantage
ténèbres n.f. darkness /
proie n.f. prey
démentirai contradict

se jettent pounce

frayée n.f. track

passants n.m. passers-by
glisser to slide / **contrefont** imitate
attirer to attract / **pièges** n.m. traps / **m'élèverai** argue
ouï-dire n.m. hearsay

vérité n.f. truth
avançant asserting / **sois** am

espèce n.f. species

celle that / **taureau** n.m. bull
puissent are able / **contrefaire** to imitate
rapporte reports
nullement not at all /
redoutables terrible / **convainquant** convincing

celui the one / **esclave** n.m. slave / **tua** killed

d'ailleurs moreover

débite reports
au reste besides / **autant** as many

8

font **d'autant moins à craindre** qu'ils ne peuvent courir **ni s'élever** contre l'homme. Le **sentier** glissant qu'ils font pour faire tomber les voyageurs est de la même force que le reste de leur histoire; ce n'est autre chose que le terrain sur lequel ils passent en **sortant** de l'eau et lorsqu'ils y retournent: je l'ai déjà dit plus haut: s'ils sont dangereux, ce n'est que dans l'eau qui est leur élément favorable, et où ils ont beaucoup d'agilité; on peut dans ce cas prendre ses précautions.

d'autant moins à craindre qu' all the less to be feared since / **ni** nor / **s'élever** to rise up / **sentier** n.m. path

sortant going out

Du Pratz, 1758, II:103-05.

Questionnaire:
1. Pourquoi Du Pratz n'a-t-il pas décrit le crocodile?
2. Expliquez la différence entre le petit crocodile et celui qu'il a tué.
3. Du Pratz a comparé les pattes d'un petit crocodile à celles d'une grenouille. Lesquelles sont les plus utiles? Expliquez.
4. Pourquoi le crocodile est-il couvert de limon? Et son chemin?
5. Le crocodile mange le poisson, mais il ne le chasse pas. Comment est-ce qu'il l'attrape?
6. Pourquoi le crocodile peut-il voir mieux que le poisson?
7. D'après la "vénérable Antiquité," quels pièges emploient les crocodiles pour attraper les hommes?
8. Décrivez la voix du crocodile de la Louisiane.
9. D'après Du Pratz, où les crocodiles ne sont-ils pas très dangereux?
10. Que pensait-il de cette histoire du sentier glissant?

Composition:
Quelles histoires sur les dangers du caïman moderne avez-vous entendues? Pensez-vous que Du Pratz a bien jugé le danger du "crocodile?"

A Quapaw Fable

The Quapaw Indians mixed humor and morals in their stories in the same way that the popular seventeenth-century French author La Fontaine did in his fables. Bossu attributed this fable to the chief poet of the tribe. He translated it into French, in imitation of La Fontaine, claiming that he had stayed as close to the original as possible.

L'enfant sauvage et le petit crocodile

Un jeune enfant, d'humeur **maligne,**
S'amusait l'autre jour à **pêcher** à la ligne:
   Sur les bords du Mississipi,
   Notre drôle était **accroupi.**
Un jeune **caïman,** imprudent et novice.
   Sans **se douter** de l'artifice,
Se présente, et bientôt **attrape** avec effort
Le **funeste** instrument qui doit le mettre à mort.

L'enfant **raillait** son **malheureux** captif.
Un vieillard près de là **pêchait** dans un **esquif:**
Il l'**entendit,** et **crut** qu'à la folle **jeunesse**
Cet exemple pouvait inspirer la **sagesse.**
Un **pareil sort** t'attend, dit-il, mon fils, hélas!
Un monde séducteur t'offrira ses **appas.**
Partout tu trouveras des coeurs cruels, avides,
   Des hommes jaloux et **perfides,**
   Des **aspics** cachés sous les fleurs,
   Telle fillette aux yeux **trompeurs,**
   Qui, dans son **métier** trop **habile,**
   Vengera bien ton crocodile.
   Cher enfant, **retiens** ma leçon,
   Ne **mords** jamais à l'**hameçon.**

Bossu, 1768, I:270.

maligne malicious

pêcher fishing

accroupi crouched

caïman n.m. alligator

se douter to suspect

attrape catches

funeste deadly

raillait scoffed at / **malheureux** unfortunate / **pêchait** was fishing / **esquif** n.m. small boat / **entendit** heard / **crut** believed / **jeunesse** n.f. youth / **sagesse** n.f. wisdom / **pareil** similar / **sort** n.m. fate / **appas** n.m. attractions

perfides false-hearted

aspics n.m. asps, vipers **telle** some / **fillette** n.f. little girl / **trompeurs** deceiving / **métier** n.m. craft / **habile** clever / **vengera** will avenge **retiens** remember

mords bite / **hameçon** n.m. hook

Questionnaire:
1. Qu'est-ce que l'enfant sauvage faisait? Où était-il?
2. Pourquoi a-t-il facilement attrapé le jeune caïman?
3. Quel était l'instrument de sa mort?
4. Qu'est-ce que le vieillard faisait quand il a entendu l'enfant?
5. Pourquoi a-t-il décidé de donner des conseils à l'enfant? Quel étaient ses conseils?
6. Nommez trois dangers que le vieillard a mentionnés à l'enfant.
7. Expliquez la leçon métaphorique contenue dans la dernière phrase.

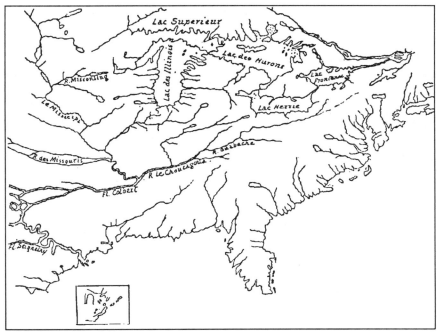

Another map with strange notions of the North American interior, this one by the engineer Minet, who drew what La Salle believed was the shape of the Mississippi (named "Colbert" after the finance minister of France).

Tonti's Visit with the Taensas (1682)

The following account by Henri de Tonti, La Salle's right-hand man, is a more detailed description of the same encounter with the Taensa Indians that Minet described in the selection on pages 4-5. Unlike Minet's informant, Tonti was actually a member of the party that visited the Taensa village, as can be seen in his report here of the meeting and ceremony with the Taensa chief. La Salle was especially interested in Tonti's mention of pearls.

Et le 22 nous **arrivâmes** aux Taensa, après avoir **navigué** quatre-vingts **lieues**, et comme cette nation était située sur un petit lac, nous nous **cabanâmes** à trois lieues du village. Je **fus** chez eux avec Pierre Prud'Homme, le capitaine Clance et les deux autres Sauvages, nos interprètes. Nous y arrivâmes de nuit, et les Akansas **s'étant mis à** chanter, les Taensas les **reconnurent** pour amis, et nous **entrâmes** en **sûreté** dans leur village. Jamais je n'ai été si surpris qu'en **entrant** dans la cabane du chef, parce que les autres Sauvages ne sont point **bâtis** de la même manière. L'on reconnaît à cette nation une partie des qualités que possèdent les gens **policés**. L'on nous **fit d'abord entrer** dans une cabane de 40 pieds **de face**; les **murailles** en sont de **bousillage**, **épaisses** de deux pieds et hautes de douze. La **couverture** est faite en dôme, de **nattes** de **cannes**, si bien travaillées que la pluie ne **perce** point **à travers**. En entrant dedans, nous **vîmes** le chef qui était assis sur un lit de repos. Il y avait plus de soixante vieillards **vis-à-vis** de lui, couverts de grandes **nappes** blanches **semblables** aux **amas** que les Sauvages des îles de l'Amérique font. Il y avait un **flambeau** de cannes sèches au milieu de la cabane, **laquelle** était ornée de plusieurs **boucliers** de **cuivre** jaune attachés sur les quatre faces des murailles, de quantité de peintures, d'une alcôve où repose le chef, et de plusieurs lits de camp, sur **lesquels** reposent les chefs des huit villages qui sont situés sur le lac et qui dépendent de

arrivâmes arrived
navigué rowed / lieues n.f. leagues

cabanâmes camped / fus went

s'étant mis à having started to / reconnurent recognized
entrâmes entered / sûreté n.f. safety
entrant entering

bâtis built

policés civilized / fit... entrer escorted / d'abord first / de face on a side / murailles n.f. thick, high walls / bousillage n.m. mud-walling / épaisses thick / couverture n.f. roofing / nattes n.f. mats / cannes n.f. canes / perce soak / à travers through / vîmes saw

vis-à-vis opposite
nappes n.f. blankets / semblables similar / amas cloth woven by West Indian natives
flambeau n.m. torch

laquelle which
boucliers n.m. shields / cuivre n.m. copper

lesquels which

lui. Tous ces vieillards qui étaient **auprès** de lui dans **la dite** cabane avaient leurs mains sur leurs têtes et **hurlaient** tous d'une voix comme des **loups, criant:** <Ho! ho! ho! ho!> Et, après que le chef leur **eut** parlé, ils **s'assirent** tous, et l'on nous fit asseoir sur une natte de canne qui était préparée sur la terre, qui était délicatement travaillée. Notre interprète **se leva** debout, et après avoir fait une **harangue,** il **donna** une robe de **sibola dont** il était couvert au chef, **lequel** le **revêtit** de **la sienne;** et leur **ayant** fait connaître que nous étions venus faire alliance avec eux, et que **celui** qui nous commandait avait besoin de **vivres,** il **commanda** d'abord que l'on **eût** à dire à toutes les femmes de faire des **farines** de **blé d'Inde** et des **pâtes** d'un certain fruit qu'ils appellent **paquimina,** lequel est fort bon. Je **donnai** au chef un couteau qu'il **reçut** comme un présent fort considérable. Il nous **régala** le mieux qu'il **put,** et je **remarquai** qu'un de ses petits enfants **voulant** sortir **passa** entre le chef et le flambeau, **fut retiré** brusquement par sa mère qui lui **fit faire le tour:** c'est la marque du respect qu'on lui porte. Il fut servi par des esclaves. **Qui que ce soit** ne mange dans ses **vaisseaux** que lui. Ils sont de terre, très bien **vernis** et faits en manière de **coupes.** Leurs couteaux sont de **pierre à fusil aussi bien que** les **haches.** Je remarquai qu'il avait seize perles fines **pendues** aux oreilles, et ayant dit à notre interprète de leur demander où ils les avaient trouvées, il **répondit** que c'était à la mer, dans des **coquilles,** et qu'il y en avait beaucoup.

Je **partis** faire ce **récit** à M. de La Salle de tout ce que j'avais vu, lequel m'**engagea** d'y retourner pour **tâcher** d'avoir **lesdites** perles. **Il arriva** cette journée quantité de **canots chargés** de vivres; on avait une poule pour une **alêne** ou une **aiguille.** M. de La Salle, qui avait toujours cru que ce fleuve tombait dans la baie du Saint-Esprit, ayant pris **hauteur** avec son **astrolabe, se trouva** trente et un degrés; ce qui lui fit croire que nous étions dans le

auprès close by

la dite the said
hurlaient yelled
loups n.m. wolves / **criant** crying out
eut had / **s'assirent** sat down

se leva stood

harangue n.f. speech / **donna** gave / **sibola** n.f. sable / **dont** with which / **lequel** who (the chief) / **revêtit** clothed / **la sienne** his / **ayant** having / **celui** the one (La Salle) / **vivres** n.m. provisions / **commanda** commanded / **eût** was obliged / **farines** n.f. flour / **blé d'Inde** n.m. Indian corn / **pâte** n.f. paste; dough / **paquimina** n.f. *plaquemine* persimmon / **fort** extremely / **donnai** gave / **reçut** received / **régala** entertained / **put** could / **remarquai** noticed / **voulant** wanting / **passa** passed / **fut retiré** pulled back / **fit faire le tour** made go around / **qui que ce soit** whoever it may be / **vaisseaux** dishes
vernis glazed / **coupes** n.f. cups / **pierre à fusil** n.f. flint
aussi bien que as well as / **haches** n.f. hatchets
pendues hung

répondit answered

coquilles n.f. shells
partis departed / **récit** n.m. report
engagea urged
tâcher to try / **lesdites** the said / **il arriva** there arrived / **canots** n.m. canoes / **chargés** loaded
alêne n.f. awl / **aiguille** n.f. needle

hauteur n.f. latitude / **astrolabe** n.m. instrument for measuring latitude / **se trouva** found

13

fleuve **Abscondido**,* comme il s'est trouvé vrai **par la suite**. Je **retournai** donc au village avec nos interprètes, et ayant donné un bracelet au chef, il me fit présent de ces perles, **lesquelles** étaient **ternies** à cause qu'ils les **percent** avec du **fer rouge**. Elles étaient grosses comme des pois; je les donnai à M. de La Salle. Quatre de nos Sauvages aussi bien que nos interprètes ne **voulurent** point passer **outre** à cause de la crainte des nations que nous devions trouver; car il faut noter que tous les villages qui sont situés sur la gauche du fleuve font guerre à **ceux** de la droite. Cela n'**empêcha** pas que nous ne **partîmes** le 25 et **fûmes** cabaner dans une île à dix lieues de là.

J'ai oublié de vous dire que les Taensas avaient une divinité, parce que nous avons vu un temple vis-à-vis de la cabane du chef, dans laquelle il y a une manière d'**autel** et au sommet trois **aigles** qui regardent le soleil **levant**. Ce temple est enfermé dans une manière de **redoute**, où ils mettent dessus la muraille les têtes de leurs ennemis qu'ils ont tués en guerre. On y fait garde jour et nuit. Ce fort **n'est point** régulier, mais il est très bien **flanqué** à chaque angle; il y a des **guérites** de bois dur.

Abscondido hidden (Spanish *escondido*) / **par la suite** eventually / **retournai** returned

lesquelles which **ternies** stained / **percent** pierce / **fer rouge** n.m. hot iron

voulurent wanted
outre further

ceux those / **empêcha** prevented
partîmes left / **fûmes** went

autel n.m. altar / **aigles** n.m. eagles
levant rising
redoute n.f. stronghold

ne ... point not / **flanqué** defended
guérites n.f. sentry-boxes

Tonti in Margry, IV:600-602.

*The Spanish applied the name Escondido at different times to several rivers, including the Rio Grande, that emptied into the western end of the Gulf of Mexico.

Questionnaire:
1. Pourquoi La Salle et ses hommes se sont-ils cabanés à trois lieues du village des Taensas?
2. Comment les Taensas ont-ils reconnu les Akansas?
3. Pourquoi Tonti a-t-il été surpris en entrant dans la cabane du chef? Décrivez cette cabane (les meubles, la construction, etc.).
4. Qu'ont fait les vieillards avant d'être assis?
5. Qu'a fait l'interprète avant de faire les demandes?
6. Quel cadeau Tonti a-t-il donné au chef?
7. Ces sauvages portent beaucoup de respect à leur chef. Expliquez plusieurs exemples de ce respect.
8. Pourquoi La Salle s'intéressait-il aux perles que Tonti a vues?

9. Les Taensas ont envoyé beaucoup de vivres aux Français. Qu'ont-ils voulu en échange d'une poule?
10. Quand Tonti est revenu au village, comment a-t-il obtenu les perles? Décrivez ces perles.
11. Pourquoi les interprêtes et les Sauvages avaient-ils peur de continuer le voyage avec La Salle?
12. Qu'y avait-il dans le temple des Taensas?
13. Qu'y avait-il dessus la muraille du temple?
14. Expliquez la défense du temple.

Composition:
Comparez cette relation de Tonti à celle de Minet dans le deuxième paragraphe à la page 4 et 5. Remarquez l'importance du sel et des perles. Regardez aussi le dessin du temple à la page 50 et commentez les détails qui sont mentionnés dans la relation de Tonti.

Dumont de Montigny's sketch of a persimmon tree.

The Versatile Persimmon

The persimmon was known to the Indians as *piaquemine,* from which the name Plaquemine for a parish in south Louisiana is derived. The persimmon was often dried or used in breads and was quite possibly the main ingredient in the *pâte* that the Taensa Indians gave La Salle and his men.

La **piaquemine** est une **espèce** de **nèfle** que les Sauvages appellent Ougoufle; ce fruit, qui n'est pas plus gros que la nèfle d'Europe, est jaune et rouge comme un **abricot**; c'est un très-bon astringent, et un remède **souverain** pour arrêter le flux de **sang** et la dysenterie. Les Sauvages en font du pain; ils lui donnent la forme du **pain d'épice**, et le font **sécher** pour les voyages **de long cours**.

note: La Piaquemine a **encore** une autre **vertu**; prenez une certaine quantité de ses **pépins, pilez**-les et les **réduisez** en **poudre**; faites infuser cette poudre pendant 24 heures dans de l'eau **fraîche**; passez cette eau dans un **linge**, et la conservez dans une **bouteille**; **lorsque** vous vous **sentez** attaqués de la **gravelle**, buvez, **à jeun**, un **verre** de cette eau, et continuez jusqu'à parfaite **guérison**.

Bossu, 1768, II:153.

piaquemine n.f. persimmon / **espèce** n.f. species / **nèfle** n.m. medlar (a fruit similar to crabapple)

abricot n.m. apricot **souverain** supreme / **sang** n.m. blood

pain d'épice n.m. gingerbread / **sécher** to dry / **de long cours** n.m. lengthy

encore yet / **vertu** n.f. virtue
pépins n.m. pips, seeds / **pilez** crush / **réduisez** reduce / **poudre** n.f. powder / **fraîche** cool

linge n.m. piece of cloth **bouteille** n.f. bottle / **lorsque** when / **sentez** feel / **gravelle** n.f. kidney stone / **à jeun** on an empty stomach / **verre** n.m. glass / **guérison** n.f. recovery

Questionnaire:
1. Qu'est-ce que c'est que "Ougoufle?"
2. Quelles maladies peut-on guérir avec la piaquemine?
3. Quelle préparation culinaire peut-on faire de la piaquemine?
4. Quelle partie de la piaquemine utilise-t-on pour soigner la gravelle?
5. Qu'est-ce qu'on fait pour préparer ce remède?
6. Quand on se sent attaqué de la gravelle, qu'est-ce qu'on fait?

La Salle Claims the Mississippi (1682)

After exploring the mouths of the Mississippi River, La Salle claimed the entire river and its basin for France on April 9, 1682.

A l'**endroit** où l'on était **cabané** l'on fit une place **nette** en **abattant** les petits arbres qui étaient là. On **équarrit** un gros arbre et on le **planta** dans la terre avec trois fleurs de **lis** de **cuivre** fait d'une **chaudière** que l'on **attacha** avec des **clous** à un des **côtés** de cet arbre. On fit une **croix** que l'on planta aussi avec cette inscription sur une plaque de **plomb** que l'on **enterra**: **PRIT** POSSESSION DE CETTE TERRE AU NOM DE LOUIS XIIII **ROY** DE FRANCE ET DE NAVARRE. On **chanta** le **Te Deum**. On fit trois **décharges** de **fusil**.

Minet, 1685, 41.

endroit n.m. place / **cabané** camped / **nette** clear / **abattant** cutting down / **équarrit** squared / **planta** set in the ground / **lis** n.m. lily / **cuivre** n.m. copper / **chaudière** n.f. copper pot / **attacha** attached / **clous** n.m. nails / **côtés** n.m. sides / **croix** n.f. cross / **plomb** n.m. lead / **enterra** buried / **prit** took / **Roy** n.m. king (roi) / **chanta** sang / **Te Deum** (laudamus) "We Praise you God" is the standard Catholic hymn of thanks / **fit** made / **décharges** n.f. shots / **fusil** n.m. gun

Above: Fleur-de-lis, the symbol of France. Left: René-Robert Cavelier, Sieur de la Salle.

Questionnaire:
1. Où est-ce que l'expédition est enfin arrivée?
2. Qu'est-ce qu'on a construit pour marquer l'endroit?
3. Quel grand bruit est-ce qu'on a fait?

Composition:
Que symbolise la fleur de lis? Cherchez l'histoire de ce symbole dans la bibliothèque.

La Salle Reaches the Gulf of Mexico (1685)

The next three selections are from a journal kept by Joutel, one of La Salle's men, on La Salle's second voyage of 1685, an unsuccessful attempt to locate the mouth of the Mississippi by sea.

La Salle and his men spent the Festival of the Kings near the mouth of the very river for which they were searching.

Nous **mouillâmes quelques** heures après par quatre **brasses**; nous **passâmes** la nuit et le matin. Comme le vent **se rangea** de l'est et de bon **frais**, l'on **voulut appareiller**; mais comme on levait l'**ancre**, notre pilote **ayant aperçu** derrière nous une **espèce** de **récif** où la mer brisait d'une grande force, il **avertit** de ne pas **virer** le **cabestan davantage**, parce que le vent et le calme nous jetaient **dessus** ces **battures**.* C'est pourquoi, au lieu de lever l'ancre, on en **mouilla** une autre, et l'on **conclut** de rester là jusqu'à ce que le vent **fût** calmé ou du moins modéré. Nous y passâmes le 6 janvier, de la Fête des Rois.

mouillâmes cast anchor / **quelques** several / **brasses** n.f. fathoms / **passâmes** spent / **se rangea** veered / **frais** brisk / **voulut** wanted / **appareiller** to get under way / **ancre** n.f. anchor / **ayant** having / **aperçu** seen / **espèce** n.f. kind / **récif** n.m. reef / **avertit** warned / **virer** to turn / **cabestan** n.m. capstan, windlass / **davantage** any more / **dessus** on / **battures** n.f. sandbars / **mouilla** cast (anchor) / **conclut** concluded / **fût** should be

Joutel in Margry, III:121.

*According to the summary published by Joutel, «cet endroit devait être une des bouches du Mississipi.»

Questionnaire:
1. Quelle était la profondeur de l'eau?
2. Pourquoi a-t-on voulu partir?
3. Qu'est-ce que le pilote a vu?
4. Expliquez le danger des battures.
5. Combien de temps vont-ils passer là?
6. Expliquez l'ironie de cette situation.

Composition:
Qu'est-ce que c'est que la Fête des Rois?

Lost Man and Missed River (1685)

As La Salle's ships made their way westward along the Gulf coast searching for the Mississippi, it became increasingly apparent to the men that the coastline did not match that which was supposed to be around the Mississippi River. They then decided to go ashore to explore and look for fresh water. Upon returning to the ship they reported that one man had been left behind.

Je **rendis compte** à M. de La Salle de ce que nous avions vu; il **fut fâché** d'apprendre que nous avions laissé un homme, **appréhendant** qu'il ne fut surpris de quelques Sauvages qui lui **pourraient faire un méchant parti**, mais à minuit nous **vîmes** un petit feu à terre qui nous faisait juger que ce pouvait être lui qui le faisait pour nous **avertir** qu'il était là. L'on prit garde à l'**endroit** où il paraissait, **afin** d'y aller lorsque ce **serait** jour . . . le matin du 18. L'on **envoya** la **chaloupe** droite où l'on avait vu le feu et c'était justement notre homme. Ils **revinrent** à bord. Ce qui l'avait fait rester, c'était que, s'en **étant** allé sur la gauche de la rivière et étant revenu quelque temps après sur le bord de la mer, il avait vu la chaloupe, sur laquelle M. de La Salle s'était **embarqué**, qui retournait sans avoir pu entrer. Il l'avait **prise** pour **la nôtre**; en conséquence, il avait quitté le **cours** de la rivière, par où nous étions entré pour revenir en face des **navires**, là où il avait couché. En cet endroit il avait fait le feu que nous avions vu pour avertir qu'il y était. Il **rapporta** quelques **outardes** qu'il avait **tuées**, et des animaux faits comme des **oies**, mais qui sont meilleurs. Le vent **ayant** un peu **fraîchi**, **venant** du nord, nous **mîmes à la voile** le **cap** au sud-ouest pour **parer** une pointe qui paraissait **au large**. Nous **fîmes** peut-être une **lieue** et demie, et le calme nous ayant **derechef** pris, l'on fut obligé de **mouiller**. Nous trouvions que *la terre gagnait toujours au sud, ce qui*

rendis compte reported

fut was / **fâché** angered
appréhendant fearing

pourraient would be able to
faire un méchant parti to hurt, to kill / **vîmes** saw

avertir to inform

endroit n.m. place
afin in order to / **serait** would be

envoya sent / **chaloupe** n.f. ship's boat, longboat / **revinrent** returned

étant having

embarqué embarked
prise mistaken / **la nôtre** ours / **cours** n.m. course

navires n.m. ships

rapporta brought back
outardes n.f. bustards, field-ducks / **tuées** killed
oies n.f. geese
ayant having / **fraîchi** freshened / **venant** coming / **mîmes à la voile** set sail / **cap** n.m. cape, headland / **parer** to clear / **au large** in the open sea / **fîmes** made / **lieue** n.f. league (2.5 miles) / **derechef** once again / **mouiller** to anchor / **gagnait** extended

donnait quelque *inquiétude à M. de La Salle qu'il ne se fût trop avancé dans le golfe.*

inquiétude n.f. uneasiness

fût might have / **golfe** n.m. gulf

Joutel in Margry, III:132-33.

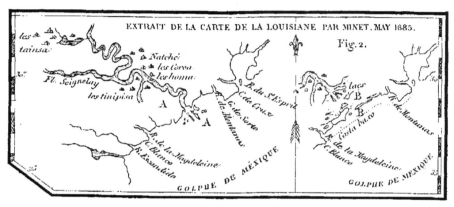

Two theories about the mouth of the Mississippi from Minet's map of 1685.
Left: The mouth of the Mississippi as it was seen in 1682 and sketched by La Salle.
Right: The geography of the region where La Salle's 1685 expedition actually landed on the coast of Texas.

Questionnaire:
1. Pourquoi M. de la Salle s'est-il fâché quand les hommes sont revenus à bord?
2. Qui a fait le petit feu à terre? Pourquoi?
3. Si on avait faim qu'est-ce qu'on pouvait avoir à manger?
4. Le lendemain pourquoi se sont-il arrêtés après une lieue et demie?
5. Expliquez le problème de la terre qui gagnait toujours au sud.

Murder of La Salle (1687)

In January of 1687 La Salle and a few men set out for the Illinois post in order to seek help for the failing colony at Fort St. Louis on the coast of Texas. The first colony's history is short, for most of those he left behind were killed by the Karankawa Indians, and La Salle was killed by his own men. Father Anastase, who was with La Salle on that fatal day, gave the following account to Joutel, one of several who kept records of the events. The two of them had left camp that day to search for La Salle's nephew, Morenger. Several men, including Larchevesque and Duhaut, were waiting in ambush.

Voici maintenant ce que le père Anastase m'a conté de l'assassinat dudit sieur.

«Comme j'ai dit déjà qu'ils étaient partis tous deux avec un Sauvage pour les conduire, lorsqu'ils vinrent à approcher dudit lieu, sans que M. de La Salle aperçût personne, il était en peine, quand il vit une bande d'aigles qui étaient en l'air. Cette vue lui fit juger que ceux qu'il cherchait n'étaient pas loin; c'est pourquoi il tira un coup de fusil, afin que s'ils étaient proches de là, ils pourraient l'entendre et lui répondre. Cela fit son malheur, car cela servit pour avertir les assassins, qui se préparèrent. Ayant entendu ce coup, ils se doutèrent bien que ce devait être ledit sieur, qui venait au-devant d'eux; ils se disposèrent donc pour le surprendre. Le nommé Duhaut avait passé la rivière avec Larchevesque, et comme ledit Duhaut entrevit de loin M. de La Salle qui venait droit à eux, il se cacha dans de grandes herbes pour attendre au passage ledit sieur, qui ne songeait à rien et n'avait pas même rechargé son fusil après qu'il l'eut tiré. M. de La Salle aperçut d'abord le nommé Larchevesque, qui parut un peu plus loin, et lui demanda où était le sieur de Morenger, son neveu. Larchevesque lui répondit qu'il était à la dérive.» En même temps il partait un coup de fusil tiré par ledit Duhaut, lequel était tout proche dans les herbes; le coup frappa ledit sieur à la tête, il

conté related / assassinat n.m. assassination, murder / dudit of the (afore) said / sieur gentleman

vinrent came
aperçût saw / en peine at a loss
vit saw

fit made
tira fired / coup de fusil n.m. rifle shot / afin que in order that / pourraient would be able to
car for, because
servit served / avertir to warn
préparèrent prepared / ayant having / se doutèrent suspected / ledit the (afore) said / au-devant toward / se disposèrent took their positions

entrevit caught sight of

cacha hid

rechargé reloaded
eut had /aperçut caught sight of / d'abord at first
parut appeared

demanda asked

répondit answered / à la dérive n.f. lost / il partait there came

frappa hit

21

tomba mort sur la place, sans prononcer une parole, au grand étonnement du Père Anastase, qui était proche de lui et qui crut qu'il en allait recevoir autant; de sorte qu'il ne savait ce qu'il devait faire, c'est à dire d'avancer ou de fuir, suivant qu'il me l'a marqué depuis. Mais ledit Duhaut, ayant paru, lui cria qu'il n'avait pas à avoir peur, et qu'on ne lui voulait point de mal; que c'était un coup de désespoir qui l'avait obligé de faire cela, qu'il y avait longtemps qu'il avait envie de se venger du sieur du Morenger, qui l'avait voulu perdre, qu'il était causé en partie que son frère était perdu et avait péri, et plusieurs autres choses. Ledit Père était bien embarrassé de sa contenance.

«Lorsque les assassins se furent tous rassemblés, ils dépouillèrent M. de La Salle avec la dernière cruauté et lui ôtèrent même jusqu'à sa chemise; le chirurgien, notamment, le traitait avec dérision, tout nu qu'il était, l'appelant grand bacha. Après l'avoir ainsi dépouillé, ils le traînèrent dans des halliers, où ils le laissèrent à la discrétion des loups et autres bêtes sauvages. Quand ils eurent ainsi assouvi leur rage, ils songèrent à reprendre leur chemin pour nous venir joindre, où ils songeaient encore à se défaire de moi, au cas qu'ils me trouvassent en défense. Mais comme ils voulaient emporter leur viande en partant, ils firent l'offre aux Sauvages de quelques couteaux pour les aider à la passer, et ils nous arrivèrent.»

tomba fell

crut believed

autant as much, the same
fuir to flee

paru appeared

cria shouted

désespoir n.m. despair

perdre to get rid of

furent were

dépouillèrent stripped

ôtèrent took off
chirurgien n.m. surgeon /
 notamment specially
appelant calling

bacha n.m. pasha, oriental
 potentate / **ainsi** thus /
 ils le traînèrent dragged
 / **halliers** n.m. bushes /
 laissèrent left / **bêtes** n.f.
 animals / **eurent** had / **assouvi** satisfied
songèrent thought / **se
 défaire** to get rid of

trouvassent found

partant leaving / **firent**
 made

arrivèrent arrived

*Joutel in Margry, 1687,
III:330-31.*

Fusil de munition.

Questionnaire:
1. Pourquoi La Salle a-t-il tiré un coup de fusil?
2. Qu'est-ce que Duhaut a fait quand il a entendu ce coup?
3. Pourquoi La Salle n'avait-il pas rechargé son fusil?
4. Qu'est-ce que La Salle a demandé à Larchevesque?
5. Qui a tué La Salle?
6. Le Père Anastase a-t-il avancé ou fui après le coup de fusil? Expliquez.
7. Quelle explication Duhaut a-t-il donnée pour cet assassinat?

Composition:
Décrivez la cruauté extrême des assassins et expliquez votre réaction personnelle à cet événement.

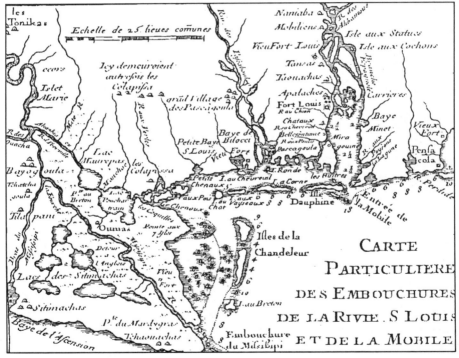

This map of the Gulf coast is an inset taken from Guillaume Delisle's famous 1718 map of North America.

23

Iberville Explores the Barrier Islands (1699)

Pierre Le Moyne, Sieur d'Iberville, already famous in his native Canada, gained even more recognition for locating the mouth of the Mississippi by sea as well as exploring the surrounding bays, lakes, and barrier islands. André Pénicaut, author of the following three selections, was a ship's carpenter from La Rochelle who sailed with Iberville on his second voyage. His chronology is often questionable, but most of his descriptive accounts are accurate. The following selection begins with the exploration of Massacre (Dauphin) Island and ends with the anchorage at Ile Surgère (Ship Island).

A trois lieues plus loin, il y a une pointe nommée la Pointe aux **Huîtres** pour la grande abondance qui s'y en trouve. Cette pointe est **vis-à-vis** d'une île éloignée d'une lieue. Nous **traversâmes** pour aller à cette île, où nous **prîmes terre**. Nous **fûmes** extrêmement **effrayés**, en abordant, d'y trouver un nombre si prodigieux d'**ossements** de morts qu'ils formaient une montagne, **tant** il y en avait. Nous **sûmes** depuis que c'était une nation nombreuse, qui **étant poursuivie** et s'étant **retirée** dans le pays, y étaient presque tous morts de maladie, et comme la manière des Sauvages est de **ramasser** ensemble tous les **os** des morts, ils les avaient portés dans cet **endroit**. Cette nation se nommait Movila, **dont** il reste encore un petit nombre. Cette île est **remplie** de deux sortes de bois, de **cèdre** et de pins, **dont** l'odeur est fort douce.

M. de Bienville, frère de M. d'Iberville qui nous commandait, la **nomma** l'Ile Massacre, par **rapport** à tous ces ossements. Elle a sept **lieues** de long et un quart de lieue de **large**. De là, en **côtoyant** l'île pour nous en retourner, nous **passâmes** un **trajet** de mer, **environ** d'une **demi-lieue**, au **bout** duquel est une autre île, appelée l'Ile à la **Corne**, parce qu'un de nos Français y **perdit** sa corne à **poudre**. Cette île est éloignée de la **terre ferme** de trois lieues et a sept lieues de long, comme l'Ile Massacre, et a

huîtres n.f. oysters

vis-à-vis opposite

traversâmes crossed / prîmes terre landed / fûmes were / effrayés frightened / abordant landing
ossements n.m. bones
tant so many / sûmes found out
étant being / poursuivie pursued / retirée retreated

ramasser to gather / os n.m. bones
endroit n.m. place
dont of which

remplie filled
cèdre n.m. cedar / dont whose

nomma named / rapport n.m. reference
lieue n.f. league (2.5 miles) / large wide / côtoyant following the coast / passâmes passed / trajet n.m. pass
environ about / demi-lieue n.f. half league / bout n.m. end / corne n.f. horn (of an animal) / perdit lost / poudre n.f. powder; gunpowder / terre ferme n.f. mainland

la même **largeur**. Elle est fort stérile et porte les mêmes bois que l'autre. Quand nous **arrivâmes** au bout, nous **cinglâmes** pendant trois quarts de lieue pour passer jusqu'à l'Ile Surgère, où nous **fîmes** grande **chasse**. Après quoi nous traversâmes jusqu'à notre fort, pour nous reposer quelques jours. Au bout de quinze jours de repos au Biloxi, nous en **partîmes** pour chercher un passage pour aller à la **découverte** du fleuve Mississippi à l'Ouest de notre fort. Toute la **côte** est fort **plate** de ce **côté-là** jusqu'à cinq lieues au large.

largeur n.f. width

arrivâmes arrived

cinglâmes sailed before the wind
fîmes did, made

chasse n.f. hunting

partîmes departed

découverte n.f. discovery
côte n.f. shore, coast / **plate** flat
côté-là n.m. that side

Pénicaut in Margry, V:383-84.

Pierre Le Moyne, Sieur d'Iberville.

Questionnaire:
1. Où se trouve la Pointe aux Huîtres?
2. Pourquoi les hommes ont-ils eu grand peur?
3. Expliquez la raison pour le grand nombre d'ossements.
4. Nommez deux variétés d'arbres qui se trouvent sur cette île.
5. Décrivez l'Ile Massacre et l'Ile à la Corne. Expliquez ensuite l'origine de leurs noms.
6. Qu'est-ce qu'e les français ont fait après leur séjour au Biloxi?

Ship Island Anchorage (1699)

In the following account Pénicaut briefly describes Ship Island (Ile Surgère) and Cat Island.

Les premières terres que nous **découvrîmes en** y **arrivant, c'étaient** deux îles, à l'une **desquelles** M. le **Comte** de Surgère, **qui l'aperçut** le premier, **donna** son nom. Cette île **contient** cinq lieues de long et un **quart** de **lieue** de **large**. Nous **mouillâmes** dans une **rade**, qui est entre cette île et une autre qui **fut nommée** l'Ile aux **Chats**, à cause de la grande quantité de chats que nous y **trouvâmes**. Elle a **pareillement** sept lieues de long et un quart de lieue de large; elle est **éloignée** d'une lieue de l'île Surgère à l'**ouest**.

découvrîmes discovered / **en** upon **arrivant** arriving / **étaient** were / **desquelles** of which / **comte** n.m. count / **qui** who / **aperçut** caught sight of / **donna** gave / **contient** measures / **quart** n.m. quarter / **lieue** n.f. league (2.5 miles) / **large** wide / **mouillâmes** anchored / **rade** n.f. channel / **fut** was / **nommée** named / **chats** n.m. cats / **trouvâmes** found / **pareillement** similarly / **éloignée** distant / **ouest** west

Pénicaut in Margry, V:376.

Questionnaire:
1. Expliquez l'origine des noms des deux îles.
2. L'animal sur l'Ile aux Chats n'était pas un vrai "chat." Faites des recherches dans votre bibliothèque pour déterminer quelle espèce d'animal y vivait.

Iberville Lands on the Gulf Coast (1699)

The following entries from Iberville's ship's log describe in detail the first days of exploration on the coast of modern-day Mississippi. After anchoring on February 10 at Ile Surgère (Ship Island), Iberville went ashore on the mainland somewhere slightly west of Biloxi Bay. From there he followed some footprints made by Indians in the area and began to make the first of the Indian alliances that the French would need for a colony to be successful.

Le 10 février, sur les sept heures du matin, les vents au sud-est. Nous avons **appareillé** et fait le nord-ouest trois **lieues**. Nous sommes entrés à l'**abri** d'une île ou pointe d'île, où nous sommes à couvert des vents . . . . [La terre ferme se trouvait à trois lieues et demie au nord, et il y avait une île à deux lieues au sud-ouest]. Nous n'avons pas trouvé moins de vingt-trois pieds d'eau, et nous sommes **mouillés** à la portée d'un canon de l'île par les vingt-six pieds d'eau. Le *François*, n'ayant pu entrer, est mouillé à l'entrée.

Le 11e, nous nous sommes **toués** un peu plus à l'est et avons mis nos **bestiaux** à terre, et nous faisons travailler à monter la **biscayenne** que M. de Surgères a à son bord, et je me prépare à partir avec les biscayennes pour aller découvrir le Mississipi. **Il a brumé** une partie du jour.

Le 12e, à midi, nous avons vu une fumée au nord-est, à cinq lieues et demie d'ici, sur le bord d'une île.

Le 13e, j'ai traversé à la terre qui est au nord d'ici, à quatre lieues, avec ma biscayenne et onze hommes et mon frère dans un **canot** d'**écorce** avec deux hommes. J'ai mis à terre, où j'ai trouvé deux **pistes** de Sauvages de hier que j'ai suivies par terre avec un homme, et mon frère **allant** dans le canot d'écorce, et la biscayenne nous **suivant** à demi-lieue de nous, pour ne pas **épouvanter** les Sauvages Sauvages. Je les ai suivis deux lieues, allant du **côté** de l'est, où la nuit m'a pris et où j'ai campé. Des

appareillé weighed anchor
lieues n.f. leagues (2.5 miles)

abri n.m. shelter

mouillés anchored

toués kedged, towed with an anchor
bestiaux n.m. cattle

biscayenne n.f. boat

il a brumé it was foggy

canot n.m. canoe, small boat / **écorce** n.f. bark

pistes n.f. sets of footprints
allant going
suivant following
épouvanter to terrify
côté n.m. direction

vaisseaux à traverser à cette terre, il y a quatre bonnes lieues, droit au nord. J'ai trouvé entre les deux seize pieds d'eau vase; l'approche de la côte est fort plate. Il y a quatre pieds d'eau à demi-lieue au large. Cette côte court à l'ouest un quart sud-ouest et un quart nord-est. Les bois y sont fort beaux, mêlés; nous y voyons beaucoup de pruniers fleuris; des pistes de coqs d'Inde, des perdrix qui ne sont grosses que comme des cailles, des lièvres comme en France, des huîtres assez bonnes.

Le 14 février, je continuais de suivre les pistes des Sauvages, ayant laissé, où j'ai couché, deux haches, quatre couteaux, deux paquets de rassade, un peu de vermillon, ne doutant pas que deux Sauvages, qui sont venus me découvrir, au soleil levant, à trois cents pas, n'y viennent quand nous serons partis. A une lieue et demie d'où j'ai couché, marchant comme le jour ci-devant, j'ai aperçu un canot, qui traversait à une île, et plusieurs Sauvages qui l'y attendaient. Ils joignirent cinq autres canots, qui traversèrent à la terre du nord. Il y avait une baie d'une lieue de large et quatre lieues de long qui m'a séparé de ces Sauvages; donc, je m'embarquai dans mon canot et je poursuivis les canots que je joignis, comme ils abordaient à terre. Ils s'en furent tous dans les bois, abandonnant leurs canots et baggages. Je débarquai à cinq cents pas au delà d'eux, et après fus par terre avec un homme à leurs canots, où je trouvai un vieillard fort malade, ne pouvant se soutenir. Nous nous parlâmes par signes. Je lui donnai à manger et à fumer; il me fit entendre de lui faire du feu, ce que je lui fis et aussi une cabane, auprès duquel je le mis avec tout son baggage et quantité de sacs de blé d'Inde et fèves, qu'ils avaient dans leurs canots. Je lui fis entendre que j'allais coucher à demi-lieue de là, où ma chaloupe me joignit. J'envoyai mon frère et deux Canadiens après ces fuyants, pour tâcher de les faire revenir et en

vaisseaux n.m. ships
droit straight
vase n.f. slime, mud

côte n.f. shore

mêlés mixed
pruniers n.m. plum trees / fleuris flowering / coqs d'Inde n.m. turkeys / perdrix n.f. partridges / grosses big / cailles n.f. quails / lièvres n.m. hares / huîtres n.f. oysters

haches n.f. axes / paquets de rassade n.m. packets of beads / vermillon n.m. red pigment / doutant doubting
levant rising

ci-devant before / aperçu caught sight of

joignirent joined

traversèrent crossed

embarquai set out / poursuivis pursued / joignis caught up with / abordaient landed / furent were / abandonnant abandoning
delà beyond / fus went

trouvai found

se soutenir to stand up
parlâmes talked / donnai gave
fit made

fis made / cabane n.f. shelter / auprès near

blé d'Inde n.m. Indian corn
fèves n.f. beans

chaloupe n.f. ship's boat, longboat / joignit joined
envoyai sent
fuyants fleeing people / tâcher to try

prendre un. Il m'**amena** une femme, qu'il avait prise à trois lieues de là dans les bois; je la **menai** au vieillard, où je la laissai, après avoir fait quelques présents et donné du tabac pour aller faire fumer ses gens.

Le 15e, trois de ces Sauvages et deux femmes, ayant été rencontrés par un de mes Canadiens, **vinrent** me chanter la paix. Le vieillard **mourut** sur les dix heures du matin. Un de ces hommes chantait, portant dans sa main une petite **planche** de bois blanchie, qu'il tenait en l'air, me la **présentante**. Je les **conduisis** à leurs canots, où ils **firent** une **sagamité** de blé d'Inde pour nous **régaler**; j'**envoyai** aussi **quérir** de quoi les festiner et leur fis présent de haches, couteaux, chemises, tabac, pipes, **batte-feu** et des rassades. D'autres de leurs gens les joignirent; ils s'en furent coucher à demi-lieue de là.

Le 16e, le matin, au temps de **brume** et de **pluie**, je m'en fus par terre les joindre, où je ne **trouvai** que dix hommes tout **nus** et en **braye** avec leurs armes. Tous leurs canots et baggages étaient partis, ce qui me marquait qu'ils **se défiaient de** moi. Nous **refumâmes** tout de nouveau ensemble, **quoique** je ne fume jamais. Je les **déterminai** à venir trois à bord de nos vaisseaux, leur ayant laissé mon frère et deux Canadiens en **otages**. Je **me rendis** à bord à deux heures après midi, où ils furent fort surpris de tout ce qu'ils **virent**. Je leur fis **tirer** des coups de canon à balle, qu'ils **admirèrent** beaucoup.

Le 17e, à midi, je **retournai** joindre mon frère et **ramener** les trois Sauvages, qui sont de la nation des **Annocchy** et Moctoby; ils sont à trois jours et demi de leur village. Ils me **nommèrent** un village de leurs voisins, Chozettas. Ils sont sur une rivière **dont** l'entrée est à neuf lieues à l'est, qu'ils nomment **Pascoboula**. Je leur fis quelques présents porter à leurs nations. Ils m'**assurèrent** qu'il y a quatre **brasses** d'eau dans leur rivière.

amena brought
menai led

vinrent came / **mourut** died

planche n.f. board

présentante presenting / **conduisis** led
firent made / **sagamité** n.f. hominy
régaler to treat / **envoyai** ... **quérir** sent for

batte-feu n.f. strike-a-light

brume n.f. fog / **pluie** n.f. rain / **trouvai** found

nus naked / **braye** n.f. breechcloth

se défiaient de distrusted
refumâmes smoked again / **quoique** although
déterminai persuaded

otages n.m. hostages / **me rendis** went

virent saw / **tirer** to shoot, to fire
admirèrent admired

retournai returned

ramener to bring back
Annocchy alternative name for Biloxi Indians
nommèrent named

dont whose

Pascoboula Pascagoula (River)
assurèrent assured
brasses n.f. fathoms (six feet)

J'**arrivai** où était mon frère, à six heures du soir, où je trouvai un chef des **Bayogoulas** avec de ses gens et des **Mougoulachas**, qui sont arrivés **dès** hier soir. Ils habitent le bord du Mississipi, et **se trouvant** en **chasse au deçà**, s'en sont venus au **bruit** du canon voir qui nous étions. Ils firent beaucoup de caresses à mon frère, qui leur **donna** à fumer et les **festina** ce soir-là. Ils lui **demandèrent** s'il était venu en canot d'écorce qu'ils lui voyaient là, et s'il était des gens d'en haut du Mississipi, qu'ils nomment en leur langue **Malbanchya**. Il leur dit que oui.

    Etant arrivé où était mon frère, le chef ou capitaine des Bayogoulas **vint** au bord de la mer me faire amitié et civilité à leur manière, qui est, étant proche de vous, de s'arrêter, se passer les mains sur le visage et la **poitrine** et vous passer de là leurs mains sur **la vôtre**, après quoi ils les lèvent vers le ciel, en se les **refrottant** et **rembrassant**. J'en fis **autant**, l'ayant vu faire aux autres; ils en firent autant aux Annocchy, leurs amis.

arrivai arrived
Bayogoulas Bayogoula Indians / **Mougoulachas** Mougoulacha Indians / **dès** since
se trouvant being / **chasse** n.f. hunt / **au deçà** on this side (of the river)
bruit n.m. noise

donna gave
festina feasted / **demandèrent** asked

Malbanchya Mississippi River

étant being
vint came

poitrine n.f. chest

la vôtre yours

refrottant rubbing again / **rembrassant** embracing again / **autant** the same

Iberville in Margry,
IV:151-55.

Questionnaire:
1. Combien de lieues ont-ils voyagé le 10 février?
2. Tracez leur voyage de l'Ile de Corne et trouvez l'endroit où ils se sont mouillés près de l'Ile Surgère.
3. Le 11 et le 12 février qu'ont-ils fait en préparation?
4. Le 13 qu'est-ce qu'Iberville a découvert quand il est arrivé sur la côte?
5. Pourquoi son frère l'a-t-il suivi à une demi-lieue de distance?
6. Décrivez la côte où ils ont campé.
7. Pourquoi a-t-il laissé deux haches, quatre couteaux, des rassades et du vermillon avant de continuer son exploration?
8. Décrivez sa première vue des Sauvages.
9. Sur la carte trouvez la baie qu'il a traversée en poursuivant les Sauvages.
10. Pourquoi les Sauvages ont-ils abandonné leurs canots?
11. Pourquoi un Sauvage est-il resté avec les canots?
12. Donnez le détail des actes de bienfaisance d'Iberville envers le Sauvage?
13. Qui a trouvé la femme? Où est-ce qu'Iberville a laissé cette femme?
14. Le 15, qui est venu chanter la paix?
15. Quelle est une des significations possibles de la planche de bois blanchie?

16. Qu'est-ce que les Sauvages ont fait pour régaler les Français?
17. Qu'est-ce qu'Iberville a présenté aux Sauvages?
18. Quel temps faisait-il le 16?
19. Qu'est-ce qu'Iberville a trouvé quand il a joint les Sauvages?
20. De quoi a-t-il persuadé trois des Sauvages? Pourquoi a-t-il laissé son frère sur la côte?
21. Où habitent les Chozettas?
22. Pourquoi les Bayogoulas et les Mougoulachas étaient-ils venus au camp de son frère? Décrivez leur rencontre avec lui.
23. Décrivez la rencontre entre Iberville et le chef des Bayogoulas.

Iberville's ship was a flûte *like this one.*

Composition:
Comparez et contrastez ce rencontre entre deux cultures différentes à un autre rencontre spéculatif: celui des voyages interplanétaires.

Rattlesnake Bite and Native Remedy

European explorers were amazed to encounter this polite serpent who always gave advance warning to its prey. The native inhabitants knew of a remedy for its bite that might be worth modern investigation.

Le plus gros de tous les reptiles de la Louisiane est le serpent à sonnettes; on en a vu qui étaient assez gros pour avoir 15 **pouces** de diamètre et long à proportion, **quoique** cette **espèce** ne **vienne** pas naturellement si longue que les autres. **Celui-ci** est **ainsi** nommé parce qu'il a à la **queue** plusieurs **noeuds creux,** aussi minces et aussi **secs** que du **clinquant.** Ces noeuds sont **emboîtés** les uns dans les autres de telle sorte, qu'on ne peut les séparer sans les **casser; cependant** ils ne sont point **adhérents entr'eux;** le premier seulement tient à la **peau.** On dit que le nombre de ces noeuds marque l'âge du serpent, et je suis **très porté** à le croire, **car comme** j'en ai **tué** un grand nombre, j'ai remarqué que plus ils étaient longs et gros, plus ils avaient de noeuds. Sa peau est presque noire, et le **dessous** de son **ventre** est **rayé** de noir et de blanc.

Aussitôt qu'il voit un homme, ou qu'il l'entend, il s'excite en **remuant** sa queue, qui fait alors un **cliquetis** assez fort pour être entendu à quelques pas de distance, et par là le voyageur est **averti** de se mettre en défense. Il est fort **à craindre** lorsqu'il est **roulé** en ligne spirale, car alors il peut facilement s'élancer sur l'homme. **Au reste** il **fuit** les **lieux** habités, et par un **effet** de la Providence, **partout** où il se retire on trouve la **simple** qui guérit de sa **morsure,** et dont j'ai parlé dans un des chapitres précédents.

pouces n.m. inches
quoique although / **espèce** n.f. species / **vienne** grow
celui-ci m. this one

ainsi so / **queue** n.f. tail
noeuds n.m. knots / **creux** hollow / **secs** dry
clinquant n.m. tinsel / **emboîtés** fitted together

casser to break / **cependant** however
adhérents entr'eux [entre eux] all attached / **tient** is connected / **peau** n.f. skin / **très porté** strongly led / **car** because
comme as / **tué** killed

dessous n.m. underside
ventre n.m. belly / **rayé** striped
aussitôt as soon as

remuant wiggling
cliquetis n.m. rattling

averti warned

à craindre to be feared
roulé coiled

au reste besides / **fuit** flees
lieux n.m. places / **effet** n.m. effect
partout everywhere / **simple** n.f. medicinal plant / **morsure** n.f. bite

Du Pratz, 1758, II:105-106.

L'Herbe à **Serpent-à-sonnettes**, en langue des Naturels, Oudla-Coudloguille, ce qui signifie, Médecin du Serpent-à-Sonnettes, a pour **racine** un **oignon semblable** à **celui** de la **Tubéreuse**, mais une fois plus gros; ... Celui qui en a été **mordu** doit prendre un oignon, en **couper** avec les **dents** une partie assez grosse, la **mâcher**, et l'appliquer sur la **plaie**, où il **convient** de l'attacher: en quatre ou cinq heures de temps elle **tire** tout le **venin**, sans que l'on en **ait à apprehender aucunes** mauvaises **suites**.

Du Pratz, 1758, II:60-61.

serpent-à-sonnettes n.m. rattlesnake

racine n.f. root

oignon n.m. bulb / **semblable** similar / **celui** the one / **tubéreuse** n.f. tuberose / **mordu** bitten / **couper** to cut / **dents** n.f. teeth / **mâcher** to chew / **plaie** n.f. wound / **convient** is suitable / **tire** draws out / **venin** n.m. venom / **ait à** has to / **apprehender** to fear / **aucunes** any / **suites** n.f. effects

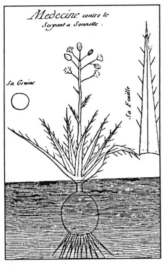

Above: Rattlesnake as illustrated in the Encyclopédie.
Left: Du Pratz's illustration of the native plant used by the Indians to treat snakebite.

Questionnaire:
1. Donnez les dimensions du serpent à sonnettes.
2. Pourquoi l'a-t-on nommé "le serpent à sonnettes"?
3. Décrivez les noeuds. Selon Du Pratz, de quoi dépend le nombre de noeuds?
4. Pourquoi serait-il difficile de voir un serpent à sonnettes dans la forêt? Qu'est-ce qui avertit le voyageur de la présence de ce serpent?
5. Si le serpent est roulé sur lui-même, pourquoi est-il plus dangereux?
6. Si le serpent mord quelqu'un, que peut-on faire?
7. Qu'est-ce que c'est que l'*Oudla-Coudloguille*?
8. Décrivez cette herbe.
9. Qu'est-ce qu'on fait avec l'oignon de cette herbe?
10. En quatre ou cinq heures, quel est l'effet de cet oignon?

Hunting at Bay St. Louis (1699)

Iberville and his men left Ship Island on February 27. In this passage the carpenter Pénicaut describes Iberville's continuing search westward for the mouth of the Mississippi River.

Nous **trouvâmes** une baie d'une **lieue** de **large** et de quatre lieues de circonférence, **formant** un demi-cercle; nous la **nommâmes** la baie Saint-Louis, parce que c'était le jour de Saint-Louis que nous y **arrivâmes**. Cette baie est **éloignée** du fort de Biloxi de huit lieues à l'Ouest. Nous y **mîmes** pied à terre, nous y trouvâmes une si grande quantité de **chasse** de toute **espèce** d'animaux, que nous **tuâmes** plus de cinquante **bêtes fauves**. Nous en **partîmes** au **bout** de trois jours, et à trois lieues de là nous trouvâmes un **ruisseau**, où le flux de la mer **remonte**. Les Sauvages, qui nous guidaient, nous **firent entendre** que ce ruisseau allait à un grand lac; mais, comme nous n'**entendîmes** pas leur langage, nous leur **fîmes** signe de la main que nous voulions passer **outre**. A deux lieues de là, nous trouvâmes, à un quart de lieue du **bord** de la mer, une passe ou petite île, que l'on appelle la Passe aux Hérons, à cause de la grande quantité qui s'y en trouve. Nous **laissâmes** la mer à la gauche, et à trois lieues avant dans les terres, nous **abordâmes** une île, que nous nommâmes l'Ile aux Pois, parce qu'on y en **oublia** un sac. Nous en partîmes, contre notre ordinaire, une heure avant le jour pour **éviter** la **piqûre** d'une infinité de petites **mouches** ou **cousins**, que les Sauvages appellent **maringouins** et qui **piquent** jusqu'au **sang**.

Pénicaut in Margry, V:384.

trouvâmes found / lieue n.f. league (2.5 miles) / large wide / formant forming / nommâmes named

arrivâmes arrived / éloignée distant, far
mîmes set

chasse n.f. game / espèce n.f. kind
tuâmes killed / bêtes n.f. animals / fauves wild
partîmes departed / bout n.m. end / ruisseau n.m. brook, stream
remonte rises
firent made, caused / entendre to understand
entendîmes understood

fîmes made
outre beyond

bord n.m. shore

laissâmes left

abordâmes landed

oublia forgot

éviter to avoid / piqûre n.f. sting
mouches n.f. flies / cousins n.m. midges, big mosquitoes / maringouins n.m. mosquitoes / piquent sting / sang n.m. blood

Questionnaire:
1. Trouvez la Baie Saint-Louis sur la vieille carte page 23 et comparez-la à une carte moderne.
2. Qu'est-ce qu'ils ont fait pendant trois jours à la baie?

Left: Herons were frequently seen on the coast.
Below: Iberville and his men explored the coast in chaloupes *like this one which were appropriate for navigating in shallow water.*

3. Qu'est-ce qu'ils ont trouvé à trois lieues de la baie? Sont-ils allés au grand lac?
4. Expliquez l'origine des noms des îles mentionnées dans ce récit.
5. D'après la carte moderne, Iberville et ses hommes étaient-ils loin de la bouche du Mississipi quand ils ont abordé l'Ile aux Pois?
6. Pourquoi sont-ils partis de cette île plus tôt que d'habitude?

Voltaire on "Discovery"

The philosopher Voltaire questions the reasoning of those who try to explain away the natives of the Americas as having come from somewhere else and comments on the inappropriateness of the terms used to refer to them.

Si ce **fut** un effort de philosophie qui **fit** découvrir l'Amérique, ce n'en est pas un de demander tous les jours comment il se peut qu'on **ait** trouvé des hommes dans ce continent, et qui les y a **menés**. Si on ne **s'étonne** pas qu'il y ait des **mouches** en Amérique, c'est une stupidité de s'étonner qu'il y ait des hommes.

fut was / fit caused

ait has
menés brought / s'étonne is astonished
mouches n.f. flies

Le sauvage qui se croit une production de son climat, comme son original et sa **racine** de **manioc**, n'est pas plus ignorant que nous en ce point, et **raisonne** mieux. **En effet, puisque** le Nègre d'-Afrique **ne tire point** son origine de nos peuples blancs, pourquoi les rouges, les **olivâtres**, les **cendrés** de l'Amérique **viendraient**-ils de nos contrées? et **d'ailleurs**, quelle **ferait** la contrée primitive?

racine n.f. root / manioc n.m. plant with edible root

raisonne reasons / en effet in fact / puisque since
ne ... point not / tire trace

olivâtres olive-colored
cendrés ash-colored / viendraient would come
d'ailleurs moreover / ferait would make

. . . . On ne **s'avise** point de penser que les **chenilles** et les **limaçons** d'une partie du monde **soient originaires** d'une autre partie; pourquoi s'étonner qu'il y ait en Amérique quelques **espèces** d'animaux, quelques races d'hommes **semblables** aux nôtres?

s'avise considers
chenilles n.f. caterpillars / limaçons n.m. snails
soient are / originaires d' native
espèces n.f. species

semblables similar

Voltaire, IV:439.

⚜

Nous leur avons rarement donné le nom d'Indiens, dont nous avions très-**mal à propos** désigné les peuples du Pérou et du Brésil. On **n'**appela ce pays, les Indes, **que** parce qu'il **en venait autant de** trésors que de l'Inde véritable. On se contenta de nommer les Américains du nord, *Sauvages;* ils

mal à propos improperly

n' ... que only / il en venait there came from there / autant de as many l'étaient moins à quelques **égards** que les paysans de nos côtes européennes, qui ont si long-temps **pillé** de droit les vaisseaux naufragés, et **tué** les navigateurs.

égards n.m. respects

pillé plundered / **tué** killed

La guerre, ce crime et ce **fléau** de tous les temps et de tous les hommes, n'avait pas chez eux, comme chez nous, l'intérêt pour motif; c'était d'ordinaire l'insulte et la vengeance qui en étaient le sujet . . . .

fléau n.m. scourge

Voltaire, IV:487.

Questionnaire:
1. Voltaire ne pense pas qu'on doive s'étonner qu'il y ait des hommes en Amérique. Pourquoi?
2. Voltaire pense-t-il que les sauvages tirent leur origine des pays européens? Expliquez.
3. Expliquez son raisonnement au sujet des animaux.
4. Pourquoi appelle-t-on les peuples du Pérou et du Brésil les Indiens?
5. Quel rapport dérogatoire Voltaire a-t-il vu entre les Sauvages du nouveau monde et les paysans de la France?
6. Selon Voltaire, quels sont les différents motifs pour faire la guerre?

"Découverte du cours du Mississipi et de la Louisiane 1699." This formal ceremony is certainly nothing like Iberville's more modest arrival at the Mississippi described in the next selection.

The Mississippi at Last (1699)

From Bay St. Louis, Iberville continued westward in his search for the mouth of the Mississippi River. Remembering La Salle's difficulties, he was determined to follow the coastline carefully in order not to miss it. Numerous islands and shallow water made navigation extremely difficult. On March 1 Iberville and his men were still sailing southwest, exploring every inlet and stream.

Le 1ᵉʳ de mars, il a **plu** et **tonné** tout le jour, et **gros vent** de sud-est. J'ai **séjourné** à cette île, qui a presque **noyé**. On n'y trouve **point** de **bois**, point d'eau **douce**, non plus que dans les autres îles et terres par où j'ai passé. Nous **tuons** dans toutes ces îles des chats sauvages, qui y vivent de **coquillages**, dont la **peau** est **fort rousse**.

Le 2e, le vent au nord et nord-est, nous sommes partis, **suivant** les îles. **Faisant** le sud six lieues et demie, j'ai passé entre une pointe et une île qui est **éloignée** de la pointe de deux lieues à l'est, qui peut avoir **de tour** trois lieues, sans bois . . . . Le pays **étant** trop **plat**, j'ai **tenu** la mer, **capeyant** avec mes **chaloupes**, mes **canots** dedans, les **coups de mer** passant très souvent dans nos chaloupes. **Ayant tenu** trois heures le **cap** au sud-est pour **doubler** une pointe de **roches**, la nuit **venant** et le mauvais temps **continuant**, à ne pouvoir résister sans aller à la **côte** la nuit ou **périr** à la mer, [je suis] arrivé sur les roches pour faire côte de jour, **afin de** pouvoir sauver mes gens et mes chaloupes. En **approchant** de ces roches pour me mettre à l'**abri**, *je me suis aperçu qu'il y avait une rivière.* J'ai passé entre deux de ces roches, à douze pieds d'eau, la mer fort grosse, où, en approchant des roches, j'ai trouvé de l'eau douce avec un fort grand courant.

Ces roches sont de bois pétrifié avec de la **vase** et devenues roches noires, qui résistent à la mer. Elles sont sans nombre, **hors** de l'eau, les unes **grosses**, les autres petites, à distance les unes des

plu rained / tonné thundered
gros heavy, violent / vent n.m. wind / séjourné stayed / noyé flooded / n'. . . point not / bois n.m. wood / douce fresh / tuons kill
coquillages n.m. shellfish / dont whose / peau n.f. skin / fort very / rousse reddish-brown

suivant following / faisant going

éloignée at a distance

de tour circumference

étant being / plat flat / tenu kept to / capeyant remaining at anchor / chaloupes n.f. longboats / canots n.m. canoes / coups de mer n.m. waves / passant falling / ayant having / cap n.m. cape, headland / doubler to round / roches n.f. rocks / venant coming / continuant continuing / côte n.f. shore / périr to perish / afin de in order to / approchant approaching / abri n.m. shelter / me suis aperçu discovered

vase n.f. slime, mud

hors out of

grosses large

autres de vingt pas, cent, trois, cinq cents plus ou moins, courant au **sor-ouest**, ce qui m'a fait connaître que c'était la rivière de la Palissade, qui m'a **paru** bien **nommée**, car, étant à son **embouchure**, qui est à une **lieue** et demie de ces roches, elle **paraît** toute **barrée** de ces roches. A son entrée, il n'y a que douze à quinze pieds d'eau, par où j'ai passé, qui m'a paru une des meilleures passes, où la mer **brisait** le moins. Entre les deux pointes de la rivère, j'ai trouvé dix **brasses**, la rivière ayant de **large** trois cent cinquante **toises**, le courant fort à faire une lieue un **tiers** par heure, l'eau toute **bourbeuse** et fort blanche; nous sentons, **couchés** sur ces **roseaux**, à l'abri du mauvais temps, le plaisir qu'il y a de se voir à l'abri d'un péril évident.

sor-ouest southwest

paru seemed / **nommée** named / **embouchure** n.f. mouth / **lieue** n.f. league (2.5 miles) / **paraît** seems / **barrée** barricaded

brisait was breaking

brasses n.f. fathoms
large wide / **toises** n.f. fathoms (length measure)
tiers n.m. third

bourbeuse muddy
couchés lying / **roseaux** n.m. reeds

Iberville in Margry, IV:158-160.

Questionnaire:
1. Décrivez l'île où ils ont séjourné le 1er mars. Quel temps faisait-il?
2. Le 2 mars, combien de lieues ont-ils couru au sud?
3. Pourquoi Iberville a-t-il tenu la mer?
4. Qu'a-t-il fait pour doubler une pointe de roches?
5. La nuit venait et le mauvais temps continuait. Qu'a-t-il fait pour sauver ses gens?
6. Décrivez ce qui est arrivé quand ils se sont approchés des roches.
7. Pour quelles deux raisons a-t-il cru qu'il a trouvé une rivière?
8. Décrivez les roches et expliquez le nom "Palissade."
9. Enfin, ils avaient trouvé un mouillage hors de danger. Décrivez-la.
10. Expliquez le plaisir qu'Iberville sentait.

Frenchmen at the *Bâton Rouge* (1699)

Those who are familiar with Louisiana know that Bâton Rouge is French, meaning "red stick." The origin and purpose of this *bâton rouge* are not as well known. One writer makes reference to a giant red cypress. A more common explanation, from two different writers, is given below. Iberville wrote the first selection and Pénicaut the second.

Le 17e, nous nous sommes **rendus** à une petite rivière à la droite de la rivière, à cinq lieues et demie de la **couchée**, où ils nous **faisaient** connaître qu'il y **avait** une grande quantité de **poissons**, où j'ai **fait** tendre des **filets** et n'ai **pris** que deux **barbues**. Les Sauvages se sont **arrêtés** deux lieues **au deçà** pour **chasser** aux **ours**, où ils disent qu'il y en a beaucoup. Mon frère y est **resté** avec eux. Cette rivière fait la séparation du **pays** pour les chasses des **Bayogoulas** et des **Oumas**. Il y a sur le **bord** beaucoup de **cabanes couvertes** de **lataniers** et un **mai** sans branches, **rougi** avec **plusieurs** têtes de poissons et d'ours attachées en sacrifice. Le terrain est parfaitement beau.

Iberville in Margry, IV:173.

rendus (se) went

couchée n.f. campground / **faisaient** made
avait had / **poissons** n.m. fish / **fait** had / **tendre** to set out / **filets** n.m. nets / **pris** took / **barbues** n.f. catfish / **arrêtés** stopped / **au deçà** on this side / **chasser** to hunt / **ours** n.m. bear / **resté** remained / **pays** n.m. country
Bayogoulas Bayougoula Indians / **Oumas** Houma Indians / **bord** n.m. bank / **cabanes** n.f. huts / **couvertes** covered / **lataniers** n.m. palm fronds / **mai** n.m. Maypole / **rougi** reddened / **plusieurs** several

On a pris quatre Sauvages de leur village pour nous servir de guides. M. d'Iberville a laissé entre les mains de leur chef un petit Français pour lui **apprendre** la langue sauvage. Nous sommes **partis** le **lendemain** matin. Nous avons trouvé en **remontant** toujours le fleuve, à cinq lieues sur la droite, le **Manchac**, petit **ruisseau**, **dont** j'ai déjà parlé, qui va **aboutir** au lac de Pontchartrain. Il a un **courant** excessivement rapide, ce qui le **rend** fort difficile à **monter**, **outre qu'**il est fort **étroit**. De là nous sommes montés cinq lieues plus haut, où nous avons trouvé des bords fort **élevés**, que l'on appelle en ce

apprendre to learn / **partis** left / **lendemain** n.m. next day / **remontant** going back up
Manchac Bayou Manchac / **ruisseau** n.m. stream / **dont** of which / **aboutir** to end at / **courant** n.m. current / **rend** makes
monter to go up / **outre qu'** besides / **étroit** narrow

élevés high

40

pays des écores et en sauvage Istrouma, qui signifie **Bâton** rouge, parce qu'il y en a en cet **endroit** un **poteau** rougi, que les Sauvages avaient planté, pour **marquer** la séparation des terres de deux nations, savoir: **celle** des Bayagoulas, d'où nous sortions, et d'une autre **éloignée** du Bâton rouge de trente lieues plus haut, nommée les Oumas. Ces deux nations étaient si **jalouses** de la **chasse** de leurs terres qu'ils **tiraient** sur **ceux** de leurs voisins, qu'ils trouvaient **chassant**, passé les limites marquées par ce poteau rougi. Mais aujourd'hui ce n'est plus la même chose; ils chassent **partout** les uns chez les autres et sont bons amis.

bâton n.m. stick / **endroit** n.m. place
poteau n.m. post, stake
marquer to mark

celle that

éloignée at a distance

jalouses jealous / **chasse** n.f. hunting
tiraient were firing / **ceux** those / **chassant** hunting

partout everywhere

Pénicaut in Margry, V:395.

*This word means "bluffs" and refers to the steep river banks along the Mississippi. Standard French has the adjective *accore* (steep, sheer) but no such noun. *Ecore* is a North American French creation, a new word. See John Francis McDermott, *A Glossary of Mississippi Valley French 1673-1850,* 71.

Chasse générale du Chevreuil.

Du Pratz's illustration of the Natchez Indian method of hunting deer by surrounding them.

Questionnaire:
1. Regardez la carte et trouvez l'endroit où Iberville a vu le bâton rouge.
2. Iberville a-t-il pris une grande quantité de poissons? Expliquez.
3. Qu'est-ce que les Sauvages ont chassé?
4. Expliquez l'importance de cette rivière.
5. Décrivez le mai.
6. Pourquoi le petit Français est-il resté avec les Sauvages?
7. Décrivez le petit ruisseau. Vers quoi coule-t-il?
8. D'après Pénicaut, pourquoi les Sauvages tiraient-ils sur leurs voisins?
9. Iberville l'a appelé le "mai" et Pénicaut l'a appelé le "bâton rouge."
   Voyez-vous des différences entre les deux descriptions? Expliquez.

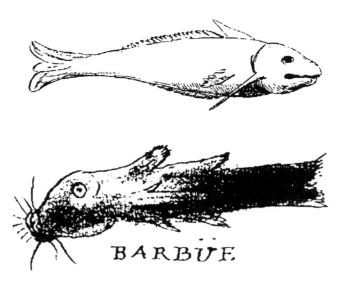

Top: *Du Pratz's catfish.*
Bottom: *Dumont de Montigny's catfish.*

Bearded Fish

This description of the catfish appeals even to discriminating appetites.

La **barbue** est de deux **espèces**, la grande et la petite. La première a jusqu'à quatre pieds de long, et l'on n'en voit point de cette espèce de plus petites que deux pieds de long; les plus jeunes sans doute **se tiennent au fond** de l'eau. Cette espèce a la tête très grosse, et **dès** là le corps qui est **rond** va en pointe jusqu'à la **queue**. Ce poisson est sans **écaille** et sans **arêtes**, excepté **celle** du **milieu**; sa **chair** est très bonne et délicate, mais **un tant soit peu fade**, à quoi il est facile de **remédier**. **Au reste** elle est fort **semblable** à la chair de **morue fraîche** du pays. On la mange à toutes les sauces **auxquelles** on peut manger un poisson, et on la trouve bonne de toutes **manières** qu'on peut l'accommoder. J'en **salais** tous les ans un **baril** pour passer le **carême**, et je l'**estimais** au moins **autant** que la **morue verte**.

La petite Barbue a depuis un pied jusqu'à deux pieds de long; elle a la tête aussi large à proportion que la grosse; mais elle n'est point si ronde et ne va pas si fort en pointe; sa chair **ne** se lève **point** par écailles; mais elle est plus délicate. Du reste elle est semblable à la grande.

Du Pratz, 1758, II:152.

barbue n.f. bearded one (catfish) / **espèces** n.f. kinds

se tiennent remain / **au fond** at the bottom
dès from / **rond** round
queue n.f. tail / **écaille** n.f. scale
arêtes n.f. fishbones / **celle** the one / **milieu** n.m. middle / **chair** n.f. flesh / **un tant soit peu** a little bit / **fade** insipid / **remédier** to remedy / **au reste** moreover / **semblable** similar / **morue** n.f. codfish / **fraîche** fresh / **auxquelles** with which
manières n.f. ways / **salais** salted / **baril** n.m. small barrel / **carême** n.m. Lent
estimais valued / **autant** as much / **morue verte** n.f. salted codfish

ne . . . point not

Questionnaire:
1. Quelle est la différence de longeur entre ces deux espèces de Barbue?
2. Où se trouvent les plus jeunes des grandes Barbues?
3. Décrivez la grande Barbue.
4. A quel poisson en France ressemble-t-elle?
5. Qu'est-ce qu'on peut faire pour la conserver longtemps?
6. Comparez la chair de la petite Barbue à celle de la grande Barbue.

Armored Fish

The alligator gar was found by the French to be useless for food, but the Indians put his "armor" to effective use.

Le Poisson-armé **tire** son nom de ses **armes** et de sa **cuirasse**: ses armes sont des dents très pointues qui ont une **ligne** de diamètre et **autant** de distance, et sortent de trois lignes et plus en dehors de la **mâchoire**; mais l'intervalle des grandes dents est **rempli** par des dents bien plus courtes; ces armes annoncent sa voracité. Sa cuirasse n'est autre chose que sa **peau garnie d'écailles** blanches et aussi **dures** que l'ivoire; elles ont une ligne d'**épaisseur**: il y en a sur le dos deux **rangées** de chaque côté qui ressemblent tout à fait au **fer** d'un **esponton**; il y a même une **queue** de trois lignes de long que les guerriers naturels faisaient entrer dans le **bout** du bois de la **flèche**, le **collaient** avec de la **colle** de poisson, et **liaient** le tout avec des **clisses de plumes** aussi **collées**: cette écaille peut avoir en tout neuf lignes de long, sur trois à quatre **tranchants**: la **chair** de ce poisson est dure et peu **appétissante**; ses oeufs ne peuvent qu'**incommoder** ceux qui en **mangeraient**.

Du Pratz, II:156-57.

tire gets / **armes** n.f. weapons
cuirasse n.f. armour-plate
ligne n.f. one-twelfth of an inch / **autant** as much

mâchoire n.f. jaw

rempli filled

peau n.f. skin / **garnie** covered / **écailles** n.f. scales / **dures** hard
épaisseur n.f. thickness / **rangées** n.f. rows
fer n.m. blade
esponton n.m. short spear / **queue** n.f. tail

bout n.m. end / **flèche** n.f. arrow / **collaient** glued / **colle** n.f. glue / **liaient** bound / **clisses de plumes** n.f. woven feathers / **collées** glued / **tranchants** n.m. [unit of measure] / **chair** n.f. flesh, meat / **appétissante** appetizing / **incommoder** to disagree with / **mangeraient** would eat

Du Pratz's alligator gar.

Questionnaire:
1. Quelles sont les armes du Poisson-armé? Décrivez-les.
2. Comment est la cuirasse du Poisson-armé?
3. Quel usage les guerriers faisaient-ils de la queue?
4. Mangeait-on ce poisson? Pourquoi? Et ses oeufs?

Indians Visit Fort Maurepas (1699)

When Iberville returned to France (May 3, 1699), he left an ensign named Sauvole in charge of Fort Maurepas on Biloxi Bay. Iberville's younger brother Bienville, then only twenty years old, was second in command. The following is Sauvole's account of the Bayogoula Indians' first visit to Fort Maurepas. The French often left young cabin boys in the nations of their allies as a sign of trust and also as a ready source of interpreters.

Comme c'était la première de leurs visites en ce fort, j'ai comblé d'honneurs le chef et l'ai fait manger tout son saoul: c'est là le plus grand de leurs plaisirs; heureusement, ce jour-là, nos chasseurs avaient tué trois chevreuils. Leur ayant mis une chemise à chacun sur leur corps, je leur ai fait voir le fort. Ils ont été surpris qu'en si peu nous ayons entassé de grosses pièces de bois les unes sur les autres; nos canons ne les ont pas moins étonnés. Ils les ont trouvés monstrueux, bien qu'ils ne soient que de huit. J'ai fait tirer deux coups à balle devant eux; ils ne savaient où se mettre, tant ils avaient peur. Ils ont passé une nuit très tranquille parmi nous, jusqu'à une alarme que le sergent leur a donnée avec sa hallebarde, venant prendre l'ordre et parlant au major à l'oreille. Cela les a fait rêver très profondément; m'en apercevant, je les ai rassurés par des caresses. Le lendemain, au point du jour, ils m'ont avoué que leurs femmes étaient de l'autre côté et qu'ils seraient ravis de leur faire voir le fort. Le chef, les voyant débarquer, m'a fait signe de faire mettre les soldats sous les armes et de faire chercher le tambour dans le fort, criant que sa femme y était, et qu'il fallait lui faire les mêmes honneurs qu'à lui. Je n'avais pas compté que des Sauvages y fussent sensibles. Après être restés trois ou quatre jours parmi nous, ils sont partis. Je leur ai donné deux de nos jeunes

comme since
comblé heaped
tout son saoul to his heart's content
plaisirs n.m. pleasures / heureusement fortunately / jour-là that day / chasseurs n.m. hunters / tué killed / chevreuils n.m. deer / ayant having / mis put / chacun each one / ayons had / entassé stacked up / bois n.m. wood / étonnés surprised
soient were / tirer to shoot / coups n.m. shots
tant so much

parmi among

hallebarde n.m. halberd (a sort of battle-ax) / venant coming / parlant speaking / rêver to ponder / profondément profoundly / m'en apercevant understanding this / rassurés reassured / lendemain n.m. next day / avoué admitted / côté n.m. side / seraient would be / ravis delighted / voyant seeing / débarquer to disembark / tambour n.m. drummer / criant yelling / fallait was necessary
compté considered / sauvages n.m. Indians / fussent were / sensibles sensitive / restés remained / partis left

garçons, pour qu'ils **apprennent** leur langue. Ils **enverront** l'un aux Oumas et **garderont** l'autre chez eux.

apprennent learn enverront will send / garderont will keep

Sauvole in Margry, IV:448.

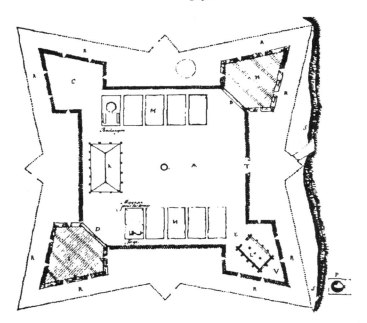

The plan of Fort Maurepas.

Questionnaire:
1. D'après Sauvole, quel est le plus grand plaisir des Sauvages?
2. Qu'est-ce qu'ils ont mangé pendant cette visite?
3. Pourquoi les Bayogoulas étaient-ils surpris?
4. Qu'est-ce qu'ils ont trouvé monstrueux? Pourquoi avaient-ils peur?
5. Qu'est-ce qui a causé de l'alarme pendant la nuit? Comment Sauvole les a-t-il rassurés?
6. Pourquoi le chef a-t-il demandé aux Français de recommencer la cérémonie d'accueil militaire?
7. Pourquoi Sauvole a-t-il donné deux jeunes garçons aux Bayogoulas?

Composition:
Après avoir lu cet extrait du journal de Sauvole, que pensez-vous de son attitude envers les Sauvages? Expliquez.

The Magnolia

The beauty of the magnolia tree and the strong perfume of its flowers greatly impressed the French colonists.

C'est une **espèce** de laurier, **dont** les fleurs ont une odeur très agréable. Ce bel arbre qu'on a transplanté avec succès en Angleterre, et qui y a résisté aux hivers les plus **rudes**, est naturel à la Floride et à la Virginie. Sa **hauteur** n'excède jamais seize pieds; son **bois** est blanc et **spongieux**; son **écorce** est blanche, ses feuilles ont la **figure** de celles du laurier commun, et pendant tout l'été les forêts sont parfumées de l'agréable odeur de ses fleurs. Elles sont blanches, composées de six feuilles, **au milieu desquelles** est un [pistil] **conique**, qui est le commencement du fruit. **Lorsque** la fleur est passée, le pistil **croît** jusqu'à la **grosseur** d'une **noix**. Il est couvert de **noeuds** et de petits **éminences**, qui s'ouvrent, lorsque le fruit est **mûr**, et laissent tomber des **semences plates** de la grosseur d'une petite **fève**. Ces semences contiennent une **amande renfermée** dans une **coque** très **mince** couverte d'une **peau** rouge. Lorsqu'elles sortent de leurs **cellules**, elles **ne** tombent **point** à terre, mais **demeurent** suspendues par des **filets** blancs d'**environ** un **pouce** de long. Les fruits sont **d'abord** verts, mais quand ils sont mûrs, ils sont rouges; ensuite ils deviennent bruns. Cet arbre vient de **lui-même** dans un **terroir** humide, et souvent dans des **fonds mouillés**, mais si on le transplante dans un **terrain sec** et **élevé**, il devient plus beau, et mieux formé, et porte plus de fleurs. Il perd sa **feuille** en hiver **pour peu que** le froid **soit piquant.**

Charlevoix, IV:314.

espèce n.f. species / dont whose

rudes severe
hauteur n.f. height
bois n.m. wood / spongieux spongy
écorce n.f. bark / figure n.f. shape

au milieu in the middle / desquelles of which / conique conical / lorsque when / croît grows / grosseur n.f. size
noix n.f. walnut / noeuds n.m. nodules
éminences n.f. ridges / mûr mature / semences n.f. seeds / plates flat
fève n.f. bean
amande n.f. kernel / renfermée enclosed / coque n.f. shell / mince thin / peau n.f. skin
cellules n.f. cells / ne ... point not / demeurent remain / filets n.m. threads / environ about / pouce n.m. inch
d'abord first

lui-même itself / terroir n.m. soil
fonds n.m. land / mouillés wet / terrain n.m. ground / sec dry / élevé high

feuille n.f. leaf / pour peu que if in the least / soit is
piquant bitter

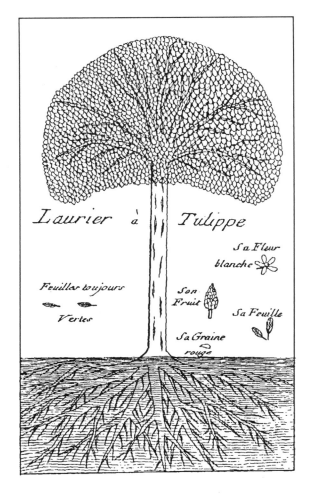

Du Pratz's illustration
of a magnolia tree.

Labels within the illustration:

Laurier à Tulippe

Feuiller toujours
Vertes

Son
Fruit

Sa Fleur
blanche

Sa Feuille

Sa Graine
rouge

Questionnaire:
1. Décrivez chaque partie de cet arbre: le tronc, la feuille et la fleur.
2. Le développement du fruit est intéressant. Décrivez le pistil. Quelle est la grosseur des semences? Pourquoi l'amande ne tombe-t-elle pas?
3. Il y a beaucoup de couleurs mentionnées. Expliquez chacune d'elles.
4. Dans quelle sorte de terrain trouve-t-on cet arbre?
5. Pour que l'arbre porte plus de fleurs, qu'est-ce qu'on doit faire?

English Bend or English Turn? (1699)

Iberville made a second voyage to the colony from France and arrived back in Biloxi Bay on January 8, 1700. During his absence the famous *détour des Anglais* had taken place, just downriver from present-day New Orleans. The place is now known as "English Turn," though the phrase actually refers to Bienville's having made a boatload of English colonists turn back.

Journal du voyage du chevalier d'Iberville sur le **vaisseau** du Roi la Renommée, en 1699.

Le 9e au matin, M. de Sauvole est venu **à bord;** j'ai su de lui que la **garnison** était en bonne **santé,** qu'il en était mort quatre hommes, du nombre **desquels** étaient deux Canadiens, un **flibustier** et un **engagé** de La Rochelle.

Il m'a dit qu'une **corvette** anglaise de dix canons, commandée par le capitaine Louis Bank, était entrée dans le Mississipi et montée vingt-cinq **lieues avant,** où mon frère de Bienville, avec cinq hommes dans deux **canots** d'**écorce,** l'avait **rencontrée mouillée, attendant** les **vents propres** pour monter plus haut. Mon frère lui **envoya** deux hommes pour lui dire de **se retirer incessamment** du pays, **duquel** le Roi était en possession; que, s'il ne se retirait, il l'y **contraindrait**; à quoi il **obéit,** après avoir parlé à mon frère.

Ce capitaine anglais, se séparant de mon frère au bas de la rivière, où ils s'étaient parlé pour la troisième fois, le **menaça** qu'il reviendrait pour établir cette rivière, avec des **bâtiments à fonds plats faits exprès;** qu'il y avait du terrain pour eux et pour nous, un d'un bord et l'autre de l'autre; qu'ils avaient *découvert cette rivière il y avait plusieurs années, qu'elle était aussi bien à eux qu'à nous.* C'est une menace qui pourra n'avoir pas de

vaisseau n.m. vessel

à bord on board
garnison n.f. garrison /
santé n.f. health

desquels of which / **flibustier** n.m. buccaneer /
engagé n.m. an indentured worker
corvette n.f. a small warship

lieues n.f. leagues / **avant** farther
canots n.m. canoes / **écorce** n.f. bark / **rencontrée** encountered / **mouillée** at anchor / **attendant** waiting for / **vents** n.m. winds / **propres** suitable / **envoya** sent / **se retirer** to withdraw / **incessamment** immediately / **duquel** of which / **contraindrait** would force / **obéit** obeyed

menaça threatened

bâtiments n.m. ships / **à fonds plats** flat-bottom / **faits exprès** especially made

il y avait plusieurs années several years ago

grands effets, et il sera toujours facile de les en empêcher.

Iberville in Margry, IV:395-397.

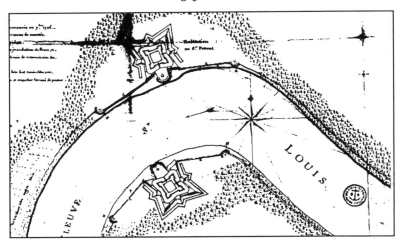

When the British threatened again in the late 1740s, these plans for fortifying the English Bend were drawn up.

Questionnaire:
1. Voyez-vous de la contradiction dans le rapport de M. de Sauvole? Expliquez.
2. Pourquoi la corvette anglaise s'est-elle arrêtée vingt-cinq lieues de l'embouchure du Mississipi?
3. Quel ordre Bienville a-t-il donné au capitaine Bank?
4. Avant de partir, quel avertissement le capitaine Bank a-t-il prononcé?
5. Pour autoriser son avertissement, qu'a-t-il dit?

Indian temple illustrated by De Batz.

Sacrifice to an Angry God (1700)

The Taensas and the Natchez (as well as other members of the Natchez group) were sun worshippers. When the sun was hidden during bad weather its withdrawal was often interpreted as a sign of the Sun's displeasure. Calamities occurring during its absence were sometimes serious enough to demand as atonement the sacrifice of infants or small children, who were not yet considered to have obtained the status of "person." Iberville recorded the following incident, in which the French incurred the displeasure of the Taensa priest for their meddling.

Les 16e et 17e il a plu et **tonné** beaucoup. La nuit du 16e au 17e la **foudre** est tombée sur le temple des **Taensas** et y a mis le feu qui l'a entièrement **brûlé**. Ces Sauvages, pour **apaiser** l'esprit, qu'ils disent être **fâché, jetèrent** cinq petits enfants au **maillot** dans le feu du temple. Ils y en **auraient** jeté plusieurs autres sans trois Français qui y **accoururent** et les en **empêchèrent**. Un vieillard de soixante-cinq années environ, qui était comme le principal prêtre, était **auprès** du feu, **criant** à haute voix: "Femmes, apportez vos enfants pour les offrir à l'Esprit en sacrifice pour l'**apaiser**." Ce que cinq de ces femmes **firent**, lui **apportant** leurs enfants, qu'il prenait et les jetait au milieu de ces flammes. L'action de ces femmes a été regardée d'eux comme une des plus belles que l'on **puisse** faire, de manière qu'elles **suivirent** ce vieillard, qui les **amena** en cérémonie à la cabane de **celui** qui devait être fait chef de la nation, car **il y avait peu** que le chef était mort. Ils avaient coutume, à la mort de leur chef, de **tuer** quinze ou vingt hommes ou femmes pour l'accompagner, disent-ils, dans l'autre monde et le servir. **Plusieurs**, à ce que l'on dit, sont **ravis** d'être de ce nombre. Je doute fort de cela. Ce vieillard, **dont** j'ai parlé **ci-dessus**, disait que l'Esprit s'était fâché, parce qu'à la mort du dernier chef on n'avait **tué** personne pour l'accompagner, et qu'il était lui-même fâché, qu'il

tonné thundered

foudre n.f. thunderbolt

Taensas Taensa Indians

brûlé burned / **apaiser** to pacify / **fâché** angry / **jetèrent** threw
maillot n.m. swaddling clothes / **auraient** would have
accoururent ran up to / **empêchèrent** prevented

auprès close by / **criant** yelling

apaiser to appease
firent did / **apportant** bringing

puisse could

suivirent followed

amena led / **celui** the one

il y avait peu a short time ago

tuer to kill

plusieurs several

ravis delighted
dont about whom / **ci-dessus** above

tué killed

51

[l'esprit] faisait brûler le temple, **accusant** les Français, que c'étaient eux qui étaient cause de ce **malheur**, parce que M. de Montigny, s'**étant** trouvé au village à la mort du chef, avait empêché que l'on ne tue personne, de quoi tout le monde de la nation **parut** fort content, **hors** ce grand prêtre. Ces femmes sanctifiées et consacrées à l'Esprit par l'action qu'elles **venaient de faire** (c'est comme les nomment plusieurs de ces Sauvages), étant **menées** chez le **prétendant** à la **couronne**, **furent** caressées et fort **louées** des anciens. On les **revêtit** d'une couverture blanche, qu'ils font d'**écorce** de **mûrier**, et on leur **mit** à chacune une grande plume à la tête. Elles **parurent** toute la journée à l'entrée de la cabane du chef, **assises** sur des **nattes de cannes**, **destinant** cette cabane pour servir de temple, où le feu **fut** allumé, comme ils ont coutume de faire.

accusant accusing

malheur n.m. misfortune / **étant** being

parut seemed / **hors** except

venaient de faire had just done
menées led
prétendant n.m. claimant / **couronne** n.f. crown / **furent** were / **louées** praised / **revêtit** dressed
écorce n.f. bark / **mûrier** n.m. mulberry tree / **mit** put
parurent appeared
assises seated / **nattes de cannes** cane mats
destinant intending

fut was

Iberville in Margry, IV:414-15.

Questionnaire:
1. Pourquoi le temple a-t-il brûlé?
2. Pourquoi les Sauvages ont-ils jeté des enfants au feu?
3. Qu'est-ce que les trois Français ont empêché?
4. Comment les Sauvages ont-ils regardé les actions des cinq mères?
5. A la mort de leur chef, qu'est-ce qu'ils font d'habitude?
6. Pourquoi Iberville dit-il: "Je doute fort de cela."
7. D'après le vieillard, pourquoi l'Esprit s'était-il fâché?
8. Décrivez le costume des femmes sanctifiées.
9. Où se trouvera le nouveau temple?

Composition:
Voyez-vous de la similarité entre ce sacrifice et celui que Dieu a demandé à Abraham dans la Bible, ou non? Expliquez.

Natchez Cotillion

Pénicaut, a young carpenter who spent several months living among the Natchez Indians during the earliest days of the colony, recounts here an all-night dance of the Natchez.

Leurs danses **se font** ainsi: les femmes dansent avec les hommes et les garçons avec les filles. Ces danses se font toujours de vingt ou trente ensemble, **tant** garçons que filles. Il n'est pas permis à un homme marié de danser avec les filles, **ni** aux garçons de danser avec les femmes. Après qu'ils ont **allumé** un grand **flambeau**, qui est ordinairement le tronc **sec** d'un vieux **pin**, qui **brûle** pour **éclairer** la grande place du village, et un autre **vis-à-vis** la cabane du Grand Chef, le maître à danser, à la tête d'une **centaine** d'hommes et femmes, au son d'un petit **tambour** et des **voix** des spectateurs, commence la danse au **soleil couché**, et chacun danse à son **tour** jusqu'à minuit. Après quoi les hommes se retirent chez eux avec leurs femmes et **cèdent** la place aux garçons et aux filles qui dansent **depuis** minuit jusqu'au matin au **grand jour**. Ils **se livrent** à ce plaisir à plusieurs **reprises**, chacun à son tour. Leur danse est à peu près semblable au nouveau Cotillon de France, avec cette différence que, quand un garçon a dansé dans ce pays-là avec la fille qui **se rencontre** à côté de lui ou devant, il lui est permis de la **conduire** au bout du village, dans un des **bosquets** de la prairie, où il danse avec elle un autre cotillon à la Mississipienne. Puis ils reviennent dans la place du village danser à leur tour comme **auparavant**. Ils continuent ainsi leurs danses jusqu'au grand jour, **de sorte que** le matin, les garçons surtout sont comme des **déterrés**, tant pour avoir perdu le sommeil que pour s'être fatigués avec les filles à danser.

Pénicaut in Margry, V:447.

se font are done

tant as many
ni neither

allumé lighted / **flambeau** n.m. torch / **sec** dry / **pin** n.m. pine tree / **brûle** burns / **éclairer** to light

vis-à-vis opposite

centaine n.m. about a hundred
tambour n.m. drum / **voix** n.f. voices / **soleil couché** n.m. sunset
tour n.m. turn

cèdent give up

depuis from
grand jour n.m. broad daylight / **se livrent** indulge / **reprises** n.f. repetitions

se rencontre is found

conduire to lead

bosquets n.m. thickets

auparavant before

de sorte que so that
déterrés n.m. dead-tired

Du Pratz illustrated social dancing among the Natchez that seems quite similar to Pénicaut's description.

Questionnaire:
1. Qui peut danser avec qui?
2. Qu'est-ce qui allume la grande place pour la danse?
3. Décrivez le commencement de la danse.
4. Qui se retire à minuit?
5. Qui danse après minuit?
6. Quelle est la différence entre la danse mississipienne et le cotillon de France?
7. Pourquoi les garçons sont-ils comme des déterrés au grand jour?

Natchez Marriage Traditions

After reading Pénicaut's description of Natchez Indian marriage arrangements, one wonders why young girls ever consented to be married!

Quand un garçon est **convenu** de se marier avec une fille, ils vont dans le bois ensemble, et pendant que le garçon est à la **chasse**, la fille fait une cabane de **feuillage** dans les bois et elle allume du feu **proche** la cabane. Quand le garçon est revenu de la chasse, qu'il a **tué** un **boeuf** ou un **chevreuil**, il en porte un quartier à la cabane, et ensuite ils vont chercher le reste. Quand ils sont revenus à la cabane, ils en font **rôtir** un **morceau** qu'ils mangent à leur souper, et le lendemain ils portent ensemble cette chasse à leur village, dans la maison du père et de la mère de la fille. Ils **avertissent** les parents, à chacun desquels on donne un morceau de la chasse, qu'ils **emportent** chez eux. Le garçon et la fille dînent avec le père et la mère de cette dernière, et ensuite le garçon l'**emmène**, comme sa femme, chez lui, où elle reste. Alors il ne lui est plus permis d'aller aux danses des garçons et filles, n'y d'avoir **commerce** avec **aucun** autre homme qu'avec son mari. Elle est obligée au travail du **dedans** de la maison. Il est permis au mari de la **répudier**, s'il **apercçait** qu'elle lui **fasse** une infidélité, jusqu'à ce qu'elle **ait** eu un enfant de lui.

convenu agreed

chasse n.f. hunt; game

feuillage n.m. foliage
proche near

tué killed / **boeuf** n.m. buffalo / **chevreuil** n.m. deer

rôtir to roast / **morceau** n.m. piece

avertissent inform

emportent take

emmène brings

commerce n.m. sex / **aucun** any / **dedans** inside
répudier to renounce
apercçait finds out / **fasse** has committed
ait has

Pénicaut in Margry, V:448.

Questionnaire:
1. Pendant que le garçon fait la chasse, que fait la fille?
2. Que font-ils ensemble après que le garçon a apporté un quartier de la chasse?
3. Le lendemain, où dînent-ils? Expliquez ce qui se passe pendant le dîner.
4. Après la naissance de son premier enfant, la fille se sent plus à son aise. Expliquez.

Malaria at Fort Maurepas (1701)

There were many hardships in the colony which seemed insurmountable to the colonists. Supply shortages were common and everyone suffered. Sauvole recounts below the even greater difficulties caused by illness.

Nos malades qui sont au nombre de 30 **ne sauraient revenir** d'une **fièvre tierce** qui les **mine**, faute des remèdes et des **rafraîchissements** qu'on a oubliés à Rochefort. J'attends l'arrivée du **traversier** avec impatience qui pourra nous apporter quelque **secours**; j'en ai reçu un petit du Mississipi qui consiste en quatre-vingts **poules**; **celles** que nous avions ici ont été mangées jusqu'à la dernière. J'ai été même obligé de faire tuer 4 **veaux** pour **sustenter** les plus malades.

La **remarque** que j'ai faite c'est que la pluie **venant**, la maladie ne tarde pas aussi. C'est ordinairement au commencement de juillet. Ce qu'il y a de bon c'est qu'on n'en **meurt** pas.

ne sauraient revenir could not recover / **fièvre tierce** tertian fever (malaria) / **mine** undermines / **rafraîchissements** n.m. replacement supplies / **traversier** n.m. large boat

secours n.m. help
poules n.f. chickens / **celles** the ones

veaux n.m. calves

sustenter to nourish

remarque n.f. observation

venant coming

meurt die

Sauvole to Pontchartrain, 4 août 1701,
C13a, 1:317.

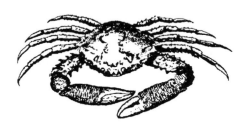

Shellfish like this crab were sometimes the colonists' only nourishment.

Questionnaire:
1. Pourquoi ne peut-on pas guérir les malades?
2. Quelle aide Sauvole a-t-il déjà reçue? Pourquoi ces vivres avaient-ils disparus?
3. Qu'est-ce qu'il a fait pour nourrir les plus malades?
4. Donnez deux remarques de Sauvole sur la fièvre.

Tonti's Encounter with an Englishman (1702)

In February of 1702 Iberville sent Henri de Tonti on a mission of peace among the Indians. The English influence was especially strong among the Chickasaws, and Iberville hoped that Tonti could convince them to come to Mobile for negotiations with the Choctaws. The following excerpts from Tonti's letter to Iberville reveal the difficulty in store for the French and foreshadow the competition for Chickasaw allegiance that they would face from English traders from the colony of South Carolina.

Extrait d'une lettre de M. de Tonti à M. d'Iberville, du village des **Chacta**, le 14 mars 1702.

extrait n.m. excerpt

Chacta Choctaw Indians

Je **partis** du village des Chacta le 24 février pour continuer ma route aux **Chicacha**. A 34 l[ieues] du village nous **trouvâmes** des **pistes** de guerriers qui allaient contre les Chacta. Cela **étonna** mes Sauvages qui **prirent** diverses routes ce qui **allongea** notre chemin et **fit** que je **trouvai** 56 l[ieues] d'un village à l'autre.

partis left
Chicacha Chickasaw Indians / **34 lieues** 34 leagues / **trouvâmes** found / **pistes** n.f. tracks
étonna surprised
prirent took
allongea lengthened / **fit** caused / **trouvai** noted

A 3 l[ieues] du village des Chicacha j'**entendis** un coup de **fusil**; j'**envoyai** au coup et **il vint** à nous un Chicacha qui nous **dit** qu'il y avait un parti de 10 hommes et un autre de 400 hommes contre les Chacta, conduits par un Anglais. Je **crus** mon voyage inutile.

entendis heard
fusil n.m. gun / **envoyai** sent / **il vint** there came
dit told

crus believed

Nous **arrivâmes** au village le 3 mars **ayant tenu** notre route au N. 4 de N.E. Nous **laissâmes** sur un **coteau** un village de **Chachouma**, et **envers** 3 **arpents** de là nous **entrâmes** dans **celui** des Chicacha. On **vint** au devant de nous et les Sauvages prirent les **paquets** de nos Français et nous **conduisirent** **vis-à-vis** la cabane du chef. On nous fit asseoir sur des **nattes** vers la cabane. Le Chef y était assis et un Anglais que j'**eus de la peine** à reconnaître pour **tel**. Il était assis **tenant** un fusil à sa main et un sabre à côté de lui. Il avait une chemise bleue assez **sale**, ni **culotte** ni **bas** ni **souliers**, une couverte d'**écarlatine** et des **ronds** au **col** comme un

arrivâmes arrived / **ayant** having / **tenu** followed
laissâmes passed
coteau n.m. hill / **Chachouma** Chakchiuma Indians / **envers** about / **arpents** n.m. acres (1.5 acres) / **entrâmes** entered / **celui** the one / **vint** came / **paquets** n.m. bundles / **conduisirent** led / **vis-à-vis** opposite
nattes n.f. mats
eus de la peine had difficulty
tel such / **tenant** holding
sale dirty / **culotte** n.f. breeches / **bas** n.m. stockings / **souliers** n.m. shoes
écarlatine n.m. red wool / **ronds** n.m. rings / **col** n.m. neck

Sauvage. Notre considérable Chacta **fit** sa **harangue** et ensuite l'Anglais que je n'avais regardé qu'avec indignation **s'approcha** de moi et me **demanda** si je savais parler **Chouanon**. Je lui **fis** dire que non et que j'étais venu **quérir** le chef de votre part. Que comme je le connaissais de réputation pour un malheureux, qu'il **se gardât bien** de faire **aucun discours** contre nous, que si je m'en **apercevais** il **passerait** mal son temps. Il me fit demander quel **sujet** j'avais de le croire si noir. Je lui fis dire qu'il avait voulu tuer M. Davion lorsqu'il était aux Chicacha (ce qu'il **nia**) et ensuite qu'il faisait détruire toutes ces nations pour avoir des esclaves et qu'il devait être **rassasié** de **chair** humaine, ce qu'il nia **pareillement disant** que c'étaient les Sauvages qui étaient les portés à la guerre mais quand je lui **demandai** d'où vient que son camarade était à la tête de 400 guerriers il n'**eut** rien à me répondre.

❧

Le 6 nous **partîmes** . . . . La pluie nous **obligea** à cabaner à une l[ieue] ½. Un **guerrier** nous **apprit** que l'on avait pris un jeune Chacta. **D'abord** je fis entendre au chef qu'il fallait l'avoir et que vous le **payeriez autant** que **pourrait** faire l'Anglais.
Le 7 l'Anglais fit passer l'esclave par un autre chemin mais le chef, **étant** allé au village, il nous l'**amena**. Il [l'esclave] avait 15 ou 16 ans. Le chef me dit que comme il arrivait au village, l'Anglais coupait les **liens** à l'esclave et qu'il [le chef] l'avait **arraché** de ses mains, que l'Anglais l'avait **menacé** de s'en aller et qu'il lui avait répondu va-t'en, que le Français n'avait qu'une bouche et qu'il en avait deux; qu'il les faisait tuer tous les jours pour avoir des esclaves, que le Français ne souhaitait que des **peaux** et la paix avec toutes les nations et que l'Anglais avait **mis la tête entre ses jambes**.

*Tonti and the Englishman were speaking through an interpreter.

---

fit made / harangue n.f. speech

s'approcha came near

demanda asked / Chouanon Shawnee Indians / fis causative *faire** / quérir to fetch

se gardât bien would do well / aucun no / discours n.m. speech
apercevais found out / passerait would spend
sujet n.m. reason

nia denied

rassasié satiated / chair n.f. flesh
pareillement likewise / disant saying

demandai asked

eut had

partîmes left / obligea compelled
guerrier n.m. warrior / apprit informed / d'abord first

payeriez would pay / autant as much / pourrait would be able

étant having
amena brought

liens n.m. bonds
arraché pulled / menacé threatened

peaux n.f. hides
mis la tête entre ses jambes tucked his tail between his legs

Je vous assure M[onsieur] que cet Anglais est un grand misérable. Sa cabane est pleine d'esclaves dont il abuse. Il a du **crédit** et je **remarquai** que quand les chefs **partagèrent** les présents que je leur fis de votre part il en eut la plus grande partie. Le temps **s'étant éclairci** l'après dîner nous **fûmes** coucher à 4 l[ieues] du village.

crédit n.m. influence / **remarquai** noticed **partagèrent** divided

s'étant éclairci having cleared up / **fûmes** went

⚜

Le 11 nous **quittâmes** une chose assez antique. **Depuis** le village des Chicacha **jusqu'**ici il y a quantité de **coquilles** plus grandes et plus grosses que des **huîtres semées** dans les prairies et coteaux. Je leur demandai si c'étaient les hommes ou la mer qui les avaient portées là. Les Sauvages me **répondirent** que c'était du temps que le grand chef **fut** fâché et qu'il **inonda** toute la terre. **Marque** que ces gens-là ont une idée du **déluge**.

quittâmes left

depuis ... jusqu' à from ... to
coquilles n.f. shells
huîtres n.f. oysters / **semées** strewn

répondirent answered
fut was / **inonda** flooded / **marque** notice
déluge n.m. flood

⚜

Permettez-moi M[onsieur] de vous dire que ces 2 nations veulent être gagnées par des présents considérables et en faisant nos alliés de ces gens-là, toutes les autres nations n'oseront **branler**, et s'ils ne sont pas contents des Français on ne doit pas douter que des Anglais ne **fassent leur possible** pour les attirer et faire détruire tous les Sauvages vos voisins, et qu'ils **battront le fer** tandis qu'il est chaud.

branler to make a move

fassent leur possible do their best

battront le fer will strike the iron

Tonti à Iberville, 14 mars 1702,
ASH, 115:no. 20 (Papiers Delisle).

Questionnaire:
1. Qu'est-ce qui a étonné les Sauvages qui accompagnaient Tonti?
2. Qu'a dit le Chicacha pour expliquer ces pistes? Pourquoi Tonti a-t-il été découragé?
3. Quand ils sont arrivés au village des Chicachas, où les a-t-on conduits?
4. Décrivez l'Anglais qui était assis près du chef.
5. Après la harangue du Chacta, qu'a demandé l'Anglais à Tonti?
6. Pourquoi Tonti était-il en colère extrême contre l'Anglais?
7. Que faisait l'Anglais quand le chef est arrivé au village le 7 mars?

When passing through the Choctaw villages, Tonti probably observed the famous Choctaw burial rites. This illustration, which dates from the 1770s, shows mourners seated next to the scaffold where the dead body was placed.

8. D'après le chef, quelles sont les différences entre les Anglais et les Français?
9. Cet Anglais a-t-il participé aux bénéfices des Français? Expliquez.
10. Comment les Sauvages ont-ils expliqué la quantité de coquilles dans cette région?
11. Tonti explique que les présents considérables sont vraiment nécessaires. Pourquoi?

Iberville's Request for Colonists (1702)

By encouraging the Canadian *coureurs de bois* ("woodmen" or fur traders) to marry French women, Iberville hoped to increase the population of the colony as well as its agricultural resources. In this brief summary of his memoir on the requirements of the new colony it is obvious that he had definite ideas concerning the type of woman that would entice the Canadians to exchange their lives as fur traders for the sedentary lives of farmers.

Mémoire sur l'**établissement** de la Mobile et du Mississipi.

> **établissement** n.m. settlement

Il est nécessaire que le Roi y envoye un **navire** au mois de novembre pour y porter les **vivres** et autres choses nécessaires.

> **navire** n.m. ship
>
> **vivres** n.m. provisions

Il est bon de **congédier** la plus grande partie des Canadiens qui y sont en **garnison**, à cause des gros **gages** qu'ils ont. On gardera seulement quinze ou vingt pour envoyer chez les nations Sauvages, ce que l'on ne pourra se passer de faire pendant une année ou deux.

> **congédier** to discharge, to dismiss
> **garnison** n.f. garrison
> **gages** n.m. wages

Il y faudra aussi garder les **ouvriers** comme **armuriers, taillandiers, charpentiers,** et dix **matelots.**

> **ouvriers** n.m. skilled laborers / **armuriers** n.m. gunsmiths / **taillandiers** n.m. edge-tool makers / **charpentiers** n.m. carpenters / **matelots** n.m. sailors / **faudrait** would be necessary

Pour congédier ses Canadiens, il **faudrait** y envoyer cette année deux compagnies de soldats de cinquante hommes avec leurs vivres en **farine, lard,** et vinaigre.

> **farine** n.f. flour
> **lard** n.m. bacon

[Il faudrait] Les choses nécessaires pour y faire un **moulin.** Des familles de laboureurs.

> **moulin** n.m. mill

20 ou 30 filles pour les marier avec les Canadiens que l'on congédiera. Qu'elles **soient** jolies. **Fournir** à ces filles leurs **subsistances** pendant une année, en farine, lard, vinaigre, **huile,** et **sel.**

> **soient** be
>
> **fournir** to furnish / **subsistances** n.f. supplies
> **huile** n.f. oil
> **sel** n.m. salt

Iberville, Mémoire, 1702,
C13a, 2:47-47v.

Iberville needed edge-tool makers like these because the policy was to ship raw iron rather than finished tools to the colony. Whatever was required, from fire-proof chimney linings to tomahawks for the Indian trade, could then be made on the spot as needed.

Questionnaire:
1. Pourquoi faut-il congédier la plupart des Canadiens?
2. Pourquoi faut-il garder plusieurs Canadiens?
3. Expliquez l'importance des armuriers, taillandiers, charpentiers et matelots.
4. Quels vivres faut-il envoyer avec les soldats?
5. Qu'est-ce qu'on veut construire pour moudre le blé?
6. Quelle sorte de filles faut-il envoyer? Quels vivres doit-on fournir pour les filles?

Request Granted, Two Years Later (1704)

From Paris, Minister Pontchartrain wrote to Bienville concerning a group of women that would soon arrive in the Colony.

Sa Majesté envoye par ce même **navire** [le *Pélican*] 20 filles pour être mariées aux Canadiens et autres qui ont commencé à se faire des habitations sur la Mobile afin que cette colonie **puisse s'établir** solidement. Toutes ces filles sont **élevées** dans la **vertu** et la piété et savent travailler, ce qui les **rendra** très utile à cette colonie, en **montrant** aux filles des Sauvages ce qu'elles savent faire. Afin qu'il n'en **fût** point envoyé que d'une vertu connue et sans reproche, Sa Majesté a chargé M. l'**Evêque** de Québec de les **tirer** des **endroits** qui ne peuvent être **soupçonnés** d'**aucune débauche**. Vous aurez **soin** de les établir le mieux que vous pourrez et de les marier à des hommes capables de les faire subsister avec quelque sorte de **commodité**. Sa Majesté envoye par le même **vaisseau** une **sage femme** aux **gages** de 400 livres par an et des **ouvriers** de différente profession qui **puissent apprendre** leur **métier** non seulement aux Français mais même aux Sauvages et pour travailler aux **ouvrages** de Sa Majesté. Il est nécessaire que vous les distribuiez de manière qu'ils puissent être employés utilement **suivant** ses intentions.

navire n.m. ship

puisse can / **établir** to establish
élevées reared
vertu n.f. virtue / **rendra** made
montrant showing
fût were

evêque n.m. bishop
tirer to gather / **endroits** n.m. places
soupçonnés suspected / **aucune** any / **débauche** n.f. debauchery / **soin** n.m. care
commodité n.f. comfort

vaisseau n.m. ship / **sage-femme** n.f. midwife / **gages** n.m. wages / **ouvriers** n.m. workers / **puissent** can / **apprendre** to teach / **métier** n.m. trade / **ouvrages** n.m. work

suivant following

Pontchartrain à Bienville, 30 janvier 1704,
C13b, 25:1.

Questionnaire:
1. Pourquoi le Roi a-t-il envoyé ces filles à la colonie?
2. Expliquez comment ces filles seront très utiles à la colonie.
3. Comment le Roi a-t-il essayé d'assurer leur vertu?
4. Combien va-t-il payer la sage femme?
5. A qui les ouvriers vont-ils enseigner leurs professions?

Misery in the Colony (1704)

In this letter from Bienville to Pontchartrain almost all of the problems that beset Louisiana in its early years are mentioned. Sometimes two years would pass before a ship arrived; even then there was no guarantee that its cargo would be useful to the colonists. The population along the coast remained low for several reasons, among them the reluctance of those in France to assume the risks of colonial life. Following are two excerpts from Bienville's letter.

Monsieur Ducoudray, commandant le **Pélican**, est **arrivé** le ____ Juillet. Il nous a **remis** tous les **vivres** et munitions **dont** il **était chargé suivant** l'**état**, que Monsieur Begon **envoye** au S[ieur] de la Salle,* et deux compagnies de soldats et les vingt-sept femmes et filles. Toutes les filles se sont **mariées** en peu de temps après être arrivées aux Canadiens et aux autres qui sont en état de les faire **subsister**.

Pélican ship's name
arrivé arrived / **remis** delivered
vivres n.m. provisions / **dont** of which / **était** was / **chargé** charged / **suivant** according to / **état** n.m. inventory / **envoye** is sending
mariées married

subsister to survive

❖

Je prends la liberté **Monseigneur** de vous représenter la misère où sera toujours la colonie **tant qu'**il n'y aura point de viande **fraîche** pour **secourir** les malades qui sont **réduits** aux bouillons de **lard salé**. Il me **paraît** que si le Roi faisait la **dépense** d'**entretenir** une **flûte** pendant une année pour **charrier** des **bestiaux** de la Havane ici où on les **vendrait** aux habitants, le Roi en **retirerait ses deniers** et la colonie en **deviendrait** incomparablement plus belle par l'augmentation des travaux qu'ils y auront, n'**ayant guère** de malades. Je suis persuadé que s'il y avait ici des **rafraîchissements**, on **se porterait** aussi bien qu'en France; il sera difficile que ce pays ici **puisse subsister** de lui-même **sitôt à moins que** vous n'y envoyiez tout

monseigneur my lord

tant qu' as long as / **fraîche** fresh / **secourir** to help / **réduits** reduced / **lard** n.m. pork / **salé** salted / **paraît** appears / **dépense** n.f. expense / **entretenir** to maintain / **flûte** n.f. large ship / **charrier** to carry / **bestiaux** n.m. cattle / **vendrait** would sell / **retirerait ses deniers** would reap his profit / **deviendrait** would become / **ayant** having / **guère** hardly / **rafraîchissements** n.m. replacement supplies / **se porterait** would get along
puisse be able / **subsister** to exist / **sitôt** anytime soon / **à moins que** unless

*This is Nicolas de La Salle, the colony's commissary, who as a young man had traveled down the Mississippi with René-Robert Cavelier de La Salle in 1682—see the first document in this book.

64

d'un coup quantité d'habitants qui **puissent** se soutenir d'eux-mêmes contre les ennemis. Les terres propres à établir et à mettre beaucoup d'habitants sont près de vingt **lieues** haut de cette Rivière. Il n'y a pas **ici-près** de bonnes terres pour mettre plus de cinquante habitants. Nous n'avons pas de boeufs pour labourer. C'est ce qui est cependant bien nécessaire, n'ayant point de nègres pour **piocher** la terre. Je ne vois pas pouvoir encore cette année faire en **semence** plus de quinze **minots** de **blé** que je ferai **semer** dans le mois de novembre, n'ayant que cinq habitants. Tous les hommes mariés sont à la **solde** du Roi. Je ne puis leur donner liberté, n'ayant pas trop de monde pour les travaux et pour la garde. Des deux compagnies qui sont venues par le Pélican, il n'en reste que soixante-six. Le reste est mort ou laissé malade à la Rochelle et à la Havane.

puissent are able

lieues n.f. leagues

ici-près nearby

piocher to dig
semence n.f. planting / **minots** n.m. bushels (approx.) / **blé** n.m. wheat / **semer** to sow

solde n.f. pay

Bienville à Pontchartrain, 6 septembre 1704,
C13a, 1:449-460.

Questionnaire:
1. En quel mois le *Pélican* est-il arrivé?
2. Qu'est-ce qu'il y avait à bord?
3. Qu'est-ce que les filles ont fait en peu de temps?
4. Qu'est-ce que les malades mangent au lieu de viande fraîche?
5. Quelle solution Bienville a-t-il offerte à Pontchartrain? Comment a-t-il justifié la dépense?
6. Pourquoi pense-t-il que ce pays ne peut pas subsister de lui-même?
7. Combien d'habitants peuvent subsister près du fort?
8. A quelle distance sont d'autres bonnes terres?
9. Quel animal est nécessaire pour préparer la terre?
10. Qu'est-ce que les cinq habitants vont semer en novembre?
11. Que font les autres hommes pour subsister?
12. Pourquoi ne reste-t-il que soixante-six hommes des deux compagnies?

Plague (1704, 1708)

Mosquitoes were not the only source of disease in the colony. Bienville and D'Artaguiette offered good advice about prevention of plague and fever, but it may have gone unheeded.

Le *Pélican* nous a apporté la **Peste** qu'il avait **attrapée** à la Havane. Il lui est mort vingt-trois hommes **compris** deux officiers, et à nous du fort vingt hommes et deux femmes. Je ne le crois pas encore passé. Nous avons les deux **tiers** de la **garnison** malades. Il **serait** fort facile aux **vaisseaux** que le Roi envoie en ce pays ici de **ne point** passer à la Havanne où ils **n'ont que faire**, et de venir **en droiture** du **Cap** St. Domingue ici, Comme a toujours fait mon frère d'Iberville qui [a] apporté la **santé** ici quand il y est venu.

Bienville à Pontchartrain, 6 septembre 1704, C13a, 1:458.

Pélican ship's name / **peste** n.f. plague
attrapée caught

compris including

tiers n.m. third / **garnison** n.f. garrison
serait would be / **vaisseaux** n.m. ships / **ne point** not

n'ont que faire have nothing to do / **en droiture** directly / **cap** n.m. cape

santé n.f. health

Le **chirurgien** major de cette Colonie **mourut** ·hier. Il était bien ignorant. Il est important pour toute la Colonie qu'il **soit** remplacé par un **habile** homme. Les maladies qui **règnent** ordinairement ici sont les fièvres. Personne n'en est **exant** en été; je le sais par expérience. La maladie générale qu'il y a eue **à bord** de l'*Aigle* était la peste que cette **frégate** avait apportée de la Havanne. Il me **paraît** Monsieur que les vaisseaux qui seront **expédiés** pour ici devraient partir dans tous les mois de septembre et de France **afin d'éviter** ces maladies contagieuses qui règnent souvent pendant les étés au Cap Français et à la Havane.

D'Artaguiette à Pontchartrain, 25 mai 1708, C13a, 2:322.

chirurgien n.m. surgeon / **mourut** died

soit be / **habile** capable

règnent prevail

exant exempt

à bord on board / *Aigle* ship's name / **frégate** n.f. frigate / **paraît** appears / **expédiés** sent

afin d' in order to / **éviter** to avoid

Questionnaire:
1. Combien de personnes sont mortes de la peste? Combien sont malades?
2. Quelle suggestion Bienville a-t-il faite à Pontchartrain pour éviter la peste?
3. Quatre ans plus tard, pourquoi Artaguiette a-t-il besoin d'un autre chirurgien? Quelle sorte d'homme demande-t-il?
4. En quelle saison arrive la fièvre? D'où arrive-t-elle?
5. Quelle suggestion Artaguiette a-t-il faite pour éviter ces maladies contagieuses?

Composition:
Les médecins d'aujourd'hui comprennent les causes de ces maladies. Expliquez comment elles sont contrôlées maintenant au sud des Etats-Unis.

Medicine was as primitive in France in the eighteenth century as it was in colonial Louisiana, as this operating chair suggests.

Indian Corn (1706)

The French tried several times to grow wheat in the southern parts of the colony, but as one might imagine, these projects were not highly successful. Cornbread was the main accompaniment for most meals—a poor substitute (in the minds of the French) for their own wheat bread.

Les Espagnols n'ont pu l'aider que de **blé d'Inde**, qu'ils vendent bien **cher**. Les hommes qui sont à la Louisiane **s'accoutument** à **en** manger, mais les femmes qui sont la **plupart** Parisiennes en mangent avec **peine**; ce qui les fait beaucoup parler contre M. l'**Evêque** de Québec, qui leur avait fait **entendre** qu'elles **seraient** dans un pays de **Promission**. Il est arrivé à la Louisiane cinquante hommes du haut du Mississipi, qui ont tous **dessein** de s'y **établir**.

blé d'Inde n.m. Indian corn / **cher** expensive

s'accoutument are accustomed / **en** it (le blé d'Inde) / **plupart** n.f. majority / **peine** n.f. difficulty

evêque n.m. bishop

entendre to understand / **seraient** would be

promission n.f. promise

dessein n.m. plan / **établir** to establish

Bienville à Pontchartrain, 10 avril 1706, C13a, 1:503.

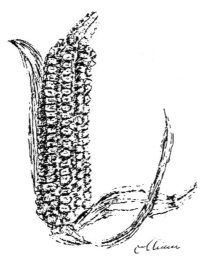

Questionnaire:
1. Est-ce que le blé d'Inde est bon marché?
2. Pourquoi les femmes parlent-elles contre M. L'Evêque de Québec?
3. D'où viennent les cinquante hommes?

68

A Discriminating Woman (1707)

Not all of the women who were sent to Louisiana were willing to accept the life that had been chosen for them.

Le Sr. de Bienville a fait savoir qu'il y a une des 20 filles qui ont été envoyées à la Mobile qui ne veut point marier. Sa majesté désire que le Sr. de Muy l'y oblige; **sinon** qu'il la **renvoye** en France; **cependant** s'il lui **paraissait** lorsqu'elle sera **sur les lieux** qu'elle **fut** utile à la colonie **vivant** comme elle fait **soit** pour l'instruction des filles des habitants dans les principaux de la religion et pour leur apprendre à travailler, Elle* trouve bon qu'il **diffère** l'exécution de cet ordre et qu'il lui **fasse** savoir son **avis**.

> **sinon** or else / **renvoye** send back / **cependant** however / **paraissait** appeared / **sur les lieux** on the premises / **fut** was / **vivant** living / **soit** namely
>
> **diffère** postpone
>
> **fasse** make / **avis** n.m. opinion

Louis XIV à De Muy, 30 June 1707, C13b, 29:256v-257.

*Elle refers to sa majesté, Louis XIV.

Drawing of Fort Louis from a map of the first Mobile settlement.

Questionnaire:
1. Quel ordre Louis XIV a-t-il donné au Sr. de Muy?
2. Si la fille ne se marie pas, que doit faire le Sr. de Muy?
3. Qu'est-ce qu'elle peut faire pour démontrer son utilité?

Composition:
Que pensez-vous de cette femme? Etait-elle courageuse, individualiste, folle? Expliquez votre opinion.

Bienville Versus La Vente (1707)

In the struggle between the clergy and the military each side sought ultimate control of the other. The quarrel between Bienville and the Curé de la Vente was not as one-sided as it may seem here. Both men were skillful in arguing their sides in terms that would influence those in authority in France. Following are Bienville's grievances against the Curé.

J'ai une peine extrême **Monseigneur** de **vous rompre la tête** de ces sortes de **plaintes** qui ne plaisent pas à Votre Grandeur. J'étais bien **résolu** de dissimuler comme j'ai déjà fait; je me vois **cependant** encore obligé de vous porter des plaintes contre le Sieur de la Vente curé de cette **paroisse,** à la sollicitation de tout le peuple de cette colonie. J'en ai déjà écrit à votre Grandeur assez **amplement.** Le dit Sieur de la Vente, ne **s'attachant** continuellement qu'à me faire de la peine et à ma garnison, **interdit** la Chapelle du fort, sans **aucune** raison, sous le prétexte seulement que l'on ferait trop de **bruit** dans le dit fort et que cette Chapelle n'était point décente. Il y a longtemps Monseigneur que je représentais à ce curé combien cette chapelle du fort était petite pour y continuer à faire ses fonctions **curiales** qui me **gênaient** fort. Après avoir interdit la Chapelle du fort, il **fut** faire ses fonctions curiales dans sa cuisine, qui était fort **éloignée** du **bourg,** où il y avait de l'eau jusqu'à mi-jambe à aller. Il ne voulait pas prendre une maison **particulière** que les habitants lui **offrirent.** Son seul motif était de **chagriner** tout le monde. Mes soldats de la garde du fort n'entendaient point la **messe,** ne **pouvant** point laisser leurs **corps de garde** seule. J'**ai beau lui représenter** plusieurs fois combien il y avait peu de **piété,** les deux **tiers** des familles **perdant** la messe par le mauvais chemin qu'il y avait. Ce qui me **mortifia** le plus, Monseigneur, c'est que le Sieur de la Vente **prit** le temps que les Espagnols étaient ici venus nous apporter

monseigneur my lord / vous rompre la tête to worry you / plaintes n.f. complaints / résolu resolved

cependant however

paroisse n.f. parish

amplement amply / s'attachant using all his efforts
interdit has forbidden entry to / aucune any

bruit n.m. noise

curiales holy / gênaient annoyed
fut went on

éloignée far / bourg n.m. town

particulière private / offrirent offered
chagriner to annoy

messe n.f. Mass / pouvant being able to / corps de garde n.m. guardhouse / ai beau lui représenter showed him in vain / piété n.f. piety / tiers n.m. third / perdant being deprived of / mortifia mortified / prit took

des **vivres** (entre autres, le major de Pensacola). Le Père Supérieur du **Couvent**, le **Commissaire** et le **trésorier**, qui **virent** les manières ridicules du Sieur de la Vente, ils m'en **donnèrent** un certificat fort ampli, joint à mille mauvais **contes** qu'il leur **fit** de moi.

vivres n.m. provisions
couvent n.m. convent / **commissaire** n.m. commissary / **trésorier** n.m. treasurer / **virent** saw / **donnèrent** gave
contes n.m. stories / **fit** made

Il n'y a pas jusqu'à toutes les femmes qui ne se **plaignent** de lui: qu'il met le divorce dans leurs **ménages**, qu'il les affronte publiquement dans les églises, et qu'il baptise les enfants d'une autre manière qu'en France, les **faisant** mettre tout **nus** hors de l'église pour la cérémonie. Les neuf derniers enfants sont morts aussitôt [après] avoir reçu le baptême. Il n'en est pas **réchappé** un seul. On attribue cela au **refroidissement** qu'ils ont au baptême. Monsieur Bergier, auquel ces femmes se sont plaintes, a voulu obliger le Sieur de la Vente à les baptiser tout habillés. Il n'a jamais voulu y consentir. Je ne crois point, Monseigneur, qu'on **puisse** trouver un homme qui **se plaise** dans le trouble que celui-là.

Il n'y a pas jusqu'à There is no one, even / **plaignent** complain
ménages n.m. households

faisant having / **nus** naked

réchappé survived

refroidissement n.m. chill

puisse can / **se plaise** thrives

Bienville à Pontchartrain, 20 fevrier 1707,
C13a, 2:22 et 26.

Questionnaire:
1. Quelle était la première plainte que Bienville avait mentionnée?
2. Selon Bienville, pourquoi le Curé a-t-il exercé ses fonctions dans sa cuisine?
3. Bienville a dit que la cuisine était un mauvais choix. Pourquoi?
4. Pourquoi les soldats de la garde ne peuvent-ils pas entendre la messe?
5. Le Père Supérieur, le Commissaire et le Trésorier sont-ils pour ou contre Bienville? Expliquez.
6. Quelles sont les plaintes des femmes contre le Curé?
7. Pourquoi selon Bienville les neuf enfants sont-ils morts?

Accusations against Bienville (1707)

Nicholas Daneau de Muy was chosen by Louis XIV to take over the governorship of Louisiana from Bienville. His orders were to settle the Bienville-La Vente controversy as impartially, yet as quickly, as possible. Unfortunately De Muy died at Havana, and nothing was resolved.

On **prétend** aussi que **ledit Sieur** de Bienville a sa cuisine auprès du magasin de sa majesté, et que ses valets y entrent et sortent de ces magasins à toutes les heures du jour et quelquefois la nuit dont ils emportent tout ce qu'ils veulent; que ledit Sieur de Bienville **s'empare de** toutes les viandes et autres **denrées** que les Sauvages apportent, quoiqu'elles **appartiennent** à sa majesté en **retour** des présents qui se font aux sauvages; qu'il y a des **cabaretiers** qui sont chargés de vendre le vin **dudit** Sieur de Bienville jusqu'à 200 **piastres** la **barrique**; qu'il dispose de tous les gens **entretenus** par sa majesté pour son service particulier, qu'il a toujours un magasin **rempli** de toutes sortes de marchandises sous un autre nom que **le sien**, et que les **équipages** des **traversiers** qui sont à la Mobile ont presque toujours été employés pour le compte du **feu** Sieur d'Iberville et de ses frères à transporter leurs **effets** à la Vera Crux et à charger les **pelleteries provenant** des **coureurs de bois** de Mississipi sur les **vaisseaux** de sa Majesté pour les porter en France. Sa majesté désire que ledit Sieur de Muy vérifie tous ces faits et qu'il **rende compte** exactement et sans complaisance de ce qu'il en apprendra. Elle* est persuadée qu'il se conduira de manière qu'il ne reviendra pas de **pareilles plaintes** contre lui et qu'Elle **puisse** faire **châtier** rigoureusement ceux qui auront **contrevenu** à ses ordres.

*Sa majesté.

prétend claims / **ledit** the said / **sieur** Mr.

s'empare de seizes

denrées n.f. provisions
appartiennent belong / **retour** n.m. return

cabaretiers n.m. tavern-keepers / **dudit** of the said / **piastres** n.f. dollars (approx.) / **barrique** n.f. large barrel / **entretenus** maintained

rempli filled

le sien his
équipages n.m. crews / **traversiers** n.m. large, ocean-going ship

feu deceased
effets n.m. belongings

pelleteries n.f. furs, skins / **provenant** coming / **coureurs de bois** n.m. trappers / **vaisseaux** n.m. ships
rende compte report

pareilles similar / **plaintes** n.f. complaints
puisse can / **châtier** to punish
contrevenu acted contrary to

Sa majesté a été aussi informée que ledit Sieur de Bienville a envoyé un détachement de 50 hommes chez les sauvages Alibamons qui n'ont été qu'au deux **tiers** du chemin, et qui se sont contentés d'**assommer** un homme et d'**amener** une femme et un autre prisonnier qu'on a fait mourir à petit feu à la porte du Fort Louis. Sa majesté veut savoir absolument les raisons qu'on a eues pour **traiter** ces prisonniers aussi cruellement et enfin tout ce qui s'est passé sur cela. Elle désire que ledit Sieur de Muy en informe en détail.

tiers n.m. third
assommer to beat to death
/ **amener** to bring

traiter to treat

Louis XIV à De Muy, 30 June 1707,
C13b, 29:252v-253.

Jean Baptiste Le Moyne, Sieur de Bienville.

Questionnaire:
1. Expliquez la critique concernant la gestion de la cuisine de Bienville.
2. Selon Louis XIV, de quoi a-t-on accusé Bienville au sujet des viandes apportées par les Sauvages?
3. Qui met-il à son propre service?
4. Qu'est-ce que de Muy doit faire après avoir étudié toutes ces accusations?
5. On a accusé Bienville d'une cruauté extrême contre les Sauvages. Expliquez.

Composition:
Faites une liste des fautes du Curé de la Vente (dans la lettre précédente de Bienville) et une autre liste des fautes de Bienville (dans la lettre de Louis XIV ci-dessus). Comparez les deux listes et décidez quelles fautes sont les plus sérieuses. Selon vous, qui est le plus coupable—Le Curé de la Vente ou Bienville?

Testimony at Bienville's Hearing (1708)

On the same ship as the ill-fated De Muy was Jean-Baptiste Martin d'Artaguiette Diron. His appointment was to share the office of *commissaire* with Nicolas de la Salle, Bienville's enemy. He was officially charged with examining Bienville's conduct and convened hearings for that purpose. Approximately thirty-five questions were asked of each witness. Of the eight witnesses questioned, only one gave substantial evidence against Bienville. Responses from two sympathetic witnesses and one hostile witness are given in the following selection.

Cette information est composée de 8 **témoins**, tous habitants de la Mobile.

témoin n.m. witness

Joseph Chauvin
Jean Baptiste Sausier
Guillaume Boutin
Jean Baptiste LaLoire
François Trudeau
Estienne Burel
Jacques Chauvin
René Boyer

Ces 7 premiers témoins ne déclarent encore rien contre **ledit** Sr. de Bienville . . . au contraire ils ont déclaré être très contents du Gouvernement **dudit** Sr. de Bienville.

ledit the said / Sr. (Sieur) Mr.
dudit of the said

[Réponses de Joseph Chauvin]
N'est-il pas vrai que Le Sr. de Bienville a acheté et vu vendre les viandes que les Sauvages apportaient en **change** des présents que le Roi leur avait faits?

change n.m. exchange

A dit que bien **loin** d'en avoir acheté, Le Sr. de Bienville lui en a envoyé dans les maladies qu'il a eues.

loin far

N'est-il pas vrai que Le Sr. de Bienville a fait **brûler** à petit feu un prisonnier Alibamon à la porte du fort?

A dit que non, qu'il a vu seulement **tuer** un Sauvage par des esclaves, et que ce Sauvage était de **ceux** qui ont tué un **Prêtre** et qui ont brûlé des Français.

brûler to burn

tuer to kill

ceux those / *prêtre* n.m. priest

Etes-vous content du Gouvernement du **Sieur** de Bienville et ne savez-vous rien contre sa **conduite** ou sa personne?

A Dit être très content du Sr. de Bienville et ne désirait pas d'autre jamais en le pays.

Sieur Mr.

conduite n.f. conduct

N'est-il pas vrai que Le Sr. de Bienville boit le vin des malades et le fait boire et vendre?

A Dit que non.

[Réponses d' Estienne Burel]

N'est-il pas vrai que Le Sr. de Bienville a acheté et vu vendre les viandes que les Sauvages apportaient en change des présents que le Roi leur avait faits?

A Dit qu'il en a eu **dans ses besoins**, sans argent.

dans ses besoins when he was in need

N'est-il pas vrai que Le Sr. de Bienville a fait brûler à petit feu un prisonnier Alibamon à la porte du fort?

A Dit que non, et que celui qu'on accuse d'être brûlé est **vivant**, qu'il y en a deux qui ont eu la tête **cassée** par les esclaves.

vivant living
cassé broken

Etes-vous content du Gouvernement du Sieur de Bienville et ne savez-vous rien contre sa conduite ou sa personne?

A Dit que oui et qu'il **prie** Le **Seigneur** de n'en avoir point d'autre.

N'est-il pas vrai que Le Sr. de Bienville boit le vin des malades et le fait boire et vendre?

A Dit que non, mais que bien loin de le boire et de le vendre, il lui en a donné de sa provision plusieurs fois.

[Réponses de René Boyer]

N'est-il pas vrai que Le Sr. de Bienville a acheté et vu vendre les viandes que les Sauvages apportaient en change des présents que le Roi leur avait faits?

A Dit que non, il n'en a point acheté.

N'est-il pas vrai que Le Sr. de Bienville a fait brûler à petit feu un prisonnier Alibamon à la porte du fort?

A Dit qu'il n'en a point vu.

Etes-vous content du Gouvernement du Sieur de Bienville et ne savez-vous rien contre sa conduite ou sa personne?

A Dit que non, et qu'un jour ayant refusé de **monter** et **nettoyer** un **fusil** que le Sr. de Darrac, officier des Canadiens lui avait apporté, Le Sr. de Bienville l'avait fait rester 20 jours aux fers, qu'il lui a encore refusé les boeufs du Roi qu'il lui demandait pour **traîner** les pièces de bois pour **soutenir** sa maison qui **menaçait** ruine, qu'il lui a **même** refusé du lait pour son enfant dans une maladie dont cet enfant est mort, et qu'il l'a toujours fait mettre en prison pour des causes fort **légères**.

prie prays / **seigneur** n.m. lord (God)

monter to assemble / **nettoyer** to clean / **fusil** n.m. rifle

traîner to drag / **soutenir** to support / **menaçait** was threatening / **même** even

légères slight

N'est-il pas vrai que Le Sr. de Bienville boit le vin des malades et le fait boire et vendre?

A Dit qu'il n'en sait rien.

Interrogé s'il ne connaît pas La Dame Le Sueur, **parente** de M. de Bienville.

parente n.f. relative

A Dit qu'il la connaît depuis qu'elle est ici.

Interrogé de ce qu'elle fait ici.

A Dit qu'elle vend les **effets** des Srs. de Bienville et de Chateaugué.

effets n.m. belongings

Interrogé quelles sortes d'effets c'est.

A Dit de l'eau de vie, de la **toile**, des chapeaux, des chemises, des **souliers** et de toutes **espèces**.

toile n.f. linen
souliers n.m. shoes /
  espèces n.f. kinds
appartiennent belong

Interrogé comment il sait que les effets **appartiennent** aux Srs. de Bienville et de Chateaugué et quelle marque ils avaient.

A Dit que c'est pour les avoir vus prendre **soin** de les faire **décharger** et pour avoir vu leur marque qui est un B.

soin n.m. care
décharger to unload

Interrogé s'il ne sait point où sont ses effets et si c'est chez Madame Le Sueur.

A Dit que oui, qu'elle les **tient** dans sa maison et dans un **magasin** près de l'eau qui est à **feu** M. D'Iberville.

tient is holding
magasin n.m. warehouse /
  feu deceased

Interrogé si Le feu Sr. D'Iberville n'en a point eu dans ce magasin.

A dit que oui et qu'il en a acheté de la **poudre** à une **piastre** la livre et du **plomb** à 36 sous la livre; que pour **lors** ce magasin était plein, qu'il y a vu 20 **barils** de poudre et de toutes sortes d'autres marchandises propres à l'usage des personnes.

poudre n.f. gunpowder

piastre n.f. dollar (approx.)
  / **plomb** n.m. lead
lors at the time
barils n.m. small barrels

Interrogé si c'est **ladite** Madame Le Sueur qui les lui a toujours délivrés.

ladite the said

A Dit que non qu'elle n'en délivre que depuis que Le petit Lallemand est passé en France.

77

Interrogé s'il n'est pas vrai que les armes du Roi se sont **gâtées** faute de **soin** parce qu'ils étaient toujours occupés au **service** des affaires **propres de** ces Messieurs.

A Dit que oui et qu'il a **ouï** dire qu'il s'en était perdu plus de trois cents fusils, et qu'il était chargé de dire à ceux qui en voulaient acheter de les envoyer chez lui et leur assurer qu'elles [les armes] étaient bonnes quoiqu'elles ne **valurent** rien.

Lecture à lui faite du présent Interrogatoire a déclaré ni vouloir **ajouter** ni diminuer et a certifié **contenir** la vérité y persister et a signé avec nous.

Ainsi *signé Boyé*, **collationné** *à L'original*,
Dartaguiette

*Extrait de l'information faite par
Mr. D'Artaguiette contre M. de Bienville,
24, 25, 26, et 27 février 1708,
C13a, 2:249-312.*

gâtées ruined / **soin** n.m. care

service n.m. service / **propres de** concerning

ouï heard

valurent were worth
lecture n.f. reading

ajouter to add
contenir to contain

ainsi so / **collationné** compared to

Questionnaire:
1. Comparez les réponses des témoins pour chaque question. Par exemple: Quels témoins ont répondu "non" à la première question?
2. Selon les témoins, Bienville a-t-il fait brûler un prisonnier Alibamon?
3. Les témoins sont-ils contents du gouvernement de Bienville?
4. Selon les témoins, Bienville boit-il le vin des malades?
5. Bienville a-t-il volé les lettres de M. de la Vente?
6. Expliquez pourquoi Boutin est devenu prisonnier. Quel autre témoin était mis en prison?
7. Selon un témoin, qui a vendu les effets de Bienville?
8. On a aussi accusé Iberville, qui est déjà mort. Expliquez.
9. Selon Boyer, pourquoi trois cents fusils étaient-ils perdus?

Composition:
Si vous étiez juge, que décideriez-vous? Expliquez vos raisons pour cette décision.

Watermelon

Here is one crop which grew more easily in the colony than in France.

Toute sorte de Melons **croissent à souhait** dans la Louisiane; **ceux** d'Espagne, de France, et les melons Anglais, que l'on nomme melons blancs, y sont **infiniment** meilleurs que dans les Pays **dont ils portent le nom**: mais les plus excellents de tous sont les melons d'eau. **Comme** ils sont peu **connus** en France, où l'on **n'en voit guère que** dans la Provence. **Encore** sont-ils de la petite **espèce.** Je crois que l'on **ne** trouvera **point** mauvais que j'en donne la description.

croissent grow / à souhait limitlessly
ceux those

infiniment exceedingly / dont ils portent le nom whose name they bear

comme as / connus known
n'en voit guère que hardly sees any except
encore furthermore / espèce n.f. kind
ne ... point not

Du Pratz, 1758, II:12.

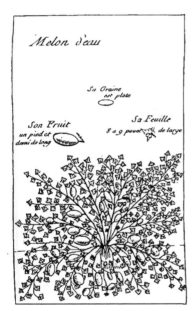

Du Pratz's botanical illustration of a watermelon plant. He did not know that the Indians had obtained their watermelon seeds originally from Spanish settlers in Florida.

Questionnaire:
1. Quelle sorte de melons croissent dans la Louisiane?
2. Lesquels sont les meilleurs?
3. Où sont-ils connus en France?

Crozat's Monopoly (1712)

In 1712 Antoine Crozat was given a fifteen-year monopoly on all trade in Louisiana. He outlined to Pontchartrain the three ways in which he sought to exploit the colony's resources.

Différents Projets du Traité fait en 1712 qui **accorde** au **S[ieur]** Croisat le commerce exclusif de cette colonie pendant 15 ans, et la permission de faire la **recherche, ouverture** et **fouille** de toute sortes de mines, rivières, et **minéraux** dans toute l'**étendue** des contrées et pays **compris** sous le Gouvernement de la Louisiane.

> **accorde** gives / **S[ieur]** Mr.
>
> **recherche** n.f. search / **ouverture** n.f. opening / **fouille** n.f. excavation / **minéraux** n.m. minerals / **étendue** n.f. expanse / **compris** incuded

Notes at top of Crozat's charter, 1712,
C13a, 2:720.

Mémoire à **Monseigneur** sur l'état présent de la Colonie de la Louisiane.

> **Monseigneur** my lord

Il résulte des lettres écrites de la Louisianne à la fin d'octobre 1713 que ce pays est dans une extrême **misère** et qu'il n'y a presque point d'habitants, la plus grande partie **même étant** des **coureurs de bois** qui résident peu à la Colonie, en sorte qu'il **n'**y a presque **aucun** commerce à y faire présentement. Monseigneur est supplié d'observer qu'il y a trois sortes de commerces à établir en ce pays-là:

> **misère** n.f. misery
> **même** even / **étant** being / **coureurs de bois** n.m. trappers
> **n'...aucun** no

Celui des **denrées du cru** du pays comme indigo, tabac, **soie** quand on l'aura établi, le **plomb**, le **cuivre** et le **salpêtre**.

> **celui** that / **denrées du cru** n.f. raw materials / **soie** n.f. silk / **plomb** n.m. lead / **cuivre** n.m. copper / **salpêtre** n.m. saltpetre

Celui qu'on peut faire avec les Espagnols et de la **traite** des **peaux** de **boeuf, chevreuil, ours** et autres animaux.

> **traite** n.f. trade / **peaux** n.f. skins / **boeuf** n.m. buffalo / **chevreuil** n.m. deer / **ours** n.m. bear

Crozat à Pontchartrain, octobre 1713,
C13a, 3:373.

*In return for his monopoly on
trade with the Louisiana colony,
Crozat was obliged to send two
ships each year to the colony.*

Questionnaire:
1. Selon Crozat pourquoi n'y a-t-il presque aucun commerce dans la colonie?
2. Quelles sont les trois sortes de commerce suggérées par Crozat?

An eighteenth-century grenadier.

Bienville and Cadillac Nearly Come to Blows (1714)

In May of 1710 Antoine de la Mothe Cadillac, then the commandant at Detroit, was appointed governor of Louisiana. He arrived there three years later with some unique ideas about the way the colony should be run. One such plan was to "civilize" the Indians by teaching them French ways. This and his flamboyant manner did not help his relationship with Bienville. In the following "discussion" between the two men, La Mothe has accused Bienville of starting a quarrel between himself and Du Clos. La Mothe is outraged that an inferior officer (Bienville) dares to contradict him.

Discussions Entre **Mr.** de La Mothe et Mr. de Bienville **ainsi qu'il suit** en date du 16 Mai 1714.

> **Mr** Monsieur
> **ainsi qu'il suit** as is related below

Mr. de Bienville: Vous avez dit à Mr. le Bart que je vous avais dit que c'était lui qui a écrit la lettre à Mr. Duclos qui **vous a brouillés ensemble**.

> **vous a brouillés ensemble** put you on bad terms with each other

Mr. de La Mothe: Oui, vous me l'avez dit.

Mr. de Bienville: Non, je ne vous l'ai pas dit.

Mr. de La Mothe: **Si fait**, vous me l'avez dit, et je ne l'invente pas.

> **si fait** indeed

Mr. de Bienville: Je **ne** vous ai **point** dit cela.

> **ne ... point** not

Mr. de La Mothe: Comment me parlez-vous, Monseigneur.

Mr. de Bienville: Je parle fort bien, mais c'est vous qui parlez mal.

Mr. de La Mothe: Comment **mardi!** Je parle mal! Vous êtes un impertinent et je vous impose silence.

> **mardi!** by God!

Mr. de Bienville: Je **me soucie** et m'embarrasse fort peu que vous m'imposez silence.

> **me soucie** am worried

Mr. de La Mothe: **Allez-vous-en aux arrêts** à l'heure!

> **allez-vous-en** go away! / **aux arrêts** under arrest

Mr. de Bienville: **Ouï**, aux arrêts, je **n'irai** pas.

> **Ouï** Listen to him?! / **irai** will go

Mr. de La Mothe: C'est ce que nous **verrons**. (**Parlant** à Mr. son fils) Allez dire à Mr. le **Maior** de venir.

Pendant qu'il **fut chercher**, Mr. de Bienville dit: Où voulez-vous que j'**aille** aux arrêts.

Mr. de La Mothe: Chez vous, Monsieur.

Mr. de Bienville: Bon comme cela. (et d'un ton **goguenard**), Il est encore trop de bonne heure. (Dans ces **entrefaites** Mr. le Maior était arrivé.)

Mr. de Bienville: Voilà Mr. le Maior, Monsieur, qu'en voulez-vous **faire faire**? (Cela **fut** dit d'un air **moqueur**.)

Mr. de La Mothe parlant à Mr. le Maior: Mr., **menez** Mr. de Bienville aux arrêts chez lui.

Mr. de Bienville: **Tant** mieux! Cela me **rafraîchira** si j'y suis longtemps, car nous voilà dans les **chaleurs**.

[Mr. de La Mothe continue sa lettre à Pontchartrain]: Voilà deux **démentis** consécutifs qui m'ont été donnés par le **Sr.** de Bienville, **outre** la **désobéissance** ce qui **mériterait** bien la **cassation**. Un Gouverneur ne peut pas se faire raison d'une qu'il **reçoit**, mais il doit demander à la **cour** une justice, et la satisfaction proportionnée à l'offense, ce que j'espère, Monseigneur, vous m'**accorderiez**.

verrons will see
parlant speaking / **Maior** Major

fut went / **chercher** to get [Mr. le Maior]
aille go

goguenard mocking

entrefaites n.f. meantime

faire faire to have done / **fut** was / **moqueur** mocking

menez take

tant so much
rafraîchira will cool off
chaleurs n.f. heat

démentis n.m. lies
Sr. sieur / **outre** besides
désobéissance n.f. disobedience / **mériterait** would deserve / **cassation** n.f. reduction in rank
reçoit receives / **cour** n.f. court

accorderiez would give

Cadillac à Pontchartrain, 16 mai 1714, C13a, 3:493-94.

Questionnaire:
1. De quoi La Mothe et Bienville ne sont-ils pas d'accord?
2. Est-ce qu'ils sont polis dans leur désaccord? Expliquez.
3. Quelle sera la punition de Bienville?
4. Qui va mener Bienville chez lui?
5. Pourquoi Bienville ne se plaint-il pas de sa punition?
6. Selon La Mothe, qu'est-ce que Bienville mérite?

The Sun King of the Natchez

The Natchez Indians were sun worshippers. Their supreme chief was called the *Grand Soleil*, and the office was inherited through the female line. He performed ceremonial duties as well as daily rituals, during which he was attended by honored members of the central village's nobility.

Le grand Chef des Natchez porte le nom de Soleil. C'est toujours (comme **parmi** les Hurons) le fils de sa plus proche **parente**, qui lui succède. On donne à cette femme la qualité de Femme-Chef, et **quoique** pour l'ordinaire elle ne **se mêle** pas du gouvernement, on lui rend de grands honneurs. Elle a même, aussi bien que le Soleil, **droit** de vie et de mort. **Dès que** quelqu'un a eu le **malheur** de **déplaire** à l'un ou à l'autre, ils **ordonnent** à leurs gardes, qu'on nomme Allouez, de le **tuer**. «Va me **défaire** de ce chien», disent-ils, et ils sont obéis **sur le champ**. Leurs sujets et même les Chefs des villages ne les **abordent** jamais sans qu'ils ne les **saluent** trois fois, en **jetant** un **cri**, qui est une **espèce** de **hurlement**. Ils font la même chose et se **retirent**, marchant **à reculons**. Lorsqu'on les rencontre il faut s'arrêter, **se ranger** du **chemin**, et jeter les mêmes cris **dont** j'ai parlé jusqu'à ce qu'ils **soient** passés. On est aussi obligé de leur porter ce qu'il y a de meilleur dans les **récoltes**, dans le produit de la **chasse**, et dans **celui** de la **pêche**. Enfin, quand les sujets ont l'honneur de manger avec eux, personne n'a le droit de boire dans le même **vase**, **ni** de mettre la main au **plat**, non pas même leurs plus proches parents et **ceux** qui composent les familles nobles.

Tous les matins, dès que le soleil **paraît**, le grand Chef se met à la porte de sa cabane, se tourne vers l'**Orient**, et **hurle** trois fois, en **prosternant** jusqu'à terre. On lui apporte ensuite un **calumet**, qui **ne sert qu'**en cette occasion. Il fume et **pousse** la **fumée** de son tabac vers l'**Astre** du jour; puis il fait

parmi among

parente n.f. female relative

quoique although / se mêle interfere

droit n.m. right

dès que as soon as / malheur n.m. misfortune
déplaire to displease / ordonnent command / tuer to kill / défaire to get rid of / sur le champ immediately

abordent approach
saluent greet / jetant giving out / cri n.m. cry / espèce n.f. kind / hurlement n.m. howl
retirent withdraw / à reculons backwards
se ranger to step aside / chemin n.m. path / dont about which
soient have
récoltes n.f. harvests

chasse n.f. hunting / celui that / pêche n.f. fishing

vase n.m. vessel / ni nor / plat n.m. dish
ceux m. those

paraît appears

orient n.m. east / hurle howls / prosternant prostrating
calumet n.m. pipe / ne sert qu' is only used / pousse blows / fumée n.f. smoke / astre n.m. star

la même chose vers les trois autres parties du monde. Il ne reconnaît sur la Terre de maître que le soleil, dont il **prétend tirer** son origine. Il **exerce** un pouvoir sans **borne** sur ses sujets et peut disposer de leurs **biens** et de leur vie. **Quelques travaux** qu'il leur commande, ils **n'**en peuvent **exiger aucun** salaire.

prétend claims / tirer to trace / exerce exerts
borne n.f. limits
biens n.m. property / quelques no matter what
travaux n.m. work / exiger to demand / n' ... aucun not any

Charlevoix, VI:177-78.

Left: Bossu's illustration of the Natchez Great Sun. Right: Louis XIV, King of France.

Questionnaire:
1. Comment s'appelle le grand Chef des Natchez?
2. Son fils hérite-t-il le titre? Expliquez.
3. Qui a droit de vie et de mort sur les Natchez?
4. Si on déplaît au Chef ou à la Femme-Chef, qu'est-ce qui se passe?
5. Quand on aborde le Chef ou la Femme-Chef, qu'est-ce qu'il faut faire?
6. Quelle alimentation faut-il porter au Chef?
7. Quand on mange avec le Chef, qu'est-ce qui est défendu?
8. Décrivez la cérémonie du Chef au lever du soleil.
9. Selon le Chef, quelle est son origine?
10. Combien est-ce que le Chef paie les **travaux** de ses sujets? Pourquoi?

The *Grand Lever* of Louis XIV

King Louis XIV was also known as the *Roi Soleil*, the Sun King, and the ceremony surrounding every aspect of his life attested to his semi-divine rank. Here a famous passage by the courtier Saint-Simon describes the ceremonies of the *Grand Lever*, when the king woke up and made ready for the day surrounded by courtiers.

A huit heures le premier valet de chambre **en quartier**, qui avait couché seul dans la chambre du roi, et qui s'était habillé, l'**éveillait**. Le premier médecin, le premier **chirurgien** et sa **nourrice, tant qu'**elle a vécu, entraient en même temps. Elle allait le baiser, les autres le **frottaient** et souvent lui changeaient de chemise, parce qu'il était sujet à **suer. Au quart,** on appelait le grand **chambellan,** en son absence le premier gentilhomme de la chambre d'année, avec eux les grandes entrées.* L'un de ces deux ouvrait le **rideau** qui était refermé, et présentait l'eau **bénite** du bénitier du **chevet** du lit. Ces messieurs étaient là un moment, et c'en était un de parler au roi s'ils avaient quelque chose à lui dire ou à lui demander, et alors les autres **s'éloignaient.** Quand **aucun** d'eux n'avait à parler comme d'ordinaire, ils n'àtaient là que quelques moments. Celui qui avait ouvert le rideau et présenté l'eau bénite présentait le livre de l'**office** du Saint-Esprit, puis passaient tous dans le cabinet du conseil. Cet office **fort court** dit, le roi appelait; ils rentraient. Le même lui donnait sa robe de chambre, et **cependant** les secondes entrées ou **brevets** d'affaires entraient; peu de moments après, la chambre; aussitôt ce qui était là de distingué, puis tout le monde, qui trouvait le roi **se chaussant;** car il se faisait presque tout lui-même avec **adresse** et grâce. On lui voyait faire la barbe

en quartier on duty

éveillait waked up

chirurgien n.m. surgeon / nourrice n.f. wet-nurse / tant que as long as frottaient rubbed down

suer to sweat / au quart at the quarter (hour) / chambellan n.m. chamberlain

rideau n.m. curtain

bénite holy / chevet n.m. head

s'éloignaient withdrew / aucun ... ne none

office n.m. worship service

fort court very quickly

cependant meanwhile

brevets n.m. officers, commissioners

se chaussant putting on shoes
adresse n.f. dexterity

*Many people were given access to the king during the *Grand Lever* and would ask for certain favors at that time. Their *entrée* time depended upon their social level.

de deux jours l'un, et il avait une petite **perruque** courte, sans jamais en aucun temps, même au lit, les jours de médecine, paraître **autrement** au public. Souvent il parlait de chasse, et quelquefois quelque mot à quelqu'un. **Point de** toilette à portée de lui, on lui tenait seulement un miroir.

Dès qu'il était habillé, il allait prier Dieu à la **ruelle** de son lit, où tout ce qu'il y avait de clergé se mettait à genoux, les cardinaux sans **carreaux;** tous les **laïques** demeuraient debout, et le capitaine des gardes venait au **balustre** pendant la prière, d'où le roi passait dans son cabinet.

Il y trouvait ou y était suivi de **tout ce qui** avait cette entrée . . . . Il y donnait l'ordre à chacun pour la journée; ainsi on savait, à un demi-quart d'heure près, tout ce que le roi devait faire. Tout ce monde sortait ensuite . . . .

Toute la cour attendait cependant dans la galerie, le capitaine des gardes seul dans la chambre, assis à la porte du cabinet, qu'on **avertissait** quand le roi voulait aller à la messe, et qui alors entrait dans le cabinet.

de deux jours l'un every other day / perruque n.f. wig
autrement otherwise

point de no

dès que as soon as
ruelle n.f. space between bedside and wall
carreaux n.m. cushions
laïques n.m. secular persons
balustre n.m. railing

tout ce qui all who

avertissait notified

Saint-Simon, La Cour de Louis XIV, 485-487.

Questionnaire
  1. Qui éveillait Louis XIV?
  2. Quelles trois autres personnes entraient en même temps? Que faisaient-ils?
  3. Que faisait le grand chambellan après avoir ouvert le rideau?
  4. Que faisaient-ils dans le cabinet du conseil?
  5. Qui lui donnait sa robe de chambre? Que faisait Louis XIV quand tout le monde entrait dans sa chambre?
  6. Quand portait le roi une perruque?
  7. Après être habillé, que faisait-il tout de suite? Qui était avec lui?
  8. Ensuite, qui trouvait-il dans son cabinet?
  9. Où se trouvait toute la cour? Quel est le devoir du capitaine du garde?

Composition:
Quelles similarités voyez-vous entre le Roi Soleil et le Grand Soleil des Natchez? Comparez et contrastez leurs cérémonies religieuses et matinales.

Natchez Hostility (1716)

Fortification against the British threat was always a priority in the French colony, and an Indian rebellion against the southern British colonies in 1715 gave the French the chance they were looking for to establish new forts. The Natchez, insulted by Cadillac's refusal to smoke the *calumet de paix*, had killed several Frenchmen during a disturbance, giving the French the moral upper hand in demanding to build a fort among them. Bienville was given minimal resources to accomplish this aim. The situation is reported to the Minister of the Colonies in Paris by Duclos, the Commissary General (chief civilian official) of the Louisiana colony.

J'ai l'honneur de vous envoyer **ci-joint** la copie d'un mémoire que Mr. de Richbourg a présenté à Mr. de la Mothe Cadillac, par laquelle votre grandeur sera informée de tout ce que Mr. de Bienville a fait aux Natchez. Sa **conduite** est approuvée généralement de tous ceux qui sont ici **au fait des** sauvages. M. de la Mothe Cadillac seul l'a blâmé extrêmement, et personne n'en est surpris. **Quelque chose** qu'il **eût** fait, il **aurait** toujours très mal fait au sentiment de M. de la Mothe. Et pour **appuyer** ses sentiments M. de la Mothe ne **manque** pas de raisons qu'il **tâche** de **rendre** aussi **vraisemblables** qu'il lui est possible.

Je n'**entreprendrai** point de justifier M. de Bienville. Cette affaire ne me regarde point. Je prendrai seulement la liberté de faire une observation au sujet qui justifiera l'**avis** que j'ai donné dans le conseil de guerre **tenu** au mois de novembre dernier au sujet de ces établissements.

Vous avez vu, Monseigneur, dans la copie de cet avis que j'ai eu l'honneur de vous envoyer, que mon sentiment était de **différer** l'**établissement** de Rosalie ou des Natchez, jusqu'à ce qu'on **fût** en état d'**entretenir** le profit et l'utilité qu'on en espérait, et de faire **en attendant** celui du haut de la rivière de la Mobile, **dont** on était certain d'entretenir sur le champ toute l'utilité et l'avantage qu'on en

ci-joint herewith

conduite n.f. conduct
au fait des well-acquainted with

quelque chose whatever /
eût has / **aurait** would have
appuyer to support /
manque lacks
tâche tries / **rendre** to make
vraisemblables probable

entreprendrai will undertake

avis n.m. opinion

tenu held

différer to defer, to put off
/ **établissement** n.m. settlement / **fût** was
entretenir to maintain

en attendant while waiting
dont from which

pouvait désirer, **savoir** à celui de nous **couvrir** de l'**insulte** des sauvages, et celui d'y faire en même temps un commerce considérable de **pelleteries**, et d'arrêter par là tous les Sauvages alliés **autrefois** des Anglais de la Caroline, dans notre parti. Tous ceux qui sont ici au fait de la colonie, et qui veulent bien **piger** des choses sans passion, étaient de mon sentiment. M. de la Mothe seul était de sien, par des raisons **prises** dans ses animosités particulières, et **nullement** dans le bien et l'avantage de la colonie.

savoir namely / **couvrir** to protect
insulte n.f. attack
pelleteries n.f. furs, skins

autrefois formerly

piger to look at

prises taken
nullement not

Mais ces raisons ont bien augmenté lors qu'on **eut** appris que les Natchez avaient **tué** des Français. On ne pouvait plus **songer** alors à faire l'établissement de Rosalie. Il **fallait auparavant** faire une paix avec eux qui ne **fût** pas **honteuse** à la nation, c'est à dire **tirer** avant de la faire **vengeance** de la mort des Français. C'était une chose très nécessaire et il était très important même de **rendre** la navigation du fleuve St. Louis libre à tous les voyageurs dont les Natchez **dès lors** **bouchaient** le passage. Mais M. de Bienville n'était absolument point en état de le faire avec 34 soldats seulement. Ainsi il me **paraît ou** qu'il fallait lui donner alors le nombre d'hommes et de sauvages dont il avait besoin pour y **parvenir**, afin qu'il ne **fasse** pas ce voyage-là en vain, **ou** ne le pas envoyer. **Autrement** c'est lui ordonner une chose, et en même temps lui refuser les **moyens** de l'**exécuter**, c'est **par conséquent** une entreprise et des dépenses inutiles.

eut had / **tué** killed
songer to think
fallait was necessary / **auparavant** beforehand
fût was / **honteuse** shameful
tirer . . . vengeance to take revenge

rendre to make

dès lors ever since then
bouchaient obstructed

paraît appears / **ou . . . . ou** either . . . . or

parvenir to succeed

fasse make

autrement otherwise

moyens n.m. means
exécuter to carry out / **par conséquent** consequently

M. de la Mothe **cependant** lui ordonne de partir, de rester fortifié aux Tonicas, de tâcher de tirer vengeance de la mort des Français et de faire ensuite la paix avec les Natchez.

cependant however

Duclos à Pontchartrain, 7 juin 1716,
C13a, 4:671-673 et 676.

Dumont de Montigny's illustration of Indian artifacts connected with the ceremonies of war and peace: the calumet, musical instruments, and war clubs.

Questionnaire:
1. Selon Duclos, qu'est-ce qu'on pense généralement de la conduite de Bienville? Qui est la seule personne qui n'est pas d'accord avec cet avis?
2. Quel poste Duclos a-t-il voulu établir avant celui de Rosalie?
3. Selon Duclos, pourquoi La Mothe Cadillac n'était-il pas de son sentiment au sujet de l'établissement des postes?
4. Quel incident a définitivement remis à plus tard l'établissement de Rosalie?
5. Avant de faire la paix avec les Natchez, qu'est-ce qu'il fallait faire?
6. Est-ce que la navigation du fleuve St. Louis était libre? Expliquez.
7. Pourquoi la tâche de Bienville était-elle impossible?

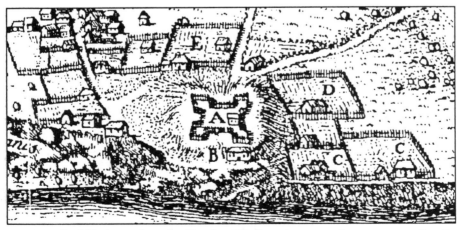

Fort Rosalie (A) situated on the Natchez Bluffs as it appeared some years after the events of 1716, among the outlying fields and houses of the French settlement.

Natchez Indians Agree to Build Fort Rosalie (1716)

At the date of this letter Bienville still had not received the requested troops mentioned in the previous selection. The matter of *satisfaction* from the Natchez also remained unresolved. Note that the last paragraph of this selection represents the private comments added by Duclos before sending the copy of the letter to Paris.

Copie de la lettre de M. de Bienville, Lieutenant du Roi, et Commandant sur le fleuve St. Louis, écrite de Fort St. Joseph aux Tonicas le 23e Juin 1716 à M. de la Mothe Cadillac Gouverneur.

Je **dépêche** cette pirogue, Monseigneur, pour vous donner **avis** que ne **recevant** point le **secours** que je vous ai envoyé demander par M. de Richebourg Capitaine il y a plus de deux mois pour tirer satisfaction des Natchez, **étant hors d'état** de pouvoir rien **entreprendre** avec 34 petits nouveaux soldats dont les deux **tiers** sont malades, et sans **vivres**, j'ai pris le parti de faire de la paix avec les Natchez, à des conditions aussi avantageuses que je le pouvais **souhaiter** en **pareille** situation. Savoir:

qu'ils **tueraient** dans un temps ou autre le chef à la Terre Blanche, et ses quatre autres engagés qui avaient **trempé** avec lui dans l'**assassinat** des quatre premiers Français morts.

qu'ils **rendraient** toutes les marchandises, esclaves, chevaux, et autres **pillages** qu'ils avaient faits aux Français.

qu'ils nous **feraient** un fort de la grandeur qu'il leur ferait tracer.

et que s'ils tuaient **par la suite** quelques vaches ou autres **bestiaux appartenant** aux Français comme ils avaient fait les années précédentes, ils les **payeraient** une esclave, ou la valeur.

dépêche send
avis n.m. news / **recevant** receiving / **secours** n.m. help

étant hors d'état not being equipped
entreprendre to undertake
tiers n.m. thirds

vivres n.m. provisions

souhaiter to wish for / **pareille** equal

tueraient would kill

trempé been implicated / **assassinat** n.m. murder

rendraient would give back

pillages n.m. plunder

feraient would make

par la suite afterwards
bestiaux n.m. livestock / **appartenant** belonging to

payeraient would pay / **esclave** n.f./m. slave

Les chefs de tous les villages assemblés chez le grand chef sont **convenus** d'exécuter tous ces articles. Je leur ai fait tracer le fort, et y ai laissé M. de Pailloux, avec des soldats pour leur faire planter les **pieux** en **droite** ligne. Je compte y monter à la fin de ce mois.

Je n'ai point encore voulu recevoir leur **calumet** dans la pensée que vous pourriez m'envoyer du monde, et que je **m'en servirais** utilement, étant campé chez eux dans un fort avantageusement, pour les forcer à exécuter **quelques-uns** des articles **ci-dessus**. Je doute qu'ils les exécutent sans y être contraints, comme de faire tuer nos cinq **meurtriers**, qu'ils m'ont dit **s'être enfuis** de leur village, et peut-être y sont-ils cachés, dans l'espérance d'obtenir leur grâce. Comme aussi de leur faire vendre tout le pillage qu'ils peuvent encore avoir, auquel cas cette nation ne **pourrait** nous **reprocher** de leur avoir manqué de parole, n'**exigeant** rien d'eux que ce qu'ils nous **auraient** promis en plein conseil. Vous **prévoyez** bien, Monseigneur, les **suites** des reproches que les autres nations pouvaient nous faire, d'avoir accordé la paix à cette nation sans en avoir **tiré** une entière **satisfaction**, comme il y a lieu de croire que cette paix se terminera s'ils n'y sont forcés. Il est vrai que toutes ces nations et les Natchez même regardent comme une grande satisfaction de nous avoir **livré** leur grand chef de guerre, et deux de ses engagés, comme l'auteur non seulement du meurtre de Richard, mais encore celui qui avait porté de tout temps sa nation à faire la guerre aux autres qui nous sont voisines.

Les **Tchioutimacha** sont venus aux Houmas leur chanter le calumet, et pour les **prier** de me venir demander la paix; le chef des Houmas y est. Je **ne** lui ai fait **aucune** réponse que je ne vous en **eus** informé avant.

Vous savez, Monsieur, que je n'ai ici que 34 soldats des quarante que je dois avoir suivant

convenus agreed

pieux n.m. posts / droite straight

calumet n.m. pipe

m'en servirais would use them

quelques-uns some
ci-dessus above

meurtriers n.m. murderers / s'être enfuis had fled

pourrait would be able to

reprocher to blame
exigeant demanding / auraient would have
prévoyez foresee

suites n.f. consequences

tiré received

satisfaction n.f. reparation

livré delivered

Tchioutimacha Chitimacha Indians
prier to entreat

ne ... aucune no
eus had

l'intention de sa Majesté. Je crois que vous voudrez bien m'envoyer les six qui me manquent. M. Dutime demande permission pour aller à l'Ile Dauphine etc.

Je suis parfaitement, Monsieur, Votre très etc.

Pour Copie que M.

de Bienville m'a envoyé

DuClos

Par cette lettre on peut voir que M. de Bienville a beaucoup plus fait qu'on n'**aurait** cru, et qu'il **s'est aussi bien mieux tiré** de cette affaire que M. de la Mothe Cadillac ne l'avait souhaité. Il aurait bien voulu que M. de Bienville eût **échoué** dans cette entreprise. C'est du moins le sentiment du public qui en juge par les discours et la **conduite** que M. de la Mothe a tenus à ce sujet.

aurait would have
s'est aussi bien mieux tiré has gotten out much better

échoué failed

conduite n.f. conduct

Bienville à Cadillac, 23 juin 1716,
C13a, 4-2:693-96.

Questionnaire:
1. Bienville a fait la paix avec les Natchez malgré deux difficultés. Nommez-les.
2. Sous les conditions du traité, qui est-ce que les Natchez devraient tuer?
3. Qu'est-ce qu'ils devraient rendre aux Français?
4. Qu'est-ce qu'ils devraient construire?
5. Pour quelle raison devraient-ils payer une esclave?
6. Pourquoi Bienville n'a-t-il pas encore reçu leur calumet?
7. Pourquoi les Natchez n'ont-ils pas encore tué les meurtriers?
8. Selon Bienville pourquoi était-il nécessaire de tirer une entière satisfaction des Natchez?
9. Qu'est-ce que le chef des Houmas a demandé?
10. Quelle demande Bienville a-t-il répétée à la fin de la lettre?
11. Pensez-vous que Duclos favorisait La Mothe ou Bienville?

Cadillac Versus Crozat (1716)

By 1716 Crozat's prospects for profits from the colony were practically nonexistent. This selection is taken from the deliberations of the Superior Council, the colony's ruling body. In the original, Cadillac's letter from the colony was annotated with Crozat's remarks written in the margin.

CADILLAC

La Colonie de la Louisianne est un monstre qui n'a **aucune** forme de gouvernement. L'**état** déplorable où elle se trouve procède du peu d'attention qu'on a fait à ses mémoires et de ce qu'on a préféré les fables de ceux qui ont **dépeint** ce pays comme très excellent. Il l'a tout examiné et protesté de n'en avoir jamais vu de plus mauvais.

n' . . . aucune no / **état** n.m. state

dépeint depicted

Cette Colonie commencée depuis 20 ans n'a pas encore une **retraite** pour se garantir de l'**insulte** du moindre **forban**. Il n'y a pas plus de 40 habitants et si peu de **bestiaux** que la **vache** se vend **9s.** la **livre** et la **farine** s'y est presque toujours vendue 20 **piastres** le **baril** de 180L. Cette **cherté** rend la subsistance de ces habitants très difficile, joint à ce que ne leur **étant** permis de commercer qu'avec la Compagnie. Elle ne prend que les **peaux** de **chevreuil**, quelques **planches** et **bordages** et les **empêche** de vendre **ailleurs** leurs autres **denrées** dont elle ne veut point. Elle leur donne même un prix médiocre de ces peaux et ils sont toujours dans l'appréhension qu'elle refuse leurs planches et bordages. C'est ce qui fait que bien loin d'**attirer** de nouveaux habitants, le peu qu'il y en a cherche à en sortir pour aller ailleurs où leur travail et leur industrie **puissent** les faire vivre.

retraite n.f. refuge / **l'insulte** n.f. attack **forban** n.m. pirate **bestiaux** n.m. livestock / **vache** n.f. cow / **9s** 9 sous (about 9 cents) / **livre** n.f. pound / **farine** n.f. flour / **piastres** n.f. about one dollar / **baril** n.m. small barrel / **cherté** n.f. high price / **étant** being / **peaux** n.f. skins / **chevreuil** n.m. deer / **planches** n.f. boards / **bordages** n.m. planking / **empêche** prevents / **ailleurs** elsewhere / **denrées** n.f. products

attirer to attract

puissent can

CROZAT

Le Sr. Crozat **convient** que la Colonie est dans un désordre horrible, mais cela vient de la désunion que M. de la Mothe y a **mis** et de ce qu'il n'a voulu exécuter aucun des ordres qui lui ont été envoyés d'établir le Commerce de la Rivière du Mississipi, et de sa mauvaise **conduite** avec les Nations Sauvages avec toutes lesquelles il a trouvé moyen de **se brouiller**.

convient agrees

mis introduced

conduite n.f. conduct

se brouiller to be at odds with

C'est de quoi on **se plaint** et du peu d'attention qu'ont eu sur cela ceux qui ont gouverné et de ce que pendant plusieurs années qu'on pouvait aller librement à la Havane. Ils n'y ont point envoyé chercher des bestiaux avec le Brigantin et le Bateau du Roi avec l'**équipage entretenu** par Sa Majesté. Il y a **d'ailleurs** un grand **défaut** de policé dans la cherté de la viande; puis il y a 400 bêtes à **corne** sur l'Ile Dauphine, et que le **cochon** est fort commun.

se plaint complains

équipage n.m. crew / **entretenu** maintained / **d'ailleurs** moreover / **défaut** n.m. lack / **corne** n.f. horn (of an animal) **cochon** n.m. pig

Le S. Crozat a ordonné par toutes ses lettres à ses **commis** de recevoir généralement toutes les marchandises que **feraient** les habitants et de les exciter à travailler. Il y a diminué le prix des marchandises de 40 pour cent en un prix médiocre. M. Hubert est porteur de l'ordre et il **s'en est remis à** lui de régler le prix des marchandises du pays.

commis n.m. clerk
feraient would make

s'en est remis à relied on

M. de La Mothe au Conseil et réponses de M. Crozat, 1ᵉʳ juillet 1716, C13a, 4:389-391.

Questionnaire:
1. Dans la première observation de La Mothe quelle est la cause principale pour l'état déplorable de la Colonie?
2. Crozat n'était pas d'accord avec La Mothe. Quelles raisons a-t-il trouvées pour cet état déplorable?
3. Selon La Mothe, pourquoi la colonie ne pouvait-elle pas se protéger contre le moindre forban?
4. A quels prix se vendaient les vaches et la farine?
5. Pourquoi les habitants ne tiraient-ils pas de bon profit des peaux qu'ils ont vendues?

6. Pourquoi n'y avait-il pas de bon profit à tirer des planches et des bordages?
7. Crozat a contredit La Mothe au sujet des marchandises. Comment a-t-il expliqué le problème?

Crozat's success depended on the success in the colony of a few staple crops like tobacco.

Composition:
Evidemment ou Crozat ou La Mothe est menteur. A l'aide des livres d'histoire dans votre bibliothèque, essayez de rétablir l'authenticité des faits. Etudiez bien les observations de La Mothe et les réponses de Crozat avant de répondre.

Dauphin Island, with its fort and settlement, before the hurricane of 1717 destroyed its harbor.

Hurricane Destroys the Port at Dauphin Island (1717)

The weather in Louisiana was something of a novelty to the French, who never grew completely accustomed to the heat of the summer months and the violence of the storms along the coast. One such storm was responsible for a change in the capital of the colony when Mobile's harbor was destroyed.

Sur la fin du mois d'août, l'entrée du port de l'Ile Dauphine fut bouchée par un amas prodi-gieux de sable, qu'une tempête épouvantable y rassembla. Ce fut cause qu'aucun vaisseau n'y a jamais pu entrer. Il fut noyé dans cette île, par les vagues de la mer, quantité de bestiaux. MM. de l'Espinay et de Bienville, voyant que les vaisseaux qui viendraient dorénavant de France ne pourraient plus mouiller que sur la rade de l'Ile aux Vaisseaux où il y a bon mouillage, résolurent de faire bâtir un fort sur la terre ferme, vis-à-vis de cette rade qui n'en est éloignée que de cinq lieues, et couverte à l'est de l'Ile aux Vaisseaux dont elle n'est éloignée que d'un quart de lieue, et à l'ouest de l'Ile aux Chats d'une demi-lieue. La place que l'on choisit sur la terre ferme pour y bâtir un fort, est à une lieue à l'ouest de l'ancien Biloxi, en avançant vers la pointe de la baie, en face de la rade aux Vaisseaux. L'on commença sur la fin de cette année à le bâtir; il fut nommé le Nouveau Biloxi.

fut was / bouchée blocked / amas n.m. heap / sable n.m. sand / tempête n.f. storm / épouvantable dreadful / rassembla collected / aucun ... n' no / vaisseau n.m. vessel / pu was able / il fut noyé there were drowned / vagues n.f. waves / bestiaux n.m. livestock / voyant seeing / viendraient would come / dorénavant thereafter / pourraient would be able to / mouiller to anchor / rade n.f. channel / mouillage n.m. anchorage / résolurent resolved / bâtir to build / terre ferme n.f. mainland / vis-à-vis opposite / éloignée distant / couverte protected / dont from which / quart from quarter / lieue n.f. league (2.5 miles) / demi-lieue n.f. half a league / avançant advancing / baie n.f. bay / commença began

Pénicaut in Margry, V:548.

Questionnaire:
1. Pourquoi les vaisseaux ne pouvaient-ils plus mouiller à l'Ile Dauphine?
2. Qu'est-ce qui est arrivé au bétail (aux bestiaux)?
3. Pourquoi ont-ils choisi la rade près de l'Ile aux Vaisseaux?
4. Où se trouvera le nouveau fort?
5. Comment s'appelle le nouveau fort?

John Law Takes Control (1717)

In 1717 Crozat admitted failure and the *Compagnie Générale d'Occident* directed by the Scottish financier John Law received the monopoly on colonial trade. Shares in the new colony were sold at vastly inflated prices, and the situation that developed thus became known as the "Mississippi Bubble."

Le Roi a établi par lettres patentes vérifiées en Parlement le 7e novembre 1717 La Compagnie de Mississipi, Composée des Compagnies du Canada, de St. Domingue, de la Guinée et des Indes orientales.

Le Roi en **établissant** cette Compagnie générale, l'a obligée d'y faire passer tous les ans une trentaine de **vaisseaux** pour y transporter ceux et celles qui veulent s'y aller établir. Pour faciliter ces établissements, La dite Compagnie est obligée de **défrayer** toutes les personnes qui y passent, tous les deux à trois mois, depuis leur **demeure** jusqu'au lieu de l'habitation qu'elles voudront choisir, **savoir** dans le Royaume de France par des routes et des **étapes** et sur des vaisseaux à la table du Capitaine **à l'égard** des **personnes de condition** et pour les valets et ouvriers à l'**espèce** de **gamelle** qui est plus que suffisante pour la nourriture d'une personne. En **attendant** la **récolte** des graines et des fruits, la dite Compagnie y fait **fournir** pour chaque personne trente **livres** de **farine** par mois; à l'égard de la viande l'on va à la chasse et l'on en **tue** plus que le nécessaire. Même les **Sauvages** habitants de ces contrées aident aux Français à faire leurs établissements et leur fournissent les viandes et le **gibier** dont ils ont besoin aussi bien que les **pelleteries** et **échange** contre des **quincailleries** que la Compagnie générale vend aux dites colonies et à bon compte. Le Roi y envoie quantité de Nègres

établissant establishing

vaisseaux n.m. boats

défrayer to defray

demeure n.f. home

savoir namely

étapes n.f. stopping-places

à l'égard with regard to / **personnes de condition** people of high position / **espèce** n.f. kind / **gamelle** n.f. mess hall

attendant waiting for / **récolte** n.f. harvest

fournir to furnish / **livres** n.f. pounds / **farine** n.f. flour

tue kills

sauvages native

gibier n.m. game (animals)

pelleteries n.f. skins, furs / **échange** n.m. barter / **quincailleries** n.f. hardware

pour travailler aux mines aussi bien que des **faux-monnayeurs** et **galériens**.

L'on donnera aux personnes de condition en pleine **propriété autant** de terre qu'elles en souhaiteront pour être **défrichées** par leurs valets, les Nègres, les chevaux et les boeufs que la dite Compagnie fournira gratis. Les ouvriers auront aussi des **concessions** en **arrivant**, mais pour ceux qui ne savent pas leur métier au jour de leur départ, il faut trois années d'**apprentissage** avant d'en recevoir. Les femmes et les filles qui voudront s'y aller établir auront aussi des concessions en pleine propriété; ces concessions leur sont données par le Gouverneur général de chaque contrée en quelle quantité que l'on en souhaite et que l'on en peut cultiver dont il y en a déjà 4 d'établis par la cour, **éloignés** les uns des autres de plus de 150 **lieues**. Les ouvriers nécessaires pour ce pays-là sont des valets de **charrue** et **vignerons** en quantité, **charrons, bourreliers, maréchaux**, charpentiers, **menuisiers, maçons, tailleurs** de pierre, **chaufourniers, huiliers**, couvreurs de maison, **serruriers, taillandiers, fourreurs, cordiers** en **corde** et en **tille, tonneliers, potiers** de terre, **cordonniers**, tailleurs d'habits, jardiniers, **meuniers, boulangers, chaudronniers, scieurs** de **planches, mouleurs** et autres ouvriers de main, mais non pas des **fabricants** de **toile**, d'**étoffe** de chapeaux, de **cuivre**, et d'autres Marchandises, lesquelles sont fournies par la dite Compagnie générale.

Mémoire, 1717,
C13a, 5:13-14.

faux-monnayeurs n.m. counterfeiters / **galériens** n.m. galley-slaves, convicts

propriété n.f. ownership / **autant** as much **défrichées** cleared

concessions n.f. land grants / **arrivant** arriving

apprentissage n.m. apprenticeship / **éloignés** distant / **lieues** n.f. leagues (2.5 miles each) / **charrue** n.f. plow / **vignerons** n.m. vineyard-growers / **charrons** n.m. wheelwrights / **bourreliers** n.m. harness-makers / **maréchaux** n.m. farriers / **menuisiers** n.m. carpenters / **maçons** n.m. bricklayers / **tailleurs** n.m. cutters / **chaufourniers** n.m. lime-kiln workers / **huiliers** n.m. oil-makers / **serruriers** n.m. locksmiths / **taillandiers** n.m. edge-tool makers / **fourreurs** n.m. furriers / **cordiers** n.m. rope-makers / **corde** n.f. cord, rope / **tille** n.f. hemp / **tonneliers** n.m. barrel-makers / **potiers** n.m. potters / **cordonniers** n.m. shoemakers / **meuniers** n.m. millers / **boulangers** n.m. bakers / **chaudronniers** n.m. coppersmiths / **scieurs** n.m. sawyers / **planches** n.f. planks / **mouleurs** n.m. molders / **fabricants** n.m. manufacturers / **toile** n.f. linen cloth / **étoffe** n.f. material / **cuivre** n.m. copper

Coat of arms of the Company of the West, showing a cornucopia of profits held by two Indians.

John Law, Director of the Company of the West. This portrait was originally published as the frontispiece of a book justifying Law's financial schemes, and below it was the following poem:
Sous l'Auguste et Sage Regence
D'un Prince aiment la bonne foy
Law consommé dans l'art de
   regir la finance
Trouve l'art d'enrichir les sujets
   et le Roy.

Questionnaire:
1. Combien de vaisseaux doivent être envoyés tous les ans? Qu'est-ce qu'ils transportent?
2. Pendant le voyage, quelle sorte de nourriture reçoivent les personnes de condition? Et les ouvriers, qu'est-ce qu'ils reçoivent?
3. Après l'arrivée, qu'est-ce que la compagnie fournit avant la récolte?
4. Qu'est-ce que les habitants doivent faire pour avoir de la viande?
5. Qui défrichera la terre?
6. Si les ouvriers ne savent pas leur métier, qu'est-ce qu'ils doivent faire pour obtenir de la terre?
7. Les femmes peuvent-elles recevoir des concessions? Expliquez.
8. Il y a beaucoup d'ouvriers nécessaires pour ce pays-là. Expliquez en quoi consiste le travail des tailleurs de pierre et des tailleurs d'habits.
9. Nommez les ouvriers nécessaires pour la construction des maisons et autres bâtiments.
10. Nommez les ouvriers qui font du travail agricole.
11. Quelles sortes de fabricants ne sont pas nécessaires pour ce pays-là? Pourquoi pas?

Indians Ravaged by European Diseases (1718)

It was evident to the French that the Indians suffered more from European diseases than Europeans did from Indian sickness. There were different theories about this, as the missionary Father Le Maire explains in these two selections from his 1718 memoir about the colony.

Il y a eu dans ce pays quelque mortalité. Elle n'a été que pour les Sauvages, comme ont été celles des années 1714 et 1715. L'expérience a fait connaître depuis longtemps que les maladies des Européens se communiquent facilement aux Indiens, mais que celles de ceux-ci ne passent pas à ceux-là, ce qui vient sans doute pour parler en physicien, de ce que les pores de la **sueur** des blancs sont plus **serrés** et moins ouverts que ceux de celle des Sauvages et **par conséquent** moins **propres** à **s'imprégner** des transpirations **malignes** qui sortent des corps de ceux-ci.

sueur n.f. sweat, perspiration / **serrés** narrow
par conséquent consequently / **propres** suitable / **s'imprégner** to become impregnated / **malignes** malignant

La Louisiane a été **autrefois** plus habitée qu'elle n'est aujourd'hui, ce qu'on sait non seulement par le rapport des Sauvages, mais encore par la grande quantité de lieux qu'on reconnaît avoir été autrefois cultivés, et que l'on voit présentement en **friche**. On en est encore **convaincu** par l'expérience **journalière** qu'on a de leur diminution. Il est difficile de déterminer si ce sont les maladies ou les guerres qui ont le plus contribué à leur destruction. Si on en croit les sauvages, ils n'ont commencé à **diminuer** notablement que depuis l'arrivée des Européens dans leur pays; ce qui paraît **vraisemblable**, non par la raison qu'ils en apportent, à savoir que le **génie** qui préside à la conservation des blancs est plus fort que le leur; mais parce que, comme je l'ai déjà remarqué **ci-dessus**, ils se sont vus, depuis l'arrivée des Européens, exposer à

autrefois formerly

friche n.f. waste land / **convaincu** convinced / **journalière** daily

diminuer to diminish
vraisemblable likely

génie n.m. spirit

ci-dessus above

toutes les maladies de ceux-ci, lesquelles jointes à celles auxquelles ils étaient déjà sujets, ont fait de terribles ravages **parmi** eux.

parmi among

Le Maire, mémoire, 1718,
C13c, 2:157 et 162v.

Questionnaire:
1. Est-ce que les Indiens attrapent facilement les maladies des Européens? Pourquoi? (selon le premier paragraphe)
2. Comment les Français ont-ils déterminé qu'il y avait autrefois plus d'habitants sauvages dans la Louisiane?
3. Quelles sont les deux raisons pour cette diminution de la population?
4. D'après les Indiens, quel est l'avantage des blancs?
5. Selon le deuxième paragraphe il y a une autre raison pour le plus grand nombre de maladies entre les Indiens. Expliquez.

Most of the Africans brought as slaves to Louisiana came directly from Senegal, but some were purchased from French slave traders in Martinique at slave sales like the one shown here.

Slave Sale in Mobile (1719)

There was a great demand for African slaves at the beginning of John Law's efforts to populate the colony, particularly for their skills in indigo manufacture and in crafts like iron-working. Some 6000 slaves were sent there directly from the Senegal region, but although the colonists were requesting slaves, few had made enough money to be able to afford to buy them.

Nous **soussignés** commandants et Directeurs généraux de la Compagnie d'occident, assemblés pour **mettre à exécution** les ordres de la Compagnie au sujet de la **vente** des Nègres, ayant pour cet effet **convoqué** tous les habitants tant anciens que nouveaux, et sur la proposition qui leur a été faite de les payer moitié **comptant** et l'autre moitié dans un an. Comme aussi des lots de Nègres tous se sont **retirés** et l'espace de deux mois et demi **s'étant écoulés** sans qu'aucun des dits **colons soit venu** faire des offres, nous avons résolu pour **obvier au préjudice** que le retardement de la vente cause à la Compagnie, qui est obligé de les nourrir sans **avoir de quoi** les occuper sur l'Isle Dauphine, de faire le présent **règlement. Savoir** que pour la satisfaction de l'habitant qui aimera mieux payer un **Négrillon** qu'il affectionnera qu'un Nègre **pièce d'Inde**, ledit Négrillon sera vendu sur le pied de pièce d'Inde afin que la Compagnie **puisse** d'un autre côté **se dédommager** de la **perte** qu'elle fera sur les **marrons**.

soussignés the undersigned

mettre à exécution to put into effect
vente n.f. sale

convoqué called together

comptant in cash

retirés withdrawn / **s'étant écoulés** having gone by / **colons** n.m. colonists / **soit venu** being able to come / **obvier au** to prevent / **préjudice** n.m. detriment
avoir de quoi having anything

règlement n.m. regulation / **savoir** namely
négrillon n.m. small black child / **pièce d'Inde** n.f. adult male slave

puisse can / **se dédommager** to recover / **perte** n.f. loss / **marrons** runaway (slaves)

Conseil de Commerce, 6 septembre 1719,
C13a, 5, 333-333v.

Questionnaire:
1. Pourquoi les Directeurs généraux de la Compagnie d'occident se sont-ils assemblés?
2. Quelle est leur méthode de payer les habitants?
3. Pourquoi les Directeurs se sont-ils inquiétés?
4. Quel réglement ont-ils décidé de faire?

Old Biloxi or New Biloxi? (1720)

Louisiana's progress was hindered almost from the beginning by the lack of a suitable harbor for the few ships that arrived in the colony. The capital was moved twice in order to locate a port deep enough to accommodate the ships, a particular problem at the time of the large influx of settlers under John Law.

Le Biloxy

Je ne puis dans cet **endroit** me dispenser de parler du mauvais choix que l'on a fait en **établissant** le vieux Biloxy préférablement au nouveau contre l'opinion de **Mrs.** de Lespinay et de Bienville qui n'ont pu l'**emporter** sur l'**opiniâtreté** des Directeurs, **quoique** plusieurs raisons doivent leur faire prendre ce **parti** .... La terre y [à Nouveau Biloxy] est **propre** à la culture des **fèves**, du **maïs**, et des **patates** , et l'on peut y **élever** quantité de **bestiaux**, le **pâturage** y **étant** commun. **D'ailleurs** la côte y est abondante en poissons, et l'on trouve dans ce **lieu** de toutes parts de très belles sources **dont** les **eaux** sont excellentes. L'air y est **sain**, le terrain étant exposé au **vent** de la mer, **au lieu qu'** au vieux fort l'air n'y pénètre que difficilement. Les eaux y [à Vieux Biloxy] sont **puantes** et **bourbeuses**, et **encore tarissant** elles **fument**, de sorte que l'on est obligé d'en venir chercher au Nouveau Biloxy, ou d'envoyer dans le Nord de l'**établissement** en chercher à deux **lieues** dans une rivière pleine de **vase**.

endroit n.m. place

établissant establishing

Mrs. Messieurs

emporter to win over

opiniâtreté n.f. obstinacy / quoique although / parti n.m. side
propre suitable

fèves n.f. beans / maïs n.m. maize / patates n.f. potatoes, sweet potatoes / élever to raise / bestiaux n.m. livestock / pâturage n.m. pasture / étant being / d'ailleurs moreover / lieu n.m. place / dont whose / eaux n.f. waters sain healthy / vent n.m. wind / au lieu qu' whereas

puantes stinking / bourbeuses muddy / encore yet / tarissant drying up / fument reek

établissement n.m. settlement / lieues n.f. leagues / vase n.f. slime, mud

Bernard de la Harpe, Mémoire, 1720,
C13a, 6-1:106v.-107.

Questionnaire:
1. Regardez la carte de la Baie de Biloxy pour comprendre ce mémoire. Lequel est plus proche de l'Ile Aux Vaisseaux—le Vieux Biloxy ou le Nouveau Biloxy?
2. Pour quelles raisons concernant l'agriculture, le Vieux Biloxy était-il un mauvais choix d'établissement?

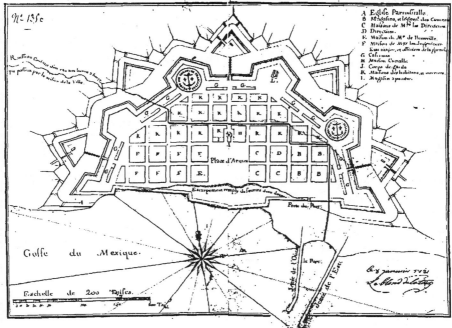

This plan for an elaborate new fortified town drawn by the engineer Le Blond de la Tour was not actually built.

3. Pour quelles raisons de santé, le Nouveau Biloxy était-il le meilleur choix?
4. Pourquoi était-il difficile de trouver de l'eau au Vieux Biloxy?

Mudbug

Poor harbors and complicated river deltas were paradise for this little crustacean, whose name is almost synonymous with modern Louisiana cuisine.

Tout le **bas** du fleuve **abonde** en **écrevisses:** dans les temps que je suis arrivé dans ce pays, la terre était **couverte** de petites élévations en forme de **tours** de la **hauteur** de six à sept **pouces**, que les écrevisses se faisaient pour prendre l'air **hors de** l'eau; mais **depuis que** l'on a **garanti** l'intérieur des terres par des levées, elles ne se montrent plus: **lorsqu'**on en désire, on les **pêche** dans les **fossés** avec une **cuisse** de grenouille, et on est assuré qu'en peu de moments on en a pour un grand **plat:** elles sont fort bonnes.

Du Pratz, 1758, II:157.

bas n.m. lower part / **abonde** abounds / **écrevisses** n.f. crawfish **couverte** covered

tours n.f. towers / **hauteur** n.f. height / **pouces** n.m. inches / **hors de** out of **depuis que** since / **garanti** protected

lorsqu' when / **pêche** fishes for / **fossés** n.m. ditches / **cuisse** n.f. thigh, leg / **grenouille** n.f. frog / **plat** n.m. dish

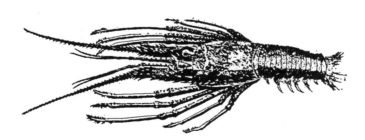

Questionnaire:
1. Décrivez la demeure de l'écrevisse.
2. Pourquoi construisent-elles une tour? Selon les zoologistes modernes, Du Pratz avait-il raison dans cette explication?
3. Quelle est la méthode pour les attraper?

L'écrevisse et sa Fille

Jean de la Fontaine died in 1695, just four years before Iberville's landing on the Mississippi Gulf Coast. His short lessons in morality and common sense are universal and were well-loved by both children and adults. Many of the colonists and explorers must have been familiar with La Fontaine's fables. Bossu's translation of the Arkansas fable on page 10 shows evidence of this. The mother and daughter in the following La Fontaine fable are the same tasty animals described as "fort bonnes" in the preceding selection.

Les sages quelquefois, ainsi que l'**écrevisse,**
Marchent **à reculons**, tournent le **dos** au port.
C'est l'art des **matelots:** c'est aussi l'**artifice**
De ceux qui, pour couvrir quelque **puissant** effort,
Envisagent un point directement contraire
Et font vers ce lieu-là courir leur adversaire.
Mère écrevisse un jour à sa fille disait:
Comme tu vas, bon Dieu! ne peux-tu marcher
    droit?

Et comme vous allez vous-même! dit la fille:
Puis-je **autrement** marcher que ne fait ma famille?
Veut-on que j'**aille** droit quand on y va **tortu?**

Elle avait raison: la vertu
De tout exemple domestique
Est universelle et s'applique
En bien, en mal, en tout; fait des sages, des **sots,**
Beaucoup plus de ceux-ci. **Quant à** tourner le dos
A son **but,** j'y reviens; la méthode en est bonne,
Surtout au métier de **Bellone;**
Mais il faut le faire **à propos.**

La Fontaine, Livre XII, 141-142.

écrevisse n.f. crawfish
à reculons backwards / **dos** n.m. back
matelots n.m. seamen / **artifice** n.m. trick
puissant powerful

envisagent look at

autrement otherwise

aille go / **tortu** sideways

sots n.m. fools

quant à as for

but n.m. objective
Bellone Roman goddess of war
à propos at the right moment

Questionnaire:
1. Décrivez la manière de marcher des écrevisses.
2. Pourquoi la fille écrevisse ne suit-elle pas le conseil de sa mère?

Composition:
Comment peut-on comparer cette méthode de marcher aux situations générales de la vie?

Instead of the elaborate New Biloxi planned by the engineers, Law's new settlers found a woodland camp like this one when they arrived on the coast.

Hunger and Death in Biloxi (1720)

Often when the *engagés* (indentured workers) arrived to work on the concessions, little preparation had been made for their reception. They were left on the coast with no supplies or shelter. In the following selection Du Pratz describes the many difficulties they encountered, difficulties that still exist in Mississippi Sound, where constant dredging is necessary to keep ship channels open.

Le Biloxi est situé **vis-à-vis** l'Ile aux **Vaisseaux** et à quatre **lieues** de cette Ile. Je n'ai jamais pu deviner pour quelle raison on **fit** dans cet **endroit** le principal établissement de la Colonie, ni pourquoi on voulait y **bâtir** la Capitale. Rien ne **répugnait** plus au bon sens, **puisque** non seulement les vaisseaux ne pouvaient en approcher que de quatre lieues, mais encore, ce qui **gênait** le plus, c'est qu'on ne pouvait rien apporter des **navires**, qu'en **changeant** trois fois, des bateaux de plus petits en plus petits. Encore **fallait-il** aller à l'eau plus de cent pas avec des petites **charrettes** pour décharger les plus petits bateaux. Ce qui devait encore **éloigner** de faire l'établissement au Biloxi, c'est que le terrain est des plus stériles. Ce n'est qu'un **sable** fin, blanc et brillant comme la neige, sur **lequel** il est impossible de faire **croître aucun** légume. On y était **en outre** extrêmement **incommodé** des rats qui y **fourmillent** et se **logent** dans le sable; dans ce temps ils **rongeaient** jusqu'au **bois** des **fusils**. La **disette** y avait été si grande, que plus de cinq cents personnes y étaient mortes de la faim. Le pain était fort cher et la viande très rare. Il n'y avait que le poisson, **dont** cet endroit **abonde**, qui y **fut** assez commun.

Cette disette **provenait** de l'arrivée des **Concessions** qui étaient venues toutes ensemble, de sorte qu'il ne s'y **trouva** pas assez de **vivres** pour les nourrir, ni des bateaux pour les transporter aux **lieux** de leur destination, comme la Compagnie y

vis-à-vis opposite / **vaisseaux** n.m. ships
lieue n.f. league (2.5 miles)
fit made / **endroit** n.m. location

bâtir to build

répugnait was contrary / **puisque** since

gênait hindered

navires n.m. ships

changeant changing

fallait-il it was necessary

charrettes n.f. wagons

éloigner to delay

sable n.m. sand
lequel which / **croître** to grow (plants) / **aucun** any / **en outre** besides
incommodé inconvenienced / **fourmillent** swarm / **logent** lodge / **rongeaient** gnawed
bois n.m. wood / **fusils** n.m. rifles / **disette** n.f. famine

dont with which / **abonde** abounds
fut was

provenait originated / **concessions** n.f. (workers for the) land grants
trouva found / **vivres** n.m. provisions

lieux n.m. places

était obligée. Ce qui en **sauva** quelques-uns fut la grande quantité d'**huîtres** qu'ils trouvaient sur la côte. Encore étaient-ils obligés d'être dans l'eau jusqu'à la **cuisse** à une portée de **carabine** du bord. Si cet **aliment** en nourrissait plusieurs, il en **rendait** malade un grand nombre, ce qui était encore **occasionné** par le long temps qu'ils restaient dans l'eau.

sauva saved

huîtres n.f. oysters

cuisse n.f. thigh / carabine n.f. carbine, rifle
aliment n.m. food / rendait made

occasionné caused

Ces concessions étaient **celles** de M. Law, qui devait avoir quinze cents personnes pour la former, composées d'Allemands, de Provençaux, etc. Son terrain était désigné aux Arkansas. Il avait quatre lieues **carrées** et était **érigé** en **Duché**. Il avait les **équipages** pour une Compagnie de **Dragons**, des marchandises pour plus d'un million. M. Levans en était Administrateur et avait une chaise **roulante** pour visiter les différents Postes de la **Concession**. Mais M. Law **manqua** et la Compagnie s'**empara** de toutes les marchandises et **effets**. Les engagés **restèrent** en petit nombre aux Arkansas, puis **furent** tous dispersés et mis en liberté. Presque tous les Allemands s'**établirent** à huit lieues **au-dessus** et à l'Ouest de la Capitale. Cette Concession **perdit** près de mille personnes à Lorient avant de s'**embarquer**, et plus de deux cents au Biloxi.

celles those

carrées square / érigé set up / duché n.m. dukedom / équipages n.m. equipment / dragons n.m. dragoons

roulante , rolling, on wheels
concession n.f. land grant / manqua failed / empara seized / effets n.m. belongings, clothes / restèrent remained / furent were

établirent settled
au-dessus above

perdit lost

s'embarquer to embark, to go aboard

Du Pratz, I:169-71.

Questionnaire:
1. Du Pratz parle du Vieux Biloxi ici. Expliquez le grand problème qui se posait pour approcher le Vieux Biloxi et décharger les bateaux.
2. Au sujet de l'agriculture, était-il d'accord avec le mémoire précédant? Expliquez.
3. Décrivez le problème des rats.
4. Quel était le triste résultat de la grande disette?
5. Pourquoi y avait-il autant de disette?
6. Il y avait une grande quantité d'huîtres, mais quelle difficulté y avait-il à les ramasser?
7. Décrivez la composition d'une concession. Combien d'équipages et de marchandises y avait-il?
8. Après la faillite de M. Law, qu'est-ce que les engagés ont fait?

Mississippi Bubble (1720)

John Law's office was located in Quinquenpoix Street, shown below with an allegorical parade. Europeans, duped by false promises, bought stock in the various colonial companies under the aegis of Law's Company of the West. The price of these stocks inflated so much that the company finally crashed: the "Mississippi Bubble" burst. This company cart driven by "Madness" displays naked "Risk" throwing worthless stocks to the crowd. "Mississipi," who is pulling the cart, is a Native American. The satirical verses below were chanted in the streets of Paris after the fall of Law.

Lundi, j'achetai des **actions,**
Mardi, je gagnai des millions,
Mercredi, j'**ornai mon ménage,**
Jeudi, je pris un **équipage,**
Vendredi, je **m'en fus** au bal,
Et samedi, à l'**hôpital.**

actions n.f. stocks

ornai mon ménage
  decorated my house
équipage n.m. carriage
m'en fus went

hôpital n.m. charity house

Composition:
Avez-vous entendu d'autres chants politiques qui sont plus modernes? Comparez-les à ce petit chant.

Voltaire on Crozat and Law

The philosopher Voltaire evaluates the success of entrusting the colonization of Louisiana to Crozat and Law.

Louis XIV, **accablé** alors de malheurs, voyait **dépérir** l'ancienne France, et ne pouvait penser à la nouvelle. L'Etat était **épuisé** d'hommes et d'argent. Il est bon de savoir que dans cette misère publique, deux hommes avaient gagné chacun environ quarante millions, l'un par un grand commerce dans l'Inde ancienne, tandis que la compagnie des Indes établie par *Colbert* était détruite; l'autre par des affaires avec un ministère malheureux, **obéré** et ignorant. Le grand négociant, qui se nommait *Crozat*, **étant** assez riche et assez **hardi** pour risquer une partie des ses trésors, se fit concéder la Louisiane par le roi, à condition que chaque vaisseau que lui et ses associés **enverraient**, y porterait six garçons et six filles pour peupler. Le commerce et la population y **languirent** également.

Après la mort de Louis XIV, l'**Ecossais** *Law* ou *Lafs*, homme extraordinaire, dont plusieurs idées ont été utiles, et d'autres **pernicieuses, fit accroire à la nation** que la Louisiane produisait autant d'or que le Pérou, et allait fournir autant de **soie** que la Chine. Ce fut la première époque du fameux systême de Lafs. On envoya des colonies au Mississipi; on **grava** le plan d'une ville magnifique et régulière, nommée *la nouvelle Orléans*. Les **colons périrent** la plupart de misère, et la ville **se réduisit** à quelques méchantes maisons. Peut-être un jour, s'il y a des millions d'habitants de trop en France, sera-t-il avantageux de peupler la Louisiane; mais il est plus **vraisemblable** qu'il faudra l'abandonner.

accablé crushed

dépérir to decline

épuisé drained

obéré in debt

étant being / **hardi** bold

enverraient would send

languirent declined

Ecossais n.m. Scotsman

pernicieuses hurtful / **fit accroire à la nation** made the nation believe
soie n.f. silk

grava engraved

colons n.m. colonists
périrent perished / **se réduisit** was reduced

vraisemblable likely

Voltaire, IV:491.

112

Questionnaire:
1. Pourquoi Louis XIV ne pouvait-il pas penser à la Nouvelle France?
2. Expliquez la différence entre Crozat et Law. Comparez et contrastez ce commentaire de Voltaire à celui d'un historien moderne.
3. Commentez la dernière phrase qui commence par «Peut-être un jour,...».

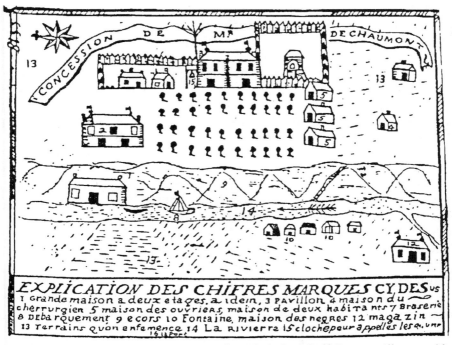

The successful Chaumont concession on the Mississippi Gulf Coast, as illustrated by Dumont de Montigny.

St. Catherine Concession (1721)

The St. Catherine Concession near Natchez experienced much success in 1721. The following excerpts are from a letter written by the Director of the concession to the stockholders.

1721, Juillet 18, Natchez.
Faucon Dumanoir, directeur de la Concession de Ste. Catherine, aux intéressés en cette Concession.
Extrait.

Je ne sais quelle raison on a eu de **décrier** ce pays, car je le trouve **au-dessus** de tout ce que je m'en étais **figuré**.

décrier to discredit
au-dessus above
figuré imagined

Votre concession **aurait indubitablement échoué** par la faute de la Compagnie, qui nous prend nos **vivres**, au lieu de nous **fournir** ce à quoi elle **s'est engagée**; si je n'avais [pas] **porté** le Sr. Adam, **étant** à [la Nouvelle] Orléans, d'accepter une petite Concession qui se trouvait en état de lui fournir des vivres et la **récolte** pour la subsistance de vos gens; sans cela il **n'eut pas pu** réussir, **au lieu que** je la **compte** très assurée.

aurait would have / indubitablement undoubtedly / échoué failed
vivres n.m. provisions / fournir to furnish / s'est engagée promised / porté persuaded / étant being

récolte n.f. harvest, crop

n'eut pas pu could not have
au lieu que whereas / compte consider

On ne peut rien voir de plus beau que ce pays; on y découvre **journellement** de nouveaux **agréments**, et on y trouve de quoi satisfaire la vue; l'air y est assez **sain**; **cependant** les fièvres y sont communes **quoique peu** dangereuses.

journellement every day
agréments n.m. charms, amenities / sain healthy / cependant however
quoique although / peu not very

114

Le Sr. de St. Hylaire **aurait à ce qu'il dit** grand besoin d'une femme et s'il était possible d'**engager** Mlle. Le Loup sa dernière maîtresse de passer en ce pays, il l'**épouserait aussitôt**. Il vous **supplie** fort de lui rendre ce service, et si elle accepte sa proposition et qu'elle **ait besoin** d'une 100ne [**centaine**] de **pistoles** je vous prie de les lui **compter** et de m'en donner **avis**.

aurait . . . besoin needs / *à ce qu'il dit* according to him / *engager* to persuade

épouserait would marry / *aussitôt* immediately / *supplie* begs

ait besoin needs / *centaine* a hundred or so / *pistoles* n.f. coins worth ten francs / *compter* to give / *avis* n.m. notice

❖

Je vous envoie par la **Balandre** une petite **andouille** de tabac à **râper**, une des feuilles pour fumer, avec un **échantillon** de **soie**, le tout de notre **cru**.

Balandre ship's name / *andouille* n.f. sausage-shaped twist / *râper* to grind / *échantillon* n.m. sample / *soie* n.f. silk / *cru* n.m. production

P.S. Si j'avais **présentement** 500 Nègres j'**espérerais** vous **remettre** en 3 années 300/m.

présentement now
espérerais would hope / *remettre* to deliver

Dumanoir aux intéressés, 18 juillet 1721,
AC, G1, 465.

Indigo was one of the crops that was expected to do well at Natchez. This illustration shows an indigoterie *(indigo-manufacturing installation) in the Caribbean, where black slaves performed most of the skilled work.*

Questionnaire:
1. Pour contredire les mauvaises opinions sur cette concession, qu'a déclaré M. Dumanoir?
2. De quoi blâme-t-il la Compagnie? Quel portrait futur voit-il pour cette concession?
3. Quelle est la seule négative qu'il a mentionnée?
4. Quelle demande le Sr. de St. Hylaire a-t-il faite?
5. Quelle preuve de son succès M. Dumanoir envoie-t-il?

Cassette Girls Arrive at Ship Island (1721)

In 1721 the *Baleine* arrived in Louisiana. Its cargo consisted of approximately ninety-eight girls and women from the Salpêtrière in Paris (an old saltpetre factory converted into an orphanage and prison). They brought with them boxes containing their trousseaux, and thus became known as the *filles à la cassette*.

Le huitième de Janvier de l'année 1721, il vint mouiller à la rade de l'Ile-aux-Vaisseaux une petite flûte nommée la *Baleine*, dans laquelle arriva M. de Chateaugué, à qui Sa Majesté avait donné en France la croix de chevalier de Saint-Louis, et qui apportait une pour M. de Saint-Denis. Il y avait sur ce vaisseau M. de la Harpe, Malouin, qui avait une concession établie aux Cadodaquioux.

> il vint there came
> mouiller to cast anchor / rade n.f. harbor / Ile-aux-Vaisseaux Ship Island / flûte n.f. large cargo boat / arriva arrived / croix n.f. cross / chevalier n.m. knight
> concession n.f. land grant / Cadodaquioux Caddo Indians

La soeur Gertrude, une des officières de l'hôpital général de la Salpêtrière de Paris, était venue pareillement dans ce vaisseau avec quatre-vingt-huit filles de cet hôpital, toutes élevées dans cette maison dès leur enfance. Elles étaient venues sous la conduite de cette soeur pour être mariées dans le pays, et elles avaient chacune le fonds de leur mariage, qui consistait en trois paires d'habits, deux jupes et jupons, six corsets, six chemises, six garnitures de tête et toutes leurs autres fournitures nécessaires, dont elles étaient bien pourvues pour les faire convoler au plus vite en légitime mariage. Cette marchandise fut bientôt distribuée, tant on en avait disette dans le pays; et si la soeur Gertrude en avait emmené dix fois davantage, elle en aurait trouvé en peu de temps le débit.

> pareillement likewise
> élevées reared
> dès since
> conduite n.f. guidance
> fonds n.m. assets, dowry
> habits n.m. clothes
> jupons n.m. petticoats
> garnitures de tête n.f. caps / fournitures n.f. supplies / dont with which / pourvues provided / convoler to be married
> fut was
> disette n.f. want
> emmené brought / davantage more / aurait would have / débit n.m. market

Pénicaut in Margry, V:581-82.

Questionnaire:
1. En plus des quatre-vingt-huit filles, quelles autres personnes sont arrivées à bord de la Baleine? Expliquez leur importance.
2. Qui était la soeur Gertrude?
3. En quoi consistait le fonds de ces filles?

This woman is wearing most of the items of clothing listed in the trousseaux of the filles à la cassette.

La sœur Gertrude, une des officières de l'hospital général de la Salpétrière de Paris, estoit venue pareillement dans ce vaisseau avec quatre-vingt-huit filles de cet hospital, toutes élevées dans cette maison dès leur enfance. Elles estoient venues sous la conduite de cette sœur pour estre mariées dans le païs, et elles avoient chacune le fonds de leur prétendu mariage, qui consistoit en deux paires d'habits, deux jupes et jupons, six corsets, six chemises, six garnitures de teste et toutes leurs autres fournitures nécessaires, dont elles estoient bien pourvues pour les faire convoler au plus viste en légitime mariage. Cette marchandise fut bientost distribuée, tant on en avoit emmené dix fois davantage, elle en auroit trouvé en peu de temps le débit.

Transcript of the second paragraph of the selection without normalization.

Composition:
Quelle était l'attitude envers l'arrivée de ces filles? Expliquez.

Manon Lescaut

Manon Lescaut, written in 1731 by the Abbé Prévost, is the story of the chevalier Des Grieux' ill-fated passion for beautiful Manon, a fictional *fille à la cassette* who was deported to the new colony. Although she had been a prostitute in Paris, she briefly became a respectable member of New Orleans society. In the following excerpt, narrated by Des Grieux, the two have just arrived in New Orleans after a two-month voyage from Le Havre. Their reaction to this new land mirrors the reaction of many colonists who had been lured there by John Law's false advertising, and Prévost's novel had the effect of persuading many people *not* to go to Louisiana.

Après une navigation de deux mois, nous **abordâmes** enfin au **rivage** désiré. Le pays ne nous **offrit** rien d'agréable à la première **vue**. C'étaient des campagnes stériles et **inhabitées**, où l'on voyait **à peine** quelques **roseaux** et quelques arbres **dépouillés** par le **vent**. Nulle trace d'hommes **ni** d'animaux. **Cependant**, le capitaine **ayant** fait **tirer** quelques pièces de notre artillerie, nous ne **fûmes** pas longtemps sans **apercevoir** une troupe de citoyens du Nouvel Orléans, qui s'**approchèrent** de nous avec de **vives marques** de joie. Nous n'avions pas **découvert** la ville. Elle est cachée, de ce **côté**-là, par une petite **colline**. Nous fûmes reçus comme des gens descendu du **Ciel**. Ces pauvres habitants **s'empressaient** pour nous faire mille questions sur l'**état** de la France et sur les différentes provinces où ils étaient nés. Ils nous embrassaient comme leurs frères et comme de chers compagnons qui venaient **partager** leur **misère** et leur solitude. Nous **prîmes** le chemin de la ville avec eux, mais nous fûmes surpris de **découvrir**, en **avançant**, que, ce qu'on nous avait **vanté jusqu'alors** comme une bonne ville, **n'**était **qu'**un assemblage de quelques pauvres cabanes. Elles étaient habitées par cinq ou six cents personnes. La maison du Gouverneur nous **parut** un peu distinguée par sa **hauteur** et par

abordâmes landed / **rivage** n.m. shore
offrit offered / **vue** n.f. sight
inhabitées uninhabited
à peine scarcely / **roseaux** n.m. reeds
dépouillés stripped / **vent** n.m. wind / **nulle . . . ni** no . . . nor / **cependant** in the meantime / **ayant** having / **tirer** to fire / **fûmes** were / **apercevoir** to catch sight of / **approchèrent** approached
vives lively / **marques** n.m. signs
découvert seen / **côté** n.m. side / **colline** n.f. hill

ciel n.m. heaven

s'empressaient were eager

état n.m. condition

partager to share / **misère** n.f. misery
prîmes took
découvrir to find out / **avançant** drawing nearer
vanté praised / **jusqu'alors** until then / **n'. . . qu'** only

parut appeared / **hauteur** n.f. elevation

sa situation. Elle est défendue par quelques **ouvrages** de terre, **autour desquels règne un large fossé**.

Nous fûmes **d'abord** présentés à lui. Il **s'entretint** longtemps en secret avec le capitaine, et, **revenant** ensuite à nous, il **considéra**, l'une après l'autre, toutes les filles qui étaient arrivées par le **vaisseau**. Elles étaient au nombre de trente, **car** nous en avions trouvé au Havre une autre **bande**, qui s'était jointe à **la nôtre**. Le Gouverneur, les ayant longtemps examinées, **fit appeler divers** jeunes gens de la ville qui **languissaient** dans **l'attente** d'une **épouse**. Il **donna** les plus jolies aux principaux et le reste **fut tiré au sort**.

ouvrages n.m. embankments / **autour desquels** around which / **règne** extends / **large** wide / **fossé** n.m. ditch
d'abord first
s'entretint conversed
revenant returning / **considéra** carefully observed
vaisseau n.m. ship
car for, because
bande n.f. group / **la nôtre** ours / **fit appeler** had summoned / **divers** several / **languissaient** were pining, languishing / **attente** n.f. hope / **épouse** n.f. wife / **donna** gave / **fut** were / **tiré au sort** drawn for by lot

Prévost, Manon Lescaut, 96-198.

VUE DE LA NOUVELLE ORLÉANS EN 1719

« Les Iles ou quartiers des Bourgeois sont entourés d'eau pendant trois mois de l'année vu le débordement des eaux du fleuve depuis le 25 mars jusqu'au 24 juin. Devant la ville il y a une levée et par derrière un fossé et autres écoulements. »

Questionnaire:
1. Décrivez leur première vue du nouveau pays. L'Abbé Prévost n'a jamais vu le nouveau monde. Sa description est-elle juste?
2. Que fait le capitaine pour attirer les citoyens?
3. Décrivez l'accueil des voyageurs.
4. Des Grieux et Manon ont découvert que la ville était différente de ce qu'ils ont imaginé. Expliquez.
5. Décrivez la maison du Gouverneur.
6. De quoi le capitaine et le Gouverneur ont-ils parlé en secret?
7. Pourquoi les jeunes gens de la ville s'intéressaient-ils beaucoup à cette bande?
8. Comment a-t-on décidé le destin des jeunes filles?

A Smelly Situation

The French could not have named this animal more accurately.

La **Bête Puante** est aussi petite qu'un chat de huit mois: le **mâle** est d'un très beau noir, et la **femelle** aussi noire est **bardelée** de blanc. Son oeil est très **vif**; elle a l'oreille et la **patte** de la **souris**: je crois qu'elle ne **vit** que de fruits et de graines. Elle est **à juste titre** nommée puante, **car** son odeur infecte, et on la suit à la **piste** presque vingt-quatre heures **encore** après qu'elle a passé dans un **endroit. Comme** elle va lentement, **lorsqu'**elle **se sent poursuivie**, elle se tourne **du côté du chasseur**, et **darde** haut et loin une urine si puante qu'il n'est homme **ni** animal qui **ose** en approcher. Un jour j'en **tuai** une: mon chien **se jeta dessus**, et **revint** à moi en la **secouant**. Une **goutte** de son **sang**, et sans doute de son urine, **tomba** sur mon **habit**, qui était de **coutil de chasse**, et m'en **empesta** si fort, que je **fus contraint** de retourner chez moi au plus vite changer de vêtement, et me laver de la tête aux pieds. Pour l'habit il **fallut** lui faire une **lessive exprès**, et l'exposer quelques jours à la **rosée** pour lui faire perdre sa détestable odeur. J'avais voulu **tuer** cette bête pour l'examiner de près, mais ce commencement d'opération me **rebuta** au point que je ne désirai plus en savoir **davantage**.

bête n.f. animal / **puante** stinking
mâle n.m. male
femelle n.f. female / **bardelée** striped
vif keen / **patte** n.f. paw / **souris** n.f. mouse
vit lives
à juste titre rightly / **car** because
piste n.f. trail
encore still
endroit n.m. place / **comme** since / **lorsqu'** when / **se sent** feels / **poursuivie** pursued / **du côté du** toward / **chasseur** n.m. hunter / **darde** shoots out / **n'** ... **ni** neither ... nor / **ose** dares / **tuai** killed / **se jeta dessus** pounced on (it) / **revint** returned / **secouant** shaking / **goutte** n.f. drop / **sang** n.m. blood / **tomba** fell / **habit** n.m. clothes / **coutil de chasse** n.m. duck fabric / **empesta** caused to stink / **fus** was / **contraint** compelled / **fallut** was necessary / **lessive** n.f. wash / **exprès** special / **rosée** n.f. dew

tuer to kill

rebuta repulsed

davantage any more

Du Pratz, 1758, II:97-98.

Questionnaire:
1. Quels sont les deux animaux auxquels Du Pratz compare la Bête Puante?
2. Pourquoi mérite-t-elle son nom?
3. Si on la poursuit, que fait-elle?
4. Qu'est-ce que le chien a fait pour empester l'habit de Du Pratz?
5. Qu'est-ce qu'il a fait pour faire partir l'odeur?
6. Pourquoi a-t-il tué la Bête Puante?
7. A-t-il fini son projet?

High Risk for Malpractice (1722)

The Indians had no need for medical malpractice insurance, for there were no repeat offenses.

J'ai **appris** que ce même chef de guerre des **Colapissas** descendait à la Nouvelle Orléans pour faire **présent** à Mr. Bienville de **poules** et **blé d'Inde** à cette fin: qu'il permette à sa nation de prendre le **médium** du village des **Ouachas demeurant** aux terres distant de dix **lieues** de la Nouvelle Orléans, qui [le chef de guerre] a voulu **guérir** Le grand chef des Colapissas. Et au contraire lui a mis dans le **corps** des **dents** de serpents et autres choses mauvaises. C'est l'opinion de ces Sauvages, Il est à **remarquer**, que lorsqu'un médium **parmi** eux **entreprend** un malade et qu'il ne le guérit pas, ils le **tuent**.

appris learned

Colapissas Acolapissa Indians

présent n.m. gift, present / **poules** n.f. hens / **blé d'Inde** n.m. Indian corn
médium n.m. medecine man / **Ouachas** Ouacha Indians / **demeurants** living / **lieue** n.f. league (2.5 miles) / **guérir** to cure

corps n.m. body / **dents** n.f. teeth, fangs

remarquer to notice / **parmi** among
entreprend takes (as a patient) / **tuent** kill

J.-B. d'Artaguiette Diron, journal, 1722-1723, C13c, 2:212v.

Questionnaire:
1. Quels présents le chef de guerre a-t-il offerts à Bienville?
2. Pourquoi les a-t-il offerts?
3. Qui était malade? Qu'est-ce que le médium a mis dans son corps?
4. Qu'est-ce qui se passe si un médium ne guérit pas le malade?

Du Pratz's very odd illustration of a skunk.

The Black Code (1724)

The Louisiana *Code Noir* of 1724, the legal code regulating the treatment of slaves, was modelled after the 1685 code which applied to the West Indies. Its fifty-five articles were to govern, among other things, the buying and selling of slaves, their marriage, the status of their children, commercial activities of slaves, as well as punishment for crimes.

Le Code Noir (1724)

ou

Edit du Roi, servant de règlement pour le gouvernement et l'administration de la justice, police, discipline et le commerce des **esclaves** Nègres dans la Province et Colonie de Louisianne.

esclaves n.m./f. slaves

Donné à Versailles au mois de mars 1724

Louis par la grâce de Dieu, Roi de France et de Navarre: A tous présents et à venir, Salut. Les Directeurs de la Compagnie des Indes nous ayant représenté que la Province et Colonie de la Louisianne est considérablement établie par un grand nombre de nos Sujets, lesquels se servent d'esclaves Nègres pour la culture des terres; Nous avons jugé qu'il était de notre authorité et de notre justice, pour la conservation de cette Colonie, d'y établir une loi et des règles certaines, pour y maintenir la discipline de l'Eglise Catholique, Apostolique et Romaine, et pour ordonner de ce qui concerne l'état et la qualité des esclaves dans **lesdites** îles. Et désirant y pouvoir, et faire connaître à nos Sujets qui y sont habitués et qui s'y établiront à **l'avenir**, qu'encore qu'ils habitent des climats **infiniment éloignés**, nous leur sommes toujours présents par l'**étendue** de notre **puissance**, et par notre application à les **secourir**;

lesdites the said

à l'avenir in the future
infiniment extremely /
éloignés distant

étendue n.f. extent / **puissance** n.f. power
secourir to help

✤

Article Premier.

L'**édit** du **feu** Roi Louis XIII. de glorieuse mémoire, du 12. Avril 1615. sera **exécuté** dans notre

édit n.m. edict / **feu** deceased
exécuté carrried out

122

Province et Colonie de la Louisianne; **ce faisant, enjoignons** aux Directeurs généraux de ladite Compagnie, et à tous nos officiers, de chasser du **dit pays** tous les Juifs qui peuvent y avoir établi leur résidence, auxquels, comme aux ennemis déclarés du nom chrétien, nous commandons d'en sortir dans trois mois, à compter du jour de la publication des **Présentes, à peine** de confiscation de corps et de **biens.**

ce faisant having done that

enjoignons we instruct

dit pays said country

présentes n.f. present document [the Black Code] / *à peine* under penalty / *biens* n.m. belongings

❧

II

Tous les esclaves qui seront dans notredite Province, seront instruits dans la Religion Catholique, Apostolique et Romaine, et baptisés: ordonnons aux habitants qui achèteront des Nègres nouvellement arrivés, de les faire instruire et baptiser dans le temps **convenable**, à peine d'**amende** arbitraire; enjoignons aux Directeurs généraux de ladite Compagnie, et à tous nos Officiers, d'y **tenir** exactement **la main.**

convenable suitable / *amende* n.f. fine

tenir . . . la main uphold

❧

VII

Les solemnités préscrites par l'Ordonnance de Blois, et par la Déclaration de 1639. pour les mariages, seront observées, **tant à l'égard des** personnes libres **que** des esclaves; sans néanmoins que le consentement du père et de la mère de l'esclave y **soit** nécessaire, mais celui [le consentement] du maître seulement.

tant à l'égard des . . . que as much with regard to . . . as

soit being

❧

VIII

Défendons très expressément aux Curés de procéder aux mariages des esclaves, s'ils ne **font apparoir** du consentement de leurs maîtres: Défendons aussi aux maîtres d'user d'aucunes contraintes sur leurs esclaves pour les marier contre leur **gré.**

défendons we forbid

font apparoir show

gré n.m. will

❧

IX

Les enfants qui **naîtront** des mariages entre les esclaves, seront esclaves et **appartiendront** aux maîtres des femmes esclaves, et non à ceux de leurs maris, si les maris et les femmes ont des maîtres différents.

naîtront will be born

appartiendront will belong

XXI

Les esclaves **infirmes** par vieillesse, maladie ou autrement, **soit que** la maladie **soit** incurable ou non, seront nourris et **entretenus** par leurs maîtres; et en cas qu'ils les **eussent** abandonnés, lesdits esclaves seront **adjugés** à l'Hôpital le plus proche, auquel les maîtres seront condamnés de payer huit **sols** par chacun jour pour la nourriture et **entretien** de chacun esclave; pour le payement de laquelle somme, ledit Hôpital aura privilège sur les habitations des maîtres, **en quelques** mains qu'elles passent.

infirmes weak; feeble

soit que whether / **soit** is

entretenus maintained

eussent have

adjugés legally awarded

sols n.m. copper coin worth 5 centimes [sou] / **entretien** n.m. upkeep

en quelques no matter whose

XXIV

Ne pourront les esclaves être **pourvus** d'offices ni de commission ayant quelque fonction publique, ni être **constitués** agent par autres que par leurs maîtres, pour **gérer** et administrer aucun **négoce**, ni être arbitres ou experts: ne pourront aussi étre **témoins, tant** en matières civiles **que** criminelles, à moins qu'ils ne **soient** témoins nécessaire, et seulement **à défaut de** Blancs: mais dans aucun cas ils ne pourront servir de témoins pour ou contre leurs maîtres.

pourvus assigned

constitués appointed

gérer to manage

négoce n.m. business **témoins** n.m. witnesses / **tant ... que** as much for ... as / **soient** are

à défaut de for want of

XXX

Les **vols** de **moutons, chèvres, cochons, volailles,** grains, **fourrage,** pois, fèves, ou autre légumes et **denrées,** fait par les esclaves, seront punis selon la qualité du vol par les juges, qui pourront, **s'il y échoit,** les condamner d'être battus de **verges** par

vols n.m. thefts / **moutons** n.m. sheep / **chèvres** n.f. goats / **cochons** n.m. pigs / **volailles** n.f. poultry / **fourrage** n.m. fodder / **denrées** n.f. produce / **s'il y échoit** if it comes to that / **verges** n.f. rods

l'exécuteur de la haute justice, et **marqués** d'une Fleur-de-Lys.

marqués branded

XXXII

   L'esclave fugitif qui aura été en **fuite** pendant un mois, à compter du jour que son maître l'aura **dénoncé** à justice, aura les oreilles coupées, et sera marqué d'une Fleur-de-Lys sur une épaule; et s'il **récidive** pendant un autre mois, à compter **pareillement** du jour de la dénonciation, il aura le **jarret** coupé, et il sera marqué d'une Fleur-de-Lys sur l'autre épaule; et la troisième fois, il sera puni de mort.

fuite n.f. flight

dénoncé informed against

récidive repeats the offense / **pareillement** likewise / jarret n.m. hamstring

Le Code Noir, L'Imprimerie Royale, Paris, 1727.

Questionnaire:
1. Le premier article ne mentionne pas d'esclaves. De quel peuple parle-t-on? Qu'est-ce que les Directeurs doivent faire?
2. Expliquez les ordonnances en ce qui concerne la religion et le mariage.
3. Si les maîtres ne soignent pas les malades et les vieux, quelle sera leur punition?
4. Quelle est la punition des esclaves qui font des vols?
5. Les esclaves fugitifs risquaient des punitions atroces. Expliquez les possibilités affreuses.

A drawing taken from the plans for a hospital for slaves in New Orleans drawn by Alexandre De Batz.

Composition:
Comparez et contrastez la condition des esclaves sur le Mississippi en 1724 à leur condition en 1860. Peut-on trouver des conditions similaires dans le monde d'aujourd'hui? Expliquez.

Treatment of African Slaves

Du Pratz, who was himself the manager of a concession, offered advice on the treatment of black slaves because they were so important to the success of agriculture in the colony.

Les Nègres faisant tous les travaux de l'agriculture, surtout de la Basse-Louisiane, il me paraît très important de dire à leur sujet tout ce qui peut instruire les personnes qui **voudraient** s'y aller établir.

voudraient would like

Les Nègres sont une **espèce** d'hommes qu'il faut **gouverner autrement** que les Européens, non pas parce qu'ils sont noirs, ni parce qu'ils sont esclaves, mais parce qu'ils pensent tout autrement que les Blancs.

espèce n.f. kind

gouverner to manage / **autrement** differently

Premièrement on les **prévient dès** l'enfance que les Blancs ne les achètent que pour boire leur **sang;** ce qui vient de ce que les premiers Nègres qui ont vu les Européens boire du vin de Bordeaux, se sont imaginés que ce vin était du sang, parce qu'il est d'un rouge **foncé**, de sorte qu'il n'y a que l'expérience du contraire qui **puisse** les dissuader; mais comme il **ne** revient **aucun** de ces esclaves **expérimentés** dans leur pays, le **même préjugé** reste toujours en Guinée, d'où on les **tire**. Bien des gens qui **ne** sont **point au fait** de la manière de penser des Nègres, **croiraient** que cet avis **importerait** peu pour ceux qui sont déjà vendus chez les Français. **Cependant** l'on en a vu arriver de **fâcheuses suites**, surtout s'ils ne trouvent aucun **ancien** esclave de leurs pays en **arrivant** de chez eux. Quelques-uns d'eux **se sont tués** ou **noyés**, plusieurs ont déserté, (ce que l'on nomme **se rendre marron**) et cela dans l'appréhension qu'on ne **bût** leur sang. Dans ce cas de désertion ils pensent retourner dans leur pays et pouvoir vivre dans les bois avec les fruits qu'ils croient **partout** aussi communs que chez eux; **d'ailleurs** ils croient qu'ils

prévient warns / **dès** from as early as
sang n.m. blood

foncé dark

puisse can

ne . . . aucun none

expérimentés experienced / **même** same / **préjugé** n.m. presumption / **tire** takes out / **ne . . . point** / not / **au fait** well-informed / **croiraient** would believe / **importerait** would matter
cependant yet
fâcheuses suites n.f. unfortunate consequences / **ancien** old / **arrivant** arriving
se sont tués have killed themselves / [**se sont**] **noyés** have drowned themselves / **se rendre** to become / **marron** runaway [slave] / **bût** would drink

partout everywhere

d'ailleurs moreover

trouveront leur nation en **tournant autour de** la mer, ce qui n'est pas **surprenant**, ces peuples **étant** très **bornés du côté des** sciences.

Du Pratz, I:335-336.

tournant autour de going around
surprenant surprising / **étant** being
bornés limited / **du côté des** concerning

Quand un Nègre ou Négresse arrive chez vous, il est à propos de le **caresser**, de lui donner quelque chose de bon à manger avec un **coup d'eau de vie**; il est bon de l'habiller dès le même jour, de lui donner une couverture et de quoi le coucher; je suppose que les autres ont été **traités** de même, parce que ces marques d'humanité les **flattent** et les attachent à leurs maîtres. S'ils sont fatigués ou **affaiblis** de quelques voyages ou maladies, faites-les travailler peu, mais occupez-les toujours **tant** qu'ils peuvent le **supporter**, sans les laisser jamais **oisifs hors** des repas. **Ayez soin** d'eux dans leurs maladies, tant pour les remèdes que pour les **aliments**, qui doivent être plus **succulents** que ceux **dont** ils **usent** ordinairement; vous y êtes intéressé, tant pour leur conservation que pour vous les attacher; car **quoique** plusieurs Français disent que les Nègres sont **ingrats**, j'ai **éprouvé** qu'il est très **aisé** de se les rendre affectionnés par les bonnes **façons**, et en leur **faisant** justice, comme je le dirai **ci-après**.

Du Pratz, I:340-341.

caresser to pamper
coup d'eau de vie n.m. drink of brandy

traités treated
flattent please

affaiblis weakened
tant as much
supporter to stand
oisifs unoccupied / **hors** except for / **ayez soin** take care
aliments n.m. nourishment / **succulents** rich
dont which / **usent** consume

quoique although
ingrats ungrateful / **éprouvé** experienced / **aisé** easy
façons n.f. treatment / **faisant** doing
ci-après hereafter

Questionnaire:
1. Du Pratz, comme les autres Européens, se sentait supérieur aux Nègres, mais son explication de leur manière de penser était plus compatissante que celle d'ordinaire. Commentez son explication. Voyez-vous des motifs ignobles dans sa compassion?
2. Selon du Pratz, pourquoi les Nègres avaient-ils peur des Français? Quelles suites extrêmes a-t-il vues causées de cette crainte?
3. Quelles mesures a-t-il recommandées dès l'arrivée d'un esclave?
4. En lisant ces recommandations, on peut voir une attitude méprisable. Ces mêmes recommandations sont applicables aux bons soins d'un animal domestique. Commentez cette comparaison.

Christian Priest Describes a Natchez Funeral

The Natchez dead of high rank were accompanied into the *pays des âmes* by family members and servants. Infants were sometimes sacrificed as well for the sake of their parents. The priest Father Charlevoix, traveling in the North American colonies to report on them to the king, recorded a description of these funeral ceremonies, although he did not actually witness them.

Lorsque le Chef, ou la Femme-Chef meurent, tous les **Allouez** sont obligés de les suivre en l'autre monde. Mais ils ne sont pas les seuls qui ont cet honneur: **car** c'en est un, et qui est fort **recherché**. Il y a **tel** Chef, **dont** la mort **coûte** la vie à plus de cent personnes, et on m'a assuré qu'il **meurt** peu de Natchez considérables, à qui **quelques-uns** de leurs parents, de leurs amis, ou de leurs serviteurs ne **fassent** pas **cortège** dans le Pays des **Ames**. Il paraît par les diverses **relations** que j'ai vues de ces horribles cérémonies, qu'elles **varient** beaucoup. En voici une des **obsèques** d'une Femme-Chef, que je **tiens** d'un voyageur, qui en **fut témoin**, et sur la sincérité **duquel** j'ai **tout lieu de** compter.

Le mari de cette Femme n'**étant** pas noble, c'est à dire de la Famille du Soleil, son fils **aîné** l'**étrangla**, **selon** la **coutume**; on **vida** ensuite la cabane de tout ce qui y était, et on y **construisit** une **espèce** de **Char** de Triomphe, où le corps de la **Défunte** et **celui** de son **époux furent** placés. Un moment après on **rangea autour** de ces cadavres douze petits enfants, que leurs parents avaient aussi étranglés par ordre de l'aînée des filles de la Femme-Chef, et qui* **succédait** à la dignité de sa Mère. Cela fait, on **dressa** dans la place publique quatorze **échafauds ornés** de branches d'arbres et de **toiles**, sur lesquelles on avait **peint** différentes figures. Ces échafauds étaient destinés pour **autant**

allouez n.m. (alloués) Honored Men, dignitaries

car because / recherché sought after

tel such a / dont whose / coûte cost / meurt die

quelques-uns some

fassent make / cortège n.m. procession / âmes n.f. souls / relations n.f. accounts / varient vary

obsèques n.f. funeral
tiens have / fut was / témoin n.m. witness
duquel of which / tout lieu de good reason to / étant being
aîné eldest

étrangla strangled / selon according to / coutume n.f. custom / vida emptied / construisit constructed / espèce n.f. kind / char n.m. chariot / défunte n.f. dead (woman) / celui the one / époux n.m. husband / furent were / rangea arranged / autour around
succédait inherited

dressa erected

échafauds n.m. scaffolds / ornés decorated
toiles n.f. canvases / peint painted / autant as many

*who—oldest daughter of the *Femme-Chef.*

de personnes, qui devaient accompagner la Femme-Chef dans l'autre Monde. Leurs parents étaient tout autour d'elles, et regardaient comme un grand honneur pour leurs familles la permission, qu'elles avaient **eue**, de se sacrifier ainsi. On **s'y prend** quelquefois dix ans **auparavant** pour obtenir cette grâce, et il faut que **ceux**, ou **celles**, qui l'ont obtenue, **filent** euxmêmes la corde, avec laquelle ils doivent être étranglés.

Ils paraissent sur leurs échafauds **revêtis** de leurs plus riches **habits**, **portant** à la main droite une grande **coquille**. Leur plus proche **parent** est à leur droite, **ayant** sous son bras gauche la corde, qui doit servir à l'exécution, et à la main droite un **casse-tête**. De temps en temps il fait le **cri** de mort, et à ce cri les quatorze victimes descendent de leurs échafauds et vont danser tous ensemble, au milieu de la place, devant le Temple et devant la cabane de la Femme-Chef. On leur rend ce jour-là et les suivants de grands respects. Ils ont **chacun** cinq domestiques, et leur visage est peint en rouge. Quelques-uns **ajoutent** que pendant les huit jours, qui précèdent leur mort, ils portent à la jambe un **ruban** rouge, et que pendant tout ce temps-là c'est à qui les **régalera**. **Quoi qu'il en soit**, dans l'occasion dont je parle, les pères et les mères, qui avaient **étranglé** leurs enfants, les **prirent** entre leurs mains, et se **rangèrent** des deux **côtés** de la cabane. Les quatorze personnes, qui étaient aussi destinées à mourir, s'y **placèrent** de la même manière, et ils étaient suivis de parents et des amis de la Défunte, tous en **deuil**, c'est à dire, les cheveux coupés. Tous faisaient **retentir** les **airs** de cris si **affreux**, qu'on **eût** dit que tous les **Diables** étaient sortis des **Enfers** pour venir **hurler** en cet **endroit**. Cela fut suivi de danses de la part de ceux qui devaient mourir, et de chants de la part des parents de la Femme-Chef.

Enfin on **se mit en marche**. Les pères et mères, qui portaient leurs enfants morts, **paraissaient** les

eue had
s'y prend begins work on it / **auparavant** before
ceux those men / **celles** those woemn / **filent** spin

revêtis dressed
habits n.m. clothes / **portant** carrying
coquille n.f. shell / **parent** n.m. relative
ayant having

casse-tête n.m. club, tomahawk / **cri** n.m. shout, cry

chacun each

ajoutent add

ruban n.m. ribbon
régalera will entertain, will treat / **quoi qu'il en soit** be that as it may

étranglé strangled / **prirent** took
rangèrent lined up **côtés** n.m. sides

placèrent placed

deuil n.m. mourning
retentir to reverberate / **airs** n.m. air
affreux frightful / **eût** would have / **diables** n.m. devils / **enfers** n.m. hell / **hurler** to howl / **endroit** n.m. place

se mit en marche started walking
paraissaient appeared

129

premiers, **marchant** deux à deux, et précédaient immédiatement le **brancard** où était le corps de la Femme-Chef, que quatre hommes portaient sur leurs **épaules**. Tous les autres venaient après dans le même ordre que les premiers. De dix pas en dix pas, ceux-ci **laissaient** tomber leurs enfants par terre; ceux qui portaient le brancard marchaient dessus, puis tournaient tout autour d'eux, **en sorte que** quand le **convoi arriva** au temple, ces petits corps étaient en pièces.

Tandis qu'on **enterrait** dans le temple le corps de la Femme-Chef, on **déshabilla** les quatorze personnes qui devaient mourir. On les **fit** asseoir par terre devant la porte, chacun ayant deux sauvages, **dont** l'un était **assis** sur les **genoux**, et l'autre lui **tenait** les bras par derrière. On leur **passa** une corde au **col**. On leur **couvrit** la tête d'une **peau de chevreuil**. On leur fit **avaler** trois **pilules** de tabac, et boire un verre d'eau, et les parents de la Femme-Chef **tirèrent** des deux côtés les cordes en **chantant**, jusqu'à ce qu'ils **fussent** étranglés. Après quoi on **jeta** tous ces cadavres dans une même **fosse**, qu'on couvrit de terre.

Quand le Grand Chef **meurt**, s'il a encore sa **nourrice**, il faut qu'elle meure aussi. Mais il est arrivé plusieurs fois que les Français, ne **pouvant empêcher** cette barbarie, ont obtenu la permission de baptiser les petits enfants qui devaient être étranglés, et qui **par conséquent** n'accompagnaient pas ceux, en l'honneur **desquels** on les **immolait**, dans leur **prétendu** Paradis.

marchant walking
brancard n.m. litter

épaules n.f. shoulders

laissaient let

en sorte que such that / convoi n.m. procession / arriva arrived

enterrait buried
déshabilla undressed

fit had, caused

dont of whom / assis seated / genoux n.m. knees / tenait held / passa put / col n.m. neck / couvrit covered / peau n.f. skin / chevreuil n.m. deer / avaler to swallow / pilules n.f. pills
tirèrent pulled / chantant chanting
fussent were

jeta threw / fosse n.f. grave

meurt dies
nourrice n.f. wet-nurse

pouvant being able to

empêcher to prevent

par conséquent consequently
desquels of whom
immolait sacrificed / prétendu so-called

Charlevoix, VI:178-81.

Questionnaire:
1. Après le mort du Chef ou la Femme-Chef, qui les suit en l'autre monde?
2. Dans cette description des obsèques d'une Femme-Chef, qu'est-ce qui est arrivé à son époux?
3. Qui a ordonné que les parents étranglent les douze enfants?
4. Décrivez les échafauds. A combien de personnes destine-t-on ces échafauds?

5. Combien d'années peut-on attendre pour obtenir cette permission de se sacrifier?
6. Décrivez ces personnes sur les échafauds. Que portent leurs plus proches parents?
7. Chaque fois qu'ils entendent le cri de mort, que doivent-ils faire?
8. Quelle est l'attitude générale envers ces quatorze personnes?
9. Qui fait partie de la procession? Où s'est placée chaque personne?
10. Décrivez les bruits de la procession.
11. Pendant la procession, que fait-on aux enfants morts?
12. Décrivez la mort des quartorze personnes honorées.
13. Les Français ne pouvaient pas empêcher les morts des enfants; donc, qu'ont-ils demandé de faire?

Left: This illustration depicts some of the ceremonial acts described by Charlevoix.

Below: A sketch map of the French concessions and the Indian settlements at Natchez before 1729, mostly located along the Mississippi River tributary now known as St. Catherine's Creek.

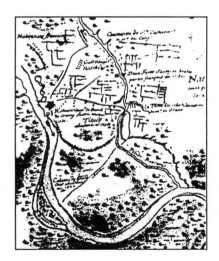

Composition:
C'est le Père Charlevoix qui a décrit cette cérémonie. Dans la dernière phrase on peut voir son opinion sur le Paradis des Natchez. Expliquez-la et cherchez d'autres mots dans les paragraphes précédants qui révèlent son attitude envers cette cérémonie.

Serpent Piqué Regrets the Coming of the French (1724)

As more French settlers came to the Natchez region, the Natchez Indians' crops were damaged and French livestock disappeared. In 1723 a French soldier killed a Natchez man, and in return several French settlers were killed. Bienville led a retaliatory expedition against the Natchez. The selection here gives a rare glimpse of the thoughts of the Natchez themselves about these events. Reported by Antoine Simon Le Page Du Pratz, a Frenchman who lived among the Natchez for eight years, it records the response of his friend Serpent Piqué,* war chief of the Natchez and brother of the Grand Soleil, to Du Pratz's accusation of Natchez ill-will toward the French. The numbered footnotes are from Du Pratz's own text.

Pourquoi, continua-t-il **d'un air chagrin**, pourquoi les Français sont-ils venus dans notre Terre? Nous ne sommes point allés les chercher: ils nous ont demandé de la terre, parce que celle de votre pays était trop petite, pour tous les hommes qui y étaient. Nous leur avons dit qu'ils pouvaient prendre de la terre où ils **voudraient**, qu'il y en avait assez pour eux et pour nous, qu'il était bon que le même Soleil nous **éclairât**, que nous **marcherions** par le même chemin[1], que nous leur **donnerions** de ce que nous avions pour vivre, que nous les **aiderions** à se **bâtir**, et à faire des **champs**; nous l'avons fait, cela n'est-il pas vrai?

Quel besoin avions-nous des Français? Avant eux ne vivions-nous pas mieux que nous ne faisons, **puisque** nous **nous privons** d'une partie de notre blé[2], du **gibier** et du poisson que nous **tuons** pour leur en faire part? En quoi donc avions-nous besoin d'eux? Etait-ce pour leurs **fusils**? Nous nous servions de nos **arcs** et de nos **flèches** qui

d'un air chagrin with an air of grief

voudraient would like

éclairât shined on / **marcherions** would walk

donnerions would give

aiderions would help / **bâtir** to build / **champs** n.m. fields

puisque seeing that / **nous privons** deprive ourselves
gibier n.m. game

tuons kill

fusils n.m. guns
arcs n.m. bows / **flèches** n.f. arrows

*piqué tattooed
[1]Ces expressions signifient la bonne intelligence.
[2]Ce mot se prend simplement pour signifier le **maïs**, qui est la principale nourriture que le pays produit, et **duquel** on se sert, **faute de froment**.

maïs n.m. Indian corn
duquel which
faute de froment for lack of wheat

suffisaient pour nous faire bien vivre: était-ce pour leurs **couvertes** blanches, bleues ou rouges? Nous nous passions avec des **peaux** de boeufs qui sont plus chaudes; nos femmes travaillaient à des couvertes de plumes pour l'hiver, et d'**écorce** de **mûriers** pour l'été, cela n'était pas si beau; mais nos femmes étaient plus laborieuses et moins **glorieuses** qu'elles ne sont. Enfin, avant l'arrivée des Français nous vivions comme des hommes qui savent **se passer** avec ce qu'ils ont; **au lieu qu'**aujourd'hui nous marchons en **esclaves** qui ne font pas ce qu'ils veulent.

[Du Pratz parle:] A ce **discours auquel** je ne m'étais point **attendu**, je ne sais ce qu'un autre **aurait** répondu; mais j'**avoue** sincèrement que si à mes premières **paroles** il avait **paru** embarrassé, je l'étais à mon **tour**. Mon coeur, lui **répondis-je**, entend mieux tes raisons que mes oreilles, quoiqu'elles en **soient** pleines; et **quoique** j'**aie** une **langue** pour répondre, mes oreilles n'ont point entendu les raisons de M. de Bienville pour te les dire; mais je sais qu'il **fallait** avoir la tête qu'il a demandée pour avoir la **Paix**. Quand nos Chefs nous commandent, nous ne demandons pas pourquoi: je ne te puis dire autre chose . . .

couvertes n.f. blankets
peaux n.f. skins

écorce n.f. bark
mûriers n.m. mulberry trees

glorieuses vain

se passer to get along / **au lieu qu'** whereas
esclaves n.m./f. slaves

discours n.m. speech / **auquel** which / **attendu** expected
aurait would have / **avoue** admit
paroles n.f. words / **paru** appeared / **tour** n.m. turn
répondis-je I answered

soient are / **quoique** although / **aie** have / **langue** n.f. tongue

fallait was necessary
paix n.f. peace

Du Pratz, 1758, I:203-05.

Questionnaire:
1. Selon le Serpent Piqué pourquoi les Français sont-ils venus dans leur terre?
2. Les Natchez leur ont donné de la terre. Quelles autres choses ont-ils faites pour les Français?
3. De quoi les Natchez se privent-ils pour les Français?
4. Ont-ils besoin des fusils des Français? Expliquez.
5. Pourquoi n'ont-ils pas besoin de couvertures blanches, bleues et rouges?
6. Quelle est la condition des Natchez maintenant (selon le Serpent Piqué)?
7. Pourquoi Du Pratz était-il embarrassé?
8. Pourquoi a-t-il mentionné Bienville?

The Promise of Rice (1725)

Here Bienville praises one of the few agricultural successes of the colony: rice. It would provide, he thought, a nice division of labor between family farms and agribusiness.

Les **récoltes** de riz qu'on a faites depuis trois ans ont été abondantes. Je ne puis croire qu'**il y ait** un terrain au monde qui y **soit** plus propre; il demande même fort peu de **soin** et fort peu de travail. Cette dernière année que les eaux du fleuve ont demeuré fort longtemps sur la terre, on a risqué de **semer** de riz dans l'eau même. Les eaux n'ont pas été **plutôt écoulées** qu'il a poussé avec tant de vigueur que la plupart de ceux qui l'ont ainsi risqué en **auront fait** une récolte abondante. J'**avoue** que ce n'est pas un grand retour pour France, mais c'est une grande **douceur** pour la Colonie et ce sera la richesse du petit habitant, qui en trouvera **aisément** le **débit**, tandis que les gros habitants assez forts pour lever les **indigoteries** s'appliqueront uniquement et ne **détourneront** pas leurs forces à faire pour la subsistance de leurs Nègres et de leurs **bestiaux** des provisions de grains qu'ils trouveront sûrement **ailleurs**.* Il n'y a point de mauvaises années à craindre pour le riz après ce que nous avons vu ces trois dernières années; il réussit parfaitement bien pour toute la Colonie surtout depuis les Natchez, jusqu'au bas du fleuve où le pays est le plus aquatique. Les terres en haut **paraissent** plus propres pour les autres grains comme **froment**, **seigle**, **orge** et **avoine** et qui y viendront avec **d'autant plus** d'abondance que les habitants y auront plus d'esclaves pour y cultiver la terre avec le soin que demande la culture de ces sortes de grains.

récoltes n.f. harvests

il y ait there could be
soit is

soin n.m. care

semer to sow

plutôt sooner

écoulées flowed away

auront fait shall have had

avoue admit

douceur n.f. advantage

aisément easily / **débit** n.m. market

indigoteries n.f. indigo factories
détourneront will divert

bestiaux n.m. livestock

ailleurs elsewhere

paraissent appear

froment n.m. wheat / **seigle** n.m. rye / **orge** n.f. barley / **avoine** n.f. oats / **d'autant plus d'** so much the greater

Bienville, Memoire, 1725,
C13c, 1, 403.

*That is, by purchasing them from the smaller farmers.

Du Pratz's illustration of a rice plant.

Questionnaire:
1. D'après Bienville, le riz est-il difficile à cultiver?
2. Expliquez le succès inattendu de la dernière année quand les eaux du fleuve ont demeuré longtemps sur la terre.
3. Quel avantage le gros habitant peut-il trouver dans cette situation?
4. Où se trouve les terres qui sont les plus convenables pour la culture de riz?
5. Où doit-on cultiver les autres graines?

Composition:
Comparez la culture moderne de riz à celle de la Colonie.

The flying squirrel as illustrated by Du Pratz (left) and in the Encyclopédie *(right).*

Flying Squirrels

Woodland squirrels were plentiful and familiar to the colonists, but one species was markedly different from the European varieties they knew.

Les **écureuils** de la Louisiane sont faits comme **ceux** de France. Il y en a de quatre **espèces** principales. Les écureuils suisses sont les plus gros et les plus beaux; ils sont plus gros que ceux de notre continent et ont le **poil barré** de petites **bandes jaunâtres**, et le **fond tirant** beaucoup **sur** le rouge. Un écureuil d'une autre espèce est **celui** qui ressemble parfaitement aux **nôtres**, si ce n'est qu'il a le poil plus brun. Il y en a d'une troisième espèce que l'on nomme écureuils **volants, ainsi** nommés parce qu'ils **sautent** d'un arbre à l'autre à la distance de vingt-cinq à trente pieds et plus. Leur poil est d'un [couleur] **cendré foncé**. Cet animal est de la **grosseur** d'un rat: ses **pattes** de derrière **tiennent** à **celles** devant par deux membranes, qui le **soutiennent** en l'air lorsqu'il saute, **de sorte qu'**il **paraît voler**; mais il va toujours en **baissant**. La **queue** qui est **plate**, lui sert de **gouvernail** dans sa route. Ses yeux sont gros et son poil est brun et assez joli. Cet animal est très facile à **apprivoiser**; **cependant** lorsqu'on veut **garder chez soi**, il est bon de les attacher avec une petite chaîne.

écureuils n.m. squirrels
ceux those / **espèces** n.f. kinds

poil n.m. fur / **barré** striped / **bandes** n.f. stripes / **jaunâtres** yellowish / **fond** n.m. background / **tirant . . . sur** tending toward / **celui** the one / **nôtres** ours

volants flying / **ainsi** so
sautent jump

cendré ashy / **foncé** dark **grosseur** n.f. size / **pattes** n.f. paws / **tiennent** are attached / **celles** those **soutiennent** support / **de sorte qu'** so that / **paraît** seems / **voler** to fly / **baissant** losing altitude **queue** n.f. tail / **plate** flat / **gouvernail** n.m. rudder

apprivoiser to tame **cependant** however / **garder** to keep / **chez soi** at one's home

Du Pratz, II:98-99.

Questionnaire:
1. Quelles sont les couleurs des différentes espèces d'écureuil trouvées en Amérique?
2. A quelle distance l'écureuil volant peut-il sauter?
3. Expliquez sa manière de voler.
4. Quelle est la différence entre le vol de cet écureuil et le vol d'un oiseau?
5. Comment peut-il déterminer le sens de son vol?
6. Si on apprivoise l'écureuil volant, va-t-il rester chez soi? Expliquez.

"Cannibals" at Fontainebleau (1725)

At different times Native Americans were taken to France, both to impress the French and to impress the Indians with the grandeur of France. On one such occasion at the grand castle of Fontainebleau, Voltaire took the opportunity to expand his ideas about human barbarity.

Tant d'auteurs anciens et modernes ont parlé d'anthropophages qu'il est difficile de les nier. Je vis, en 1725, quatre sauvages amenés du Mississipi à Fontainebleau. Il y avait parmi eux une femme de couleur cendrée comme ses compagnons; je lui demandai par l'interprête qui les conduisait si elle avait mangé quelquefois de la chair humaine; elle me répondit que oui, très-froidement, et comme à une question ordinaire. Cette atrocité si révoltante pour notre nature est pourtant bien moins cruelle que le meurtre . . . . La famine et la vengeance les ont accoutumés à cette nourriture; et quand nous voyons dans les siècles les plus civilisés le peuple de Paris dévorer les restes sanglants du Maréchal d'Ancre,* et le peuple de la Haie manger le coeur du grand-pensionnaire de Wit,† nous ne devons pas être surpris qu'une horreur chez nous passagère ait duré chez les sauvages.

tant so many
anthropophages n.m. cannibals / nier to deny / vis saw / amenés brought
parmi among
cendrée ashy
demandai asked / conduisait escorted / chair n.f. flesh
répondit answered

pourtant however
meurtre n.m. murder
accoutumés accustomed

restes n.m. remains / sanglants bloody / la Haie The Hague (Netherlands)

passagère short-lived / ait has / duré lasted

Voltaire, IV:444.

*The Maréchal d'Ancre was executed by Henri IV for political reasons.
†Jan de Witt, political leader of Holland, was torn to pieces by a mob in 1672.

Questionnaire:
1. Voltaire a trouvé de la preuve solide que l'anthropophagie existe. Expliquez.
2. Quel commentaire a-t-il fait sur la différence entre cette anthropophagie et le meurtre?
3. Quels sont les deux exemples d'une sorte d'"anthropophagie" dans le monde civilisé?

Choctaw Ball Game

The French were interested in all aspects of Native American life, and described Indian games in some detail. The Choctaws' *jeu de paume* bears no resemblance to a tennis match despite the name. They wore brilliant colors and were quite unrestrained in their aggressive team assaults, while at the same time preserving a sense of mutual respect and fair play.

Les Chactas sont très alertes et très **dispos**. Ils ont un jeu **semblable** à notre **longue paume, auquel** ils sont fort **adroits**; ils y invitent les villages voisins, en les **narguant** de mille **propos agaçants**, les uns plus que les autres. Les hommes et les femmes s'assemblent dans leurs plus belles **parures**; ils passent la **journée** à chanter et à danser; on danse même toute la nuit au son du **tambour** et du **chichikois**. Chaque village est distingué par un **feu particulier** qu'il allume au milieu d'une grande prairie; le jour qui **suit** est **celui** du jeu; ils **conviennent** d'un **but** qui est **éloigné** de 60 **pas** et désigné par deux grandes perches entre **lesquelles** il faut faire passer la balle. La partie est ordinairement en 16. Ils sont 40 contre 40, et tiennent **chacun** en main une raquette longue de deux pieds et demi; elle est à peu près de la même forme que les nôtres, faite de bois de **noyer**, ou de **châtaignier**, et **garnie** de **peau** de **chevreuil**.

Un **vieillard** jette en l'air, au milieu du jeu, une balle ou ballon fait de peau de chevreuil, roulées les unes sur les autres. Les joueurs alors courent **aussitôt** à qui **attrapera** la balle avec sa raquette; c'est un plaisir de voir ces joueurs, le corps **nu**, **peint** de toutes sortes de couleurs, **ayant** une **queue** de tigre attachée au derrière, et des **plumes** aux bras et sur la tête, qui **voltigent** en **courant**, ce qui fait un effet singulier; ils **se poussent, se culbutent** les uns les autres; celui qui a l'**adresse** d'attraper la balle, la **renvoie** à **ceux** de son parti; ceux du parti opposé courent contre celui qui a **saisi** la balle, la

dispos fit, nimble
semblable similar / **longue paume** n.f. open-air tennis / **auquel** at which / **adroits** skillful
narguant taunting / **propos** n.m. remarks / **agaçants** provoking

parures n.f. ornaments / **journée** n.f. day / **tambour** n.m. drum
chichikois n.m. hollow gourd rattle
feu n.m. fire / **particulier** individual / **suit** follows / **celui** the one / **conviennent** agree / **but** n.m. goal / **éloigné** distant / **pas** n.m. paces / **lesquelles** which

chacun each one

noyer n.m. walnut / **châtaignier** n.m. chestnut / **garnie** decorated / **peau** n.f. skin / **chevreuil** n.m. deer / **vieillard** n.m. old man

aussitôt immediately / **attrapera** will catch / **nu** naked
peint painted / **ayant** having / **queue** n.f. tail / **plumes** n.f. feathers
voltigent flutter / **courant** running
se poussent push each other / **se culbutent** knock each other down / **adresse** n.f. skill / **renvoie** throw back / **ceux** those / **saisi** seized

renvoyant au leur, à qui on la dispute, et ainsi réciproquement parti contre parti, ce que les uns et les autres font avec tant d'ardeur, que quelquefois il y a des épaules démises. Ces joueurs ne se fâchent jamais: des vieillards, qui assistent à ces jeux, se rendent les médiateurs, et concluent que le jeu n'est que pour se récréer, et non pour se quereller. Les paris sont considérables; les femmes parient contre d'autres femmes.

Quand les joueurs ont cessé, les femmes s'assemblent entr'elles, pour venger leurs maris perdants. La raquette dont elles se servent diffère de celle des hommes, en ce qu'elle est recourbée; elles ont beaucoup de dextérité; elles courent les unes contre les autres avec une grande vitesse, et se collettent comme les hommes, étant également mises, à l'exception de ce que la pudeur veut qu'on couvre. Elles ne se mettent du rouge qu'aux joues seulement, et du vermillon sur les cheveux au lieu de poudre.

Après avoir bien joué de part et d'autre toute la journée, chacun se retire chez soi avec sa gloire ou sa honte; mais sans rancune, se promettant de jouer une autre fois à qui mieux; c'est ainsi que tous les Sauvages, tant hommes que femmes, s'exercent à la course, aussi sont-ils fort alertes; j'en ai vu courir avec autant de vitesse qu'un cerf.

Bossu, 1768, II:100-103.

renvoyant throwing back

réciproquement mutually
tant so much

épaules n.f. shoulders / **démises** dislocated / **se fâchent** get angry / **assistent à** attend / **se rendent** become / **concluent** state / **se récréer** to have fun / **se quereller** to quarrel / **paris** n.m. bets / **parient** bet

cessé stopped
entr'elles among themselves / **venger** to avenge / **maris perdants** husbands who lost / **dont** which / **se servent** use / **celle** the one / **recourbée** curved

se collettent catch each other / **étant** being / **également** equally / **mises** dressed / **pudeur** n.f. modesty / **ne . . . qu'** only / **joues** n.f. cheeks / **vermillon** n.m. red pigment / **au lieu de** instead of / **poudre** n.f. powder

honte n.f. shame / **rancune** n.f. spite / **promettant** promising

tant hommes que femmes men as well as women

cerf n.m. stag

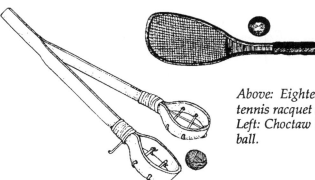

Above: Eighteenth-century French tennis racquet and ball.
Left: Choctaw ballsticks and leather ball.

George Catlin's sketch of a Choc-
taw ball game as played more
than a hundred years after
Bossu's observations.

Questionnaire:
 1. Qu'est-ce qui cause un fort sentiment de compétition entre les villages?
 2. Comment s'habillent les Chactas pour cette assemblée?
 3. Qu'est-ce qu'ils font le premier jour?
 4. Pendant le jeu où faut-il faire passer la balle?
 5. Décrivez la raquette.
 6. Comment commence le jeu?
 7. Décrivez le costume des joueurs.
 8. Expliquez le jeu (ce qu'ils font pour rattraper la balle, ce qu'ils font après avoir saisi la balle, etc.).
 9. Expliquez l'attitude des Chactas envers ce jeu.
10. Pourquoi les femmes s'assemblent-elles après le jeu?
11. Expliquez la différence entre les costumes des hommes et ceux des femmes.
12. Y a-t-il de l'animosité entre les joueurs? Expliquez.

Composition:
Comparez ce jeu ancien au tournoi de tennis ou qu jeu des Chactas modernes.

Causes of the Natchez Rebellion (1729)

Much of the information that we have today about the Natchez comes from Du Pratz, who lived in Louisiana for sixteen years and wrote in detail about the eight years he spent with the Natchez. By 1729 he had left Natchez. This is his account of the revolt from the vantage point of New Orleans. The numbered footnote comes from Du Pratz's text.

Au commencement du mois de Décembre 1729 on **apprit** à la Capitale avec la plus **vive douleur** le massacre du Poste Français des Natchez. Mon **Patron** de **Canot**, Nègre fort intelligent et qui m'était fort attaché, me dit tout **chagriné**: «Va vite en ville, tu sauras bien des nouvelles; on dit que tous les Français ont été **tués** par les chiens de Sauvages.»

> apprit learned / vive sharp / douleur n.f. grief
>
> patron n.m. skipper / canot n.m. canoe, small boat
> chagriné vexed
>
> tués killed

Le **sieur** de Chépart avait été Commandant du Poste des Natchez . . . . Ce nouveau Commandant **ayant** pris possession de son Poste, **projeta** de former pour lui une habitation des plus brillantes de la Colonie. A cet effet il **examina** tous les **terrains** qui n'étaient pas occupés par les Français; mais il n'y **trouva** rien qui **pût remplir** la grandeur de ses vues; **il n'y eut** que le Village de la Pomme Blanche qui avait au moins une **lieue** en **carré**, qui **fût** capable de lui **plaire**, et **sur le champ** il **prit la résolution** de s'y établir . . . .

> sieur Mr.
>
> ayant having / projeta intended
>
> examina examined / terrains n.m. pieces of land
>
> trouva found / pût could / remplir to fill
> il y eut there was
> lieue n.f. league (2.5 miles) / carré squared
> fût was / plaire to please / sur le champ immediately / prit la résolution resolved

Le Soleil de la Pomme **crut** qu'en lui **parlant** raison il **pourrait** l'entendre; la pensée de ce Soleil se **serait** trouvée juste, s'il eut eu affaire à un homme raisonnable. Il lui **répondit** donc que ces ancêtres avaient demeuré dans son Village **autant** d'années qu'il avait **cheveux** à sa **cadenette**, et qu'**ainsi** il était bon qu'ils y **restassent** encore.

> crut believed / parlant talking / pourrait would be able to
> serait would have been
>
> répondit answered
>
> autant as many
> cheveux n.m. hair / cadenette n.f. coiffure / ainsi thus / restassent remained

A peine l'Interprète eut-il expliqué cette réponse au Commandant, qu'il **se mit** en colère, et menaça le Soleil que si dans un peu de jours il ne sortait de son Village, il s'en repentirait . . . . Le Soleil sans s'emporter **se retira**, en disant qu'il allait assembler les Vieillards de son Village pour tenir Conseil sur cette affaire.

Il les **assembla** effectivement; il **fut arrêté** dans le Conseil que l'on **représenterait** au Commandant, que le **blé** de tous les gens de leur Village **sortait** déjà un peu de terre et que toutes les poules **couvaient** leurs oeufs; que s'ils sortaient à présent de leur Village, les poulets et les grains **seraient** perdus pour les Français, aussi bien que pour eux, **puisque** les Français n'étaient pas en assez grand nombre pour **sarcler** tout le blé qu'ils avaient **semé** dans leurs **champs**.

Cette résolution **prise**, on fut la proposer au Commandant qui la **rejeta** avec **menace** de les **châtier**, s'ils n'obéissaient dans l'espace d'un terme très court qu'il leur **fixa**.

Le soleil **rapporta** cette réponse à son Conseil qui **agita** la question. Elle était **épineuse**; mais la politique des Vieillards **décida** que l'on **proposerait** au Commandant de les laisser dans leur Village jusqu'à la **récolte** et jusqu'à ce qu'ils **eussent** eu le temps de **sécher** et **égrainer** leur blé, à condition que chaque cabane du Village lui **donnerait tant** de Lunes, qu'ils **déterminèrent**, une **manne** de blé d'un **baril**[1] et une **volaille**; que ce Commandant leur avait **paru** très intéressé, et que cette proposition **serait** un **moyen** d'obtenir du temps; que jusqu'à ce terme on **prendrait** de justes mesures pour **se soustraire** à la domination des Français.

Le Soleil **retourna** chez lui donner le **tribut** dont je viens de parler, s'il voulait attendre jusqu'aux premiers froids; qu'alors le blé serait **cueilli** et

---

[1]Le baril pèse cent cinquante livres. Ce Village de la Pomme était de plus de quatre-vingts cabanes.

142

Marginal glossary:

se mit became

se retira withdrew

assembla assembled / fut was / arrêté agreed upon / représenterait would show / blé n.m. corn

sortait was sprouting
couvaient were sitting on

seraient would be

puisque since

sarcler to weed
semé sown / champs n.m. fields
prise taken

rejeta rejected / menace n.f. threat
châtier to punish
fixa fixed

rapporta reported

agita debated / épineuse complicated
décida decided
proposerait would propose

récolte n.f. harvest
eussent would have / sécher to dry / égrainer to shell
donnerait would give / tant in as many / lunes n.f. months / déterminèrent determined / manne n.f. gift / baril n.m. small barrel / volaille n.f. fowl / paru appeared / serait would be / moyen n.m. means / prendrait would take / se soustraire to escape

retourna returned / tribut n.m. tribute / dont about which
cueilli gathered

assez **sec** pour être **égrainé**; qu'en **agissant ainsi,** ils ne **perdraient point** leur blé et ne seraient point exposés à mourir de faim; que lui Commandant y **trouverait** son profit, et qu'aussitôt qu'il y **aurait** du blé égrainé, ils lui en **apporteraient.**

L'**avidité** du Commandant lui **fit** accepter la proposition avec joie, et lui **ferma** les yeux sur les **suites** de sa tyrannie; il **feignit** cependant qu'il n'acceptait leur offre que par grâce, et dans la vue de faire plaisir à une nation qu'il chérissait, et qui avait toujours été amie des Français. Le Soleil **parut** très content d'avoir obtenu un délai suffisant pour prendre les précautions nécessaires à la **sûreté** de la Nation; car il ne fut point dupe de la **feinte** **bienveillance** du Commandant.

sec dry / *égrainé* shelled / *agissant* acting / *ainsi* in that manner / *perdraient* would lose / *ne . . . point* not at all

trouverait would find / *aurait* would have / *apporteraient* would bring

avidité n.f. greediness / *fit* made

ferma closed

suites n.f. consequences / *feignit* pretended

parut appeared

sûreté n.f. security

feinte pretended
bienveillance n.f. goodwill

Du Pratz, 1758, III:230-237.

Questionnaire:

1. Qui a renseigné Du Pratz sur le massacre au Poste Français? Comment a-t-il insulté les Natchez dans son rapport?
2. Quelle était la première ambition de ce nouveau Commandant?
3. Quelle était la réponse du Soleil à la demande du Commandant?
4. Selon le Conseil, s'ils sortaient de leur village, qu'est-ce qui se passerait?
5. Quelle était la première résolution des Natchez?
6. Quelle était la réaction du Commandant à cette résolution?
7. Dans la deuxième proposition, qu'est-ce que le Conseil a ajouté à la première résolution?
8. Les Natchez n'avaient pas l'intention de faire ce qu'ils proposaient; quelle était donc leur véritable intention?
9. Pourquoi le Commandant a-t-il vite accepté cette proposition?
10. Quelle était la "feinte bienveillance" du Commandant?

Natchez Council's Decision to Rebel (1729)

In this additional excerpt from Du Pratz, the final meeting of the Natchez Indians' council is portrayed. One of the elders delivers a moving speech in which he explains the reasons for their decision to annihilate all Frenchmen at the Natchez Post and in surrounding settlements.

Le Soleil **fit** assembler le Conseil à son retour; il dit aux Vieillards que le Commandant français avait **acquiescé** aux offres qu'il lui avait faites, et qu'il lui avait accordé le terme qu'ils demandaient. Il leur **exposa** ensuite qu'il **fallait** profiter **sagement** de ce temps, pour **se soustraire** au payement proposé et à la domination tyrannique des Français, qui **devenaient** dangereux **à mesure** qu'ils se multipliaient; que les Natchez **devaient se souvenir** de la guerre qu'on leur avait faite, **malgré** le **Traité** de **Paix conclu** avec eux: que cette guerre **ayant** été faite à leur seul village, ils devaient chercher les plus sûrs pour en **tirer** une juste et sanglante vengeance; que cette entreprise **étant** de la **dernière** conséquence, elle demandait beaucoup de secret, des mesures solides et beaucoup de politique; qu'**ainsi** il **convenait** de faire au Chef français encore plus d'amitié qu'on ne lui en avait fait jusqu'à présent; que cette affaire **exigeait** quelques jours de réflexions, avant d'en décider et de la proposer au Grand Soleil et à son Conseil; qu'ils n'avaient qu'à se retirer; que dans peu de jours il les **assemblerait** pour décider du **parti** que l'on **prendrait**.

Au **bout** de cinq ou six jours, il fit venir les Vieillards, qui pendant cet intervalle s'étaient consultés les uns les autres; ce qui fit que toutes les voix **furent réunies** pour le même et seul **moyen** de **parvenir** à la fin que l'on s'était proposée, qui était la destruction totale des Français dans cette Province.

fit had, caused

acquiescé agreed

exposa explained / fallait was necessary / sagement wisely / se soustraire to escape

devenaient were becoming / à mesure at the same rate / devaient ought / se souvenir to remember / malgré in spite of traité n.m. treaty / paix n.f. peace / conclu concluded ayant having tirer to extract

étant being

dernière greatest

ainsi thus / convenait was advisable

exigeait required

assemblerait would call together / parti n.m. course / prendrait would take bout n.m. end

furent were / réunies reunited / moyen n.m. means / parvenir to reach

Le Soleil les **voyant** tous assemblés leur dit: «Vous avez eu le temps de **réfléchir** sur la proposition que je vous ai faite; ainsi je crois que vous aurez bientôt exposé le meilleur moyen de **nous défaire** sans risque de nos mauvais voisins». Le Soleil ayant cessé de parler, le plus ancien des Vieillards **se leva, salua** son Chef à sa manière et lui dit:

«Il y a longtemps que nous **nous apercevons** que le **voisinage** des Français nous fait plus de mal que de bien; nous le voyons, nous autres Vieillards, mais les jeunes gens ne le voient pas. Les marchandises des Français font plaisir à la jeunesse; mais en effet à quoi tout cela sert-il, **sinon** à **débaucher** les filles et à **corrompre** le **sang** de la Nation, et à les **rendre** glorieuses et **fainéantes**? Les jeunes hommes sont dans **le même cas**: et il faut que les hommes mariés **soient tués** de travail pour **nourrir** la famille et satisfaire les enfants. Avant que les Français **fussent** arrivés dans ce pays, nous étions des hommes qui **nous contentions** de ce que nous avions, et il nous **suffisait**: nous marchions **hardiment** par tous les chemins, parce qu'alors nous étions nos maîtres; mais aujourd'hui nous n'allons qu'en **tâtonnant**, dans la crainte de trouver des **épines**; nous marchons en esclaves, et nous ne **tarderons** pas de l'être bientôt des Français, puisqu'ils nous traitent déjà comme si nous l'étions. Quand ils seront assez forts, ils n'useront plus de politique; la **moindre** chose que nos jeunes feront, les Français les attacheront au **poteau**, et les **fouetteront** comme ils fouettent leurs esclaves noirs: ne l'ont-ils pas déjà fait à un de nos jeunes gens, et la mort n'est-elle pas préférable à l'**esclavage**?»

Du Pratz, 1758, III:237-239.

Questionnaire:
1. Pourquoi les Natchez cherchaient-ils la vengeance?
2. Expliquez la politique habile des Natchez dans cette entreprise.

voyant seeing
réfléchir to consider

nous défaire to get rid of

se leva stood up / **salua** greeted
nous apercevons are aware
voisinage n.m. nearness

sinon if not / **débaucher** to debauch
corrompre to corrupt / **sang** n.m. blood / **rendre** to make / **fainéantes** idle / **le même cas** the same position / **soient** be / **tués** killed / **nourrir** to nourish

fussent had

nous contentions were content / **suffisait** was sufficient / **hardiment** boldly

tâtonnant feeling one's way

épines n.f. thorns

tarderons will be long

moindre least
poteau n.m. post
fouetteront will whip

esclavage n.m. slavery

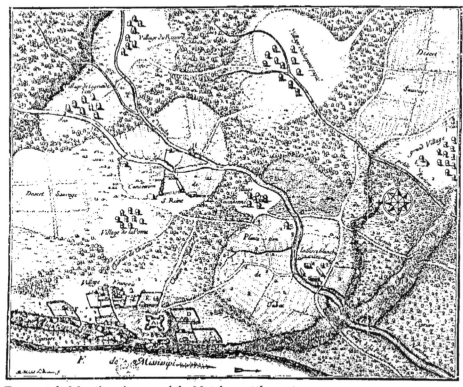

Dumont de Montigny's map of the Natchez settlement.

3. Avant ce dernier conseil, qu'avaient fait les Vieillards pendant cinq ou six jours?
4. Quels sont les problèmes que la jeunesse ne voyait pas?
5. Qu'est-ce qui était très difficile pour les hommes mariés?
6. Contrastez leur manière de "marcher" *avant* et *après* l'arrivée des Français.
7. Que voit ce Vieillard dans l'avenir des jeunes?

Composition:
A votre connaissance, ou de votre recherche, le Vieillard avait-il raison? Expliquez votre réponse.

Official Account of Tragedy at Natchez (1730)

Governor Périer, under whose orders Chépart had been acting in his highhanded abuse of authority at Natchez, wrote the following account of the Natchez revolt. His point of view is very different from that of Du Pratz.

Le deuxième décembre j'appris par le Sr. Lunel inspecteur du Tabac et par le nommé capitain M. de Charpentier aux Natchez que le 28. la nation sauvage de ce lieu avait donné entre neuf et dix heures du matin sur tous les Français de ce poste et qui étaient dans ce quartier. Pour y pouvoir sûrement elle avait pris les mesures suivantes.

Ils étaient tous armés, et accommodés comme s'ils eussent voulu aller à la chasse, et en passant chez les habitants qu'ils connaissaient le plus ils empruntaient leurs fusils avec promesse de leur apporter du chevreuil en quantité: pour ôter tout soupçon, ils apportaient ce qu'ils devaient en graine, en huile, et autres denrées tandis qu'un parti allait avec deux calumets chez le Sr. de Chépart qui commandait auquel ils portaient des poules pour le maintenir dans la confiance où il était que les Sauvages ne disaient rien de mauvais contre les Français, comme ils avaient eu soin de l'en assurer la veille sur quelques bruits qui s'étaient répandus que les Natchez devaient assassiner les Français. La confiance de cet officier était allée jusqu'à faire mettre aux fers sept habitants qui avaient demandés à s'assembler pour prévenir le malheur dont ils étaient menacés. Cette même confiance lui avait fait voir sans danger une trentaine de Sauvages dans le fort et autant dans sa maison et aux environs tandis que le reste de cette nation était partagée dans toutes les maisons de nos habitants et jusqu'aux lieux de nos ouvriers qui était à deux ou trois lieues dans les cyprières au dessus et au dessous des Natchez; cette disposition faite et l'heure venue, l'assassin général de nos

appris learned

donné ... sur attacked

accommodés outfitted

eussent had / **passant** going

empruntaient borrowed / **fusils** n.m. guns
chevreuil n.m. deer / **ôter** to take away / **soupçon** n.m. suspicion
huile n.f. oil / **denrées** n.f. provisions

auquel to whom

confiance n.f. confidence

soin n.m. care
veille n.f. day before / **bruits** n.m. rumors
répandus spread

aux fers in irons

prévenir to warn about

autant as many

environs n.m. vicinity

partagée spread out

lieux n.m. places

lieues n.f. leagues / **cyprières** n.f. cypress groves / **disposition** n.f. arrangement

147

Français a été le signale de l'affaire **tant** elle a été **courte**, une seule **décharge** l'**ayant** terminée, à l'exception de la maison du Sr. de la Loire Desursins dans laquelle il y avait huit hommes dont six ont été tués et les deux autres **se sont sauvés** la nuit sans que les Sauvages ayant pu les ôter pendant le jour.

tant ... courte so brief / **décharge** n.f. volley of shots / **ayant** having

se sont sauvés escaped

Périer à Maurepas, 18 mars 1730,
C13a, 12:37-45v.

Questionnaire:
1. Comment les Natchez ont-ils expliqué leur arrivée et leurs armes au poste de Natchez?
2. Pourquoi les habitants ont-ils donné leurs fusils aux Natchez?
3. Comment les Natchez ont-ils assuré Chépart de leurs bonnes intentions?
4. Pourquoi Chépart a-t-il mis aux fers sept habitants?
5. En quels lieux se trouvaient les Sauvages au moment du signale?
6. Selon Périer, qui étaient les seuls survivants?

French artifacts from the Natchez area: beads, a faience fragment, a crucifix, a bracelet, and a bell.

Germ Warfare (1731)

As European disease among the Choctaws became epidemic, it was increasingly convenient for the French to accuse the English of intentionally spreading sickness among their enemies. In January of 1731 when Régis du Roullet sent Tichou Mingo, a Choctaw Indian, to various villages to gather information about Choctaw attitudes after the Natchez revolt, he heard about the outbreak of smallpox and the Choctaw theory about its cause. Later Diron d'Artaguiette, commandant at Mobile, took credit for the Choctaw belief.

Le cinquième de ce mois, Tichou Mingo (qui est le Sauvage que j'ai envoyé aux Chikachas) est arrivé. Il m'a **rapporté** qu'il avait passé aux villages (**à savoir** Concha, Oké Loussa, Yanabé et Coentchitou); qu'au premier il y a **appris** qu'Alibamon Mingo avait dit, **depuis** sa maladie, à ses **guerriers** qu'il ne fallait plus **présentement** [aller] aux Chikachas **traiter** avec les Anglais, **voyant** que c'est **de ce côté-là** que la maladie qui est dans la nation est venue.

Que Toupaoulastabé, **considéré** du même village, disait **hautement** que la maladie qui courait dans la nation **provenait** d'un **médicament** que les Anglais ont fait avec de la **graine de canne** et mis dans le **limbourg** qu'ils avaient envoyé traiter par les Chikachas, **afin de** faire mourir tous les Chactas, et que ce qu'il disait était positif puisqu'il avait trouvé lui-même la graine de canne, et qu'il avait vu que ceux qui ont acheté de ce limbourg tombaient malades **sur le champ dont** ils en sont morts, et qu'il fallait absolument **se venger** de cela, et **frapper** sur leurs ennemis et que l'on ne **saurait** le faire assez promptement.

Régis du Roullet à Périer, 21 février 1731,
C13a, 13:173.

✤

rapporté reported

à savoir that is

appris learned

depuis since / **guerriers** n.m. warriors /
présentement at present
traiter to trade / **voyant** seeing
de ce côté-là from that direction

considéré n.m. Indian elder

hautement resolutely
provenait came /
médicament n.m. drug
graine de canne n.f. cane sugar
limbourg n.m. wool cloth
afin de in order to

sur le champ immediately / **dont** from which
se venger to get revenge
frapper to attack / **saurait** could

Le commerce des Anglais avec nos Chactas est **avarié** par une **espèce** de contagion qui **s'est répandue** dans la nation **fort à propos** sur les **bruits** que j'ai fait courir qu'ils leur jetaient des maladies avec leurs marchandises; ils en sont si **pénétrés** que je ne sais **point** s'ils ne **donneront point sur eux**, de leur **propre** mouvement.

avarié spoiled / **espèce** n.f. kind / **s'est répandue** was spread / **fort à propos** just at the right moment / **bruits** n.m. rumours / **pénétrés** affected / **point** not / **donneront sur eux** will attack them / **propre** own

Diron d'Artaguiette à Maurepas, 24 mars 1731,
C13a, 13:144.

Questionnaire:
1. Où Tichou Mingo est-il allé?
2. Pourquoi Alibamon Mingo ne voulait-il pas que ses guerriers traitent avec les Anglais?
3. Selon Toupaoulastabé, d'où venait la maladie?
Pourquoi était-il certain de son explication?
4. Pour se venger de cette maladie, qu'a-t-il suggéré?
5. Quatre semaines plus tard, pourquoi le commerce des Anglais avec les Chactas avait-il ralenti?
6. Selon Diron d'Artaguiette, qu'est-ce qui était possible?

Most of the African slaves in French Louisiana came from Senegal and Gambia, where they lived in houses like those illustrated here.

African in Indian Captivity (1731)

After the Choctaws helped the French rescue French women and children and African slaves from being held hostage by the Natchez, they kept some of the hostages in custody until the French had rewarded them for their efforts. Here one of the Africans still in Choctaw hands tells the young officer Régis du Roullet of the slaves' fears of both Choctaws and Frenchmen.

Le cinq les trois Nègres sont entrés chez moi comme j'étais à parler aux chefs et m'ont dit qu'ils ne demandaient pas mieux que d'aller à la Mobile mais qu'ils ne voulaient pas être **conduits** par les Sauvages. Je leur ai demandé la raison pourquoi. «C'est,» m'ont-ils dit, «les Sauvages nous font porter des paquets qui nous **éreintent,** nous **maltraitent** beaucoup, et nous ont pris toutes nos **hardes** jusqu'à une chemise de peau que nous avions chacun.» En effet, un de ces trois Nègres avait un coup de **casse-tête** sur la tête qui allait jusqu'à l'**os,** dont j'ai fait penser.

Les raisons que ces Nègres m'ont apportées et la crainte qu'ils n'**échappassent** aux Sauvages m'a déterminé d'envoyer Duché les **conduire** avec les Sauvages. Et je lui ai recommandé de ne pas **souffrir** que les Sauvages les maltraitent. Ces trois Nègres **appartiennent** à la Compagnie, à M. Dubreuil des Chapitoulas et à M. Bonneau. Le Nègre de M. Dubreuil m'a dit qu'il y avait **encore** aux Chactas trente-deux Nègres **comptant** six Négresses à la Compagnie et dix-huit **aux particuliers**; qu'il était mort sept Nègres ou Négres[ses] **à savoir** quatre à la Compagnie et trois aux particuliers.

Ce même Nègre m'a ajouté qu'il était au Grand village dans le temps que Ymaiatabé, Chef Chikacha, y est arrivé, et que ce Chikacha, **ayant** trouvé pour **lors** presque tous les Nègres assemblés

conduits	accompanied
éreintent	tire out
maltraitent	abuse
hardes n.f.	clothes
casse-tête n.m.	tomahawk
os n.m.	bone
échappassent	escape
conduire	to take
souffrir	to allow
appartiennent	belong
encore	still
comptant	including
aux particuliers	privately owned
à savoir	that is to say
ayant	having
lors	then

chez le Grand Chef, les avait **sollicités** d'aller aux Chikachas, leur **disant** qu'ils **seraient** bien mieux avec les Anglais qu'avec les Français, et qu'il les y **conduirait** lui-même. Que les Nègres n'y ayant pas voulu aller, il s'en était retourné très mécontent.

J'ai demandé à ce même Nègre **d'où vient** qu'ils **s'enfuient** quand j'envoie des Français pour les **traiter**? «Parce» m'a-t-il dit, «que les Sauvages ne font que dire aux Nègres continuellement que tous eux que vous traitez sont brûlés en **arrivant** à la Nouvelle Orléans. Et la crainte que les Nègres ont, fait qu'ils s'en fuient quand ils apprennent qu'on les va traiter. Mais quand vous irez aux Tchactas, vous n'avez que **mener** avec vous un Nègre de ceux que vous avez **traités**; vous **mènerez** tous ceux qui sont **parmi** les Sauvages, lesquels **seraient** déjà **venus** vous trouver s'il n'était la crainte qu'ils ont d'être brûlés.»

Je n'ai pas envoyé, Monsieur, à la Mobile les trois Nègres que j'ai traités il y a quelque temps parce qu'il y en a un qui est malade, et comme le malade a son frère avec lui, je n'ai pas voulu envoyer l'un sans l'autre, **crainte d'**en perdre un des deux. Pour le troisième je l'ai gardé pour le mener avec le mien aux Tchactas quand j'y vais, **étant** propre à **engager** les Nègres qui sont aux Sauvages à venir de bonne volonté. Ce Nègre m'a dit que je pouvais compter que s'il ne les mène pas tous, il en mènera une bonne partie. Je lui ai promis **récompense** s'il les mène aux **Yowani**. Il m'a promis qu'il fera de son mieux. Ainsi je compte partir pour les Tchactas **sitôt que** Duché sera de retour de la Mobile. Et si je puis **résoudre** les Nègres à me venir trouver aux Yowani, je **les ferai conduire** tout de suite par le mien à la Mobile avec quelques Français, et les Sauvages viendront chercher leur payement.

Régis du Roullet à Périer, 16 mars 1731,
C13a, 13:189-191.

sollicités urged

disant saying / **seraient** would be

conduirait would accompany

d'où vient why
s'enfuient run away
traiter to ransom

arrivant arriving

mener to bring
traités ransomed / **mènerez** will bring
parmi among
seraient ... venus would have come

crainte d' for fear of

étant being
engager to persuade

récompense n.f. reward /
Yowani Choctaw village

sitôt que as soon as
résoudre to convince
les ferai conduire will have them brought

Questionnaire:
1. Pourquoi les trois Nègres ne voulaient-ils pas être conduits par les Sauvages? Quelle preuve de violence Roullet a-t-il vue?
2. Expliquez ce que Roullet a fait pour calmer l'inquiétude des Nègres.
3. Qu'a dit le Chef Ymaiatabé pour persuader aux Nègres d'aller aux Chikachas?
4. Pourquoi les Nègres ne voulaient-ils pas que les Tchactas les traitent aux Français?
5. Pourquoi Roullet a-t-il gardé un des Nègres?
6. Pourquoi n'a-t-il pas envoyé deux autres Nègres à la Mobile?

Composition:
Regardez Le Code Noir à la page 122. Du Roullet reste-t-il fidèle à ce code? Expliquez votre réponse.

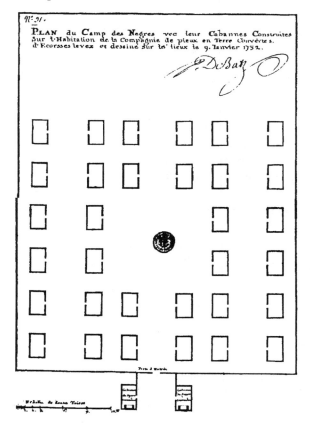

This plan by the engineer De Batz shows the slave camp built to house slaves belonging to the Company of the West in New Orleans.

Banbara Slave Revolt in New Orleans (1731)

African slaves sought their freedom in Louisiana as they did in many other colonies. Perier's account here of an attempted slave revolt not long after some Africans had participated in the Natchez Indian revolt shows how Africans maintained their ethnic groups when brought to the Americas; another account of this same event indicates that the Banbaras depended for the security of the plan on the fact that few other people understood their language.

Nous ne sommes pas seulement **menacés** des Sauvages. Des Nègres avaient **comploté** à la Nouvelle Orleans de massacrer tous les Français qui sont établis sur le fleuve; le coup devait **s'exécuter** le 24 de juin à la sortie de la grande messe **pariossiale**. Par le plus grand bonheur du monde pour le pays tout ne se trouva pas prêt pour ce jour. L'exécution **ayant** été **remise** au 29, on a découvert heureusement dans ce petit intervalle de cinq jours la conspiration, sans quoi **depuis** la Pointe Coupée **jusqu'à** la Balise tous les Blancs **auraient** été massacrés. On en a fait **rouer** et **pendre** dix à douze des plus **coupables**. Ceux de cette rivière ne **trempaient** en aucune façon dans cette affaire, ils n'en avaient même pas connaissance. Tous les Banbara **s'étaient ligués** ensemble pour **se rendre** libres possesseurs du pays par cette révolte; les autres Nègres qui sont dans la Colonie et qui ne sont point de cette nation, leur auraient servi d'esclaves.

menacés threatened

comploté plotted

s'exécuter to be carried out

pariossiale parish

ayant having / **remise** put off

depuis from

jusqu'à as far as
auraient would have / **rouer** to break on the wheel / **pendre** to hang / **coupables** n.m. guilty ones / **trempaient** were implicated

s'étaient ligués had joined in league
se rendre to become

Perier à Maurepas, 1731,
C13a, 13, 200-200v.

Questionnaire
1. Expliquez le complot des Nègres contre les Français.
2. Pourquoi la conspiration n'a-t-elle pas réussi?
3. Quelle était la punition des coupables?
4. Pourquoi les Banbara se sont-ils ligués ensemble?

Among the Choctaw Villages (1732)

Father Beaudouin was a Jesuit missionary among the Choctaw. He lived in the village of Chickasawhay, in present-day Clarke County, Mississippi.

La Nation Tchactas est **celle** qui occupe le plus de terrain dans ce continent; on compte 42 villages de gens qui parlent entièrement la même langue. Tous ces villages sont **partagés** en deux bandes, que les Sauvages distinguent en **appelant** les uns, villages de **deçà** et les autres villages de **delà** du **marais plat**. Ce n'est **cependant** pas un marais qui sert de **borne** mais un grand **ruisseau** peu **profond** qui sépare tous les villages Tchactas en deux parties presqu'**égales**. Comme ce ruisseau **court** nord et sud, pour distinguer plus facilement les villages, nous nommons **ceux** qui sont d'un **côté** du ruisseau Villages de la partie de l'Est, et ceux qui sont de l'autre côté Villages de la partie de l'Ouest. Ces villages sont fort **étendus** et **éloignés** les uns des autres. Il y en a qui ont 4 à 5 **lieues** de long. Ordinairement ils sont de deux lieues [ou] une lieue et demie, et les plus petits sont pour le moins d'une demi-lieue. Les cabanes sont séparées par un très long intervalle d'où il arrive que les gens d'un même village ne se connaissent presque pas et **soit** parce que les Tchactas ne savent pas **compter, soit** parce qu'ils aiment à **se tromper,** ils se sont faits de tout temps et se font encore aujourd'hui, beaucoup plus nombreux qu'ils ne sont. Un interprète qui est **parmi** eux depuis 25 à 30 ans **estime** qu'il y a 5000 Tchactas portant les armes. Pour moi j'ai **parcouru le plus grand nombre** des villages Tchactas. **Celui** où je demeure est très **fréquenté** des chefs de la Nation qui passent continuellement, soit pour aller chercher leurs présents à la Mobile, soit pour aller **traiter** aux Eouannes, où ils ont un **magasin**, ce qui

celle the one

partagés divided

appelant calling

deçà on this side / **delà** on the other side
marais n.m. marsh, swamp / **plat** flat / **cependant** however / **borne** n.f. boundary / **ruisseau** stream / **profond** deep
égales equal / **court** runs

ceux those / **côté** n.m. side

étendus spread out / **éloignés** distant
lieues n.f. leagues (2.5 miles)

soit . . . soit either . . . or

compter to count
se tromper to deceive themselves

parmi among / **estime** estimates

parcouru traveled through / **le plus grand nombre** most / **celui** the one
fréquenté visited

traiter to trade / **magasin** n.m. warehouse

155

souvent occasion de les questionner et je trouve **selon** mon calcul et l'analyse des **guerriers** que j'ai faite de chaque village qu'il n'y a pas plus de 1466 Tchactas **propres** de **faire campagne**.

selon according to / **guerriers** n.m. warriors

propre fit / **faire campagne** to go to war

Beaudouin à Salmon, 23 novembre 1732,
C13a, 14:182-96.

Questionnaire:
1. Deux choses séparent les deux bandes de la Nation Tchactas. Lesquelles?
2. Comment les Tchactas appellent-ils les deux bandes pour les distinguer?
3. En quelle direction court ce qui sert de borne?
4. Comment les Français appellent-ils les deux bandes?
5. Quelle est l'étendue moyenne d'un village?
6. Est-il possible que les gens d'un même village ne se connaissent pas? Expliquez.
7. Quelles sont les deux explications offertes par le Père Beaudouin pour le nombre exagéré de la population Tchactas?
8. Pourquoi a-t-il pensé que son calcul était plus raisonnable que celui de l'interprète?
9. Pourquoi les chefs de la Nation passent-ils continuellement par le village où demeure le Père Beaudouin?
10. Est-ce que les enfants sont comptés? Qui a-t-on compté?

An Indian house as portrayed by De Batz.

Dry Feet in New Orleans (1732)

New Orleans, as is well known, is built on land that is below sea level and depends on its levees for security. This selection shows that this was a problem from the beginning; here we see the origins of the brick drainage ditches that can be seen today in the French Quarter.

Sa Majesté leur observera à l'occasion des travaux nécessaires dans la Colonie, qu'elle* a vu par une lettre du Sr. Salmon que la situation de la Nouvelle Orléans dans un pays **plat** et aquatique oblige tous les habitants à faire devant les portes de leurs maisons des petites **fossés** d'un ou deux pieds de **largeur** sur un pied ou un pied et demi de **profondeur** pour faire **écouler** les eaux qui transpirent au travers de la levée, quand le fleuve **déborde**, et les eaux des pluies qui sont fréquentes. Comme ces fossés traversent les rues, partie des habitants font de mauvais **ponts** de bois qu'il faut rétablir au moins tous les ans et que la Compagnie des Indes en faisait faire aussi dans les rues où elle avait des **emplacements**.

Pour **éviter** les dépenses nouvelles que ces **postes occasionnent**, et pour **pourvoir** en même temps à la commodité publique et à la santé des habitants, qui est **altérée** par le **séjour** des eaux sous les maisons, le Sr. Salmon a proposé de faire des ponts de brique dont il a fait faire trois différents projets avec des **devis** estimatifs, qu'il a envoyés, et il a proposé de faire contribuer chaque habitant à cette dépense, et de faire à cet effet une imposition de 5 **livres** par tête de Nègres pour la **façon** et **entretien** de ces ponts et dans la suite **revêtir** de brique les fossés d'écoulement pour **empêcher** qu'ils ne **se comblent**.

plat flat

fossés n.m. ditches

largeur width
profondeur depth / **écouler** to flow away

déborde overflows

ponts n.m. bridges

emplacements n.m. pieces of land

éviter to avoid / **postes** n.m. settlements
occasionnent cause / **pourvoir** to provide

altérée made worse / **séjour** n.m. persistence

devis n.m. estimates

livres n.m. pounds / **façon** n.f. construction / **entretien** n.m. maintenance / **revêtir** to line / **empêcher** to prevent / **se comblent** become clogged

Louis XIV a Bienville et Salmon, 1732,
C13b, 57, 829-829v.

*Since *sa majesté* is feminine, *elle* here refers to Louis XIV.

Questionnaire
1. Pourquoi les habitants de la Nouvelle Orléans doivent-ils faire de petites fossés devant les portes de leurs maisons?
2. Quelles sont les dimensions des fossés?
3. Pourquoi les ponts de bois ne sont-ils pas suffisants?
4. Quel plan le Sr. Salmon a-t-il proposé pour compléter la construction? Qu'a-t-il proposé pour financer le projet?

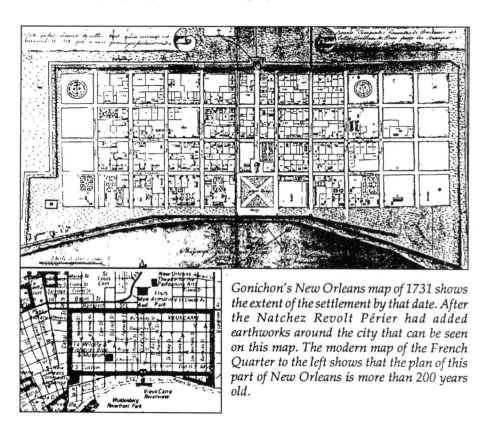

Gonichon's New Orleans map of 1731 shows the extent of the settlement by that date. After the Natchez Revolt Périer had added earthworks around the city that can be seen on this map. The modern map of the French Quarter to the left shows that the plan of this part of New Orleans is more than 200 years old.

Composition:
Faites un dessin simple de cette nouvelle construction.

Nuns, Orphans, and Widows (1732)

The Ursuline nuns, who as this letter was written were waiting for the completion of their convent that would be such a landmark in New Orleans, were crucial to the life of the colony, particularly for the social work they performed.

Le Sr. Salmon vous a marqué . . . qu'il y a dans la Colonie . . . 3 **Religieuses** dont la conduite paraît fort **reglée**. Les six qui sont ici sont aussi d'une conduite exemplaire, et nous espérons que quand leur bâtiment sera fini elles seront d'une grande utilité pour l'hôpital, qu'elles n'ont point **desservi** jusqu'à présent, **ayant gardé** leur **clôture**, **autant qu'**on le peut dans une maison qui n'est point enclos de murs; et n'ayant pu desservir l'hôpital, qui est à l'autre extrémité de la ville, elles le sont déjà pour l'instruction des orphelines. Elles sont à présent 9 Religieuses, et le Père de Beaubois nous a dit, qu'il en **viendrait** encore 3 par le prochain **vaisseau**. Il y a **suivant** l'état du Roi 3600 **livres** pour 6 Religieuses. Si leur nombre est augmenté jusqu'à 12 nous estimons que la **pension** de chacune sera suffisante à 500 livres parce qu'elles prendront des pensionnaires, dont les pensions leur donneront encore de l'**aisance**. Elles en ont actuellement 4 ou 5 à raison de 300 livres chacune.

Le Sr. Salmon n'a pu **se dispenser** de faire continuer la pension de 150 livres pour chacune de ces orphelines, que la Compagnie leur faisait payer. Il espère que Votre Grandeur approuvera sa conduite **à cet égard** et qu'elle* donnera un **fonds** pour cela à l'avenir. C'est une oeuvre de charité et **dans la suite**, ce seront de bonnes mères de familles, au lieu que si on les abandonnait à leur mauvais **sort** ce **serait** alors qu'**il faudrait** établir une **maison de force**, dont il n'est **nullement** besoin. Le pays com-

religieuses n.f. nuns
réglée proper

desservi officiated
ayant gardé having kept to / clôture n.f. seclusion / autant qu' as much as

viendrait would come

vaisseau n.m. ship / suivant according to / livres n.m. pounds (money)
pension n.f. annuity

aisance n.f. comforts of life

se dispenser to do without

à cet égard in that regard / fonds n.m. fund
dans la suite eventually

sort n.m. fate
serait would be / il faudrait it would be necessary / maison de force n.f. house of correction / ne . . . nullement not at all

Grandeur is feminine, hence *elle* refers here to Maurepas.

mence à **se purger** de quelques femmes **dissolues,** se purger to get rid of / dissolues licentious
qui y étaient; il y en a bien encore quelques unes
sur ce pied, mais elles cachent leur jeu **de manière** sur ce pied on that footing / de manière que in such a way that
qu'il n'y a point de scandale. Nous comptons aussi
que le nombre des orphelines diminuera
considérablement. Il **n'**a augmenté au point où il ne ... que only / perte n.f. loss / à mesure que to the extent that
est **que** par la **perte** des Natchez, et **à mesure** qu'il
diminuera, Votre Grandeur pourra employer le
fonds de 150 livres pour chacune en pension, pour
les **veuves** d'officiers, car la plupart prennent ici veuves n.f. widows
des femmes qui ne leur apportent rien, et
lorsqu'elles ont le malheur de perdre leur maris,
elles sont dans une grande nécessité. La veuve du
Sr. La Boulaye Lieutenant qui est mort â la fin
d'octobre dernier est bien **dans le cas,** avec 4 en- dans le cas in that position
fants, mais heureusement qu'elle a encore son père
et sa mère qui en ont **soin.** soin n.m. care

Périer et Salmon à Maurepas,
C13a, 14, 7v-9.

Questionnaire
1. Pourquoi la vie des Religieuses était-elle surtout difficile à la Nouvelle Orléans?
2. Elles espèrent travailler plus tard dans l'hôpital; de quoi s'occupent-elles en ce moment?
3. Périer a dit que 500 livres de pension seraient suffisants pour chaque Religieuse. Expliquez son raisonnement.
4. Quelles raisons Périer a-t-il données pour continuer l'instruction des orphelines?
5. Qu'est-ce qui a fait augmenter le nombre des orphelines?
6. Pourquoi les veuves sont-elles dans une grande nécessité? Qui aidera la veuve du Sr. La Boulaye?

Death of Pierre d'Artaguette (1736)

Pierre d'Artaguiette was the youngest of three brothers, all of whom played important roles in Louisiana's history. He was killed during a campaign Bienville waged against the Chickasaw after they gave asylum to the Natchez. D'Artaguiette, who was bringing a French and Indian force from the Illinois country, was to have met with Bienville coming north from Mobile to attack the Chickasaws near modern Tupelo, Mississippi. Unfortunately Pierre arrived too early and Bienville was delayed. Here the story is told by the newly-arrived Commissary of the colony, De Crémont.

Il ne s'est pas trouvé vrai **comme** on l'avait cru **d'abord** que M. D'Artaguiette et tous ses officiers avaient été **tués** sur le **champ de bataille**. **Blessé** de trois **coups de fusil**, il **fut** pris avec **quelques-uns** de ses officiers aussi blessés, le Père Sénat et quelques soldats et habitants, le tout au nombre de dix-neuf. Et une Sauvagesse **Avoyelle** qui était **esclave** chez les **Chicachas**, s'**étant** sauvée aux **Alibamons**, M. de Bienville l'a **fait** venir ici et elle a **rapporté** que le **même jour** de l'attaque M. D'Artaguiette, ses officiers, le père Sénat jésuite et les autres prisonniers au nombre de dix-sept en tout **furent jetés vifs** dans deux **feux** différents, que les Sauvagesses avaient préparés et où elles les **brûlèrent**. Elle a assuré aussi que pendant l'**appareil** de cette **barbare** tragédie nos Français **chantèrent**, **ainsi que** c'est l'usage des Sauvages qui ne **jugent** de la **valeur** d'un **guerrier** que par les sons plus ou moins forts de sa **voix** au moment où ils le **font** mourir.

Les Chicachas ont **gardé en vie** les deux autres prisonniers que l'on croit être des soldats ou habitants pour les **échanges** avec le nommé Courserai, Chicachas, que M. de Bienville a **retenu** prisonnier pendant la guerre. Cet échange **aura lieu** afin que l'on **puisse tirer** de ces deux hommes des **éclaircissements** sur la situation présente des Sauvages et sur la disposition de leurs forts.

comme as
d'abord at first

tués killed / **champ de bataille** n.m. field of battle / **blessé** wounded /**coups de fusil** n.m. musket shots / **fut** was / **quelques-uns** some

Avoyelle Avoyelle Indians

esclave n.f. slave /**Chicachas** Chickasaw-Indians / **étant** being / **Alibamons** Alabama Indians / **fait** had / **rapporté** reported / **même** same / **jour** n.m. day
furent were / **jetés** thrown / **vifs** alive / **feux** n.m. fires

brûlèrent burned

appareil n.m. formal preparation / **barbare** barbarous / **chantèrent** sang / **ainsi que** since / **jugent** judge / **valeur** n.f. courage / **guerrier** n.m. warrior / **voix** n.f. voice / **font** make
gardé en vie kept alive

échanges n.m. exchanges

retenu held

aura lieu will take place

puisse can / **tirer** obtain **éclaircissements** n.m. explanations

L'échange **se doit faire** par les Alibamons qui doivent **renvoyer** deux de leurs guerriers pour **ôtage** aux Chicachas. Lorsqu'on leur remettra les deux Français, ensuite M. de Bienville enverra Courserai aux Alibamons pour **retirer** les deux Français et les Alibamons retireront leurs deux hommes en **rendant** Courserai aux Chicachas, ce qui se doit faire **incessamment**. Voilà Monseigneur les nouvelles qui sont **parvenues** à ma connaissance depuis mon arrivé.

se doit faire must be done
renvoyer send
ôtage n.m. hostage

retirer to get back

rendant giving back

incessamment immediately

parvenues arrived

Crémont à Maurepas, 21 février 1737,
C13a, 22:251-55.

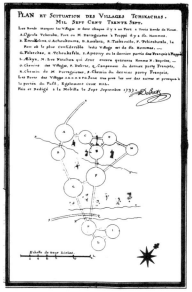

Alexandre De Batz's map of the Chickasaw villages, drawn up on the information of the Captain of Pacana village.

Questionnaire:
1. Qu'est-ce qui est arrivé à M. d'Artaguiette et à ses officiers sur le champ de bataille?
2. Qui d'autre a été pris ce jour-là?
3. Qui a rapporté cet incident à M. de Bienville?
4. Décrivez l'exécution d'Artaguiette et de ses compagnons.
5. Pendant l'exécution, que faisaient les prisonniers?
6. Comment les Sauvages jugent-ils les guerriers?
7. Pourquoi deux des prisonniers n'ont-ils pas été jetés dans les feux?
8. Qui est Courserai?
9. Quelle nation aidera les Français dans l'échange des prisonniers?

Failed Prisoner Exchange (1737)

After the failure of Bienville's first Chickasaw war in 1736, it was important for the French to gather intelligence about the Chickasaws. The Captain of Pacana, an Alabama war chief loyal to the French, was sent to the Chickasaws to plan a prisoner exchange. The Chickasaws had kept two French prisoners alive in order to exchange them for their own Chief Courserai.

Le 12, le Capitaine de Pacana, qui avait été aux Chicachas suivi de cinq chefs et de vingt-cinq guerriers, a fait son entrée en cérémonie à son village élevant un calumet que les Chicachas lui ont fait présent en le recevant grand chef de leur nation et en chantant. Il rapporte qu'il a assuré aux Français la navigation de la rivière; qu'il ne leur serait fait aucun mal dans l'étendue de leurs pays; qu'il a toujours chéri Les Français; qu'on ne peut être plus mortifié qu'il est de n'avoir pas trouvé les deux prisonniers français, pour les délivrer de l'esclavage et les amener avec lui; que les Anglais les avait déjà fait passer à La Nouvelle Georgie. La soeur de Courserai a été de plus mortifiée et a reproché aux Chicachas leur peu de nature puisqu'ils pouvaient faire un échange de son frère qui avait toujours bien servi. Il est honteux d'avoir fait venir un Capitaine, dit-elle, pour lui manquer de parole et de s'être laissé aller aux persuasions fausses des Anglais. Le Capitaine de Pacana rendit les Chicachas honteux en leur disant le peu de foi qu'ils avaient en lui puisqu'ils ne lui avaient pas gardé les Français comme ils le lui avaient promis par un courrier qu'ils lui avaient envoyé exprès.

Mingo Ouma, grand chef de guerre des Chicachas qui avait pris Mr. Du Coder, officier français, parla ensuite en ces termes:

«Que prétendent faire les Français et de quelle utilité leur sont nos chevelures pour le payer. Ils sollicitent toutes les nations à tremper leurs mains

Chicachas n.m. Chickasaw Indians / **guerriers** n.m. warriors
élevant holding up / **calumet** n.m. pipe
recevant receiving
chantant singing, chanting

ne ... aucun no / **étendue** n.m. extent

chéri cherished

mortifié humiliated

esclavage n.m. slavery / **amener** to bring

reproché reproached

pouvaient could have **honteux** shameful

manquer de parole to break one's word

fausses false / **rendit** made

disant telling / **foi** n.f. faith

exprès for that purpose

parla talked

prétendent claim
chevelures n.f. scalps
tremper to soak

dans notre **sang**. Trouvent-ils dans nos têtes des **trésors**, comptent-ils revenir sur nos terres, et ne sont-ils pas contents des deux tentatives qu'ils ont faites et dans **lesquelles** ils n'ont point réussi et cela par la grande **confiance** qu'ils ont dans les Sauvages qui les accompagnent? Les premiers, qui étaient les **Tamarois Peanquichas**, avaient **résolu** devant leur départ de leurs villages de conduire les Français jusqu'à notre poste et ensuite de les abandonner comme ils ont fait à ce que nous a rapporté un Chicachas qui était **esclave** chez eux et qui a profité de ce trouble pour venir rejoindre sa **patrie**.

«Les seconds qui sont venus avec les **Chactas** se sont **fiés** sur le grand nombre de ces gens-là, mais comment peut-on compter sur des gens que nous **méprisons souverainement**, et nous n'avons que **battre** le pot dans nos cabanes pour qu'ils se mettent à **fuir**. Il y en a quelques-uns de brave mais ils sont bien rares. Nous ne les **poursuivons** pas dans la **crainte** qu'**il n'y ait** des Français **parmi** eux que nous aimons et que nous ne voulons pas **tuer**.»

sang n.m. blood

trésors n.m. treasures

lesquelles which
confiance n.f. confidence

Tamarois Tamaroa Indians
/ Peanquichas Piankashaw Indians
/résolu resolved

esclave n.m. slave

patrie n.f. native land
Chactas Choctaw Indians

fiés relied

méprisons scorn /
souverainement in the extreme / **battre** to beat
fuir to flee

poursuivons pursue
crainte n.f. fear / **il n'y ait** there might be / **parmi** among / **tuer** to kill

Diron d'Artaguiette à Maurepas, 24 octobre 1737,
C13a, 22:233-43v.

Questionnaire:
1. Les Chicachas ont-ils bien reçu le Capitaine de Pacana? Expliquez.
2. Quelles nouvelles favorables a-t-il rapportées aux Français?
3. Pourquoi le Capitaine de Pacana était-il mortifié?
4. Où étaient les deux prisonniers français?
5. Pourquoi Courserai est-il resté prisonnier? Quel commentaire sa soeur a-t-elle fait sur cette situation?
6. Quelle était l'attitude de Mingo Ouma envers les Français? Quelle accusation a-t-il faite?
7. Selon Mingo Ouma pourquoi les Français n'ont-ils pas réussi dans leurs deux tentatives contre les Chicachas?
8. Qu'a-t-il dit contre les Tamarois Peanquichas?
9. Selon Mingo Ouma que peut-on faire pour effrayer les Sauvages qui accompagnent les Chactas?
10. Pourquoi les Chicachas ne les poursuivent-ils pas?

Alabama Indian Burial Rites

The Alabama Indians were both respectful and practical in their burial practices.

Les *Allibamons* enterrent leurs morts assis. Pour justifier cet usage, ils disent que l'homme est **droit**, et a la tête tournée vers le **Ciel** sa **demeure**, et que c'est pour cette raison qu'ils enterrent leurs **semblables** dans cette attitude. On lui donne un **calumet** et du tabac pour fumer, **afin qu'**il **fasse** la paix avec les gens de l'autre monde. Si c'est un **guerrier**, il est enterré avec ses armes, qui sont un **fusil**, de la poudre, et des balles, un **carquois garni** de **flèches**, un **arc**, un **casse-tête soit massue ou hache**, de plus un miroir, et du **vermillon** pour faire toilette au pays des **âmes**.

Bossu, II:49-50.

enterrent bury

droit upright
ciel n.m. heaven / **demeure** n.f. home

semblables n.m. fellows
calumet n.m. pipe
afin que in order that / **fasse** make
guerrier n.m. warrior

fusil n.m. gun
carquois n.m. quiver / **garni** filled / **flèches** n.f. arrows / **arc** n.m. bow / **casse-tête** n.m. tomahawk / **soit . . . ou** either . . . or / **massue** n.f. club / **hache** n.f. hatchet / **vermillon** n.m. red pigment / **âmes** n.f. souls

Questionnaire:
1. Dans quelle attitude les Allibamons enterrent-ils leurs morts? Pourquoi?
2. Pourquoi donnent-ils au mort un calumet?
3. Quelles armes sont enterrées avec les guerriers?
4. Pourquoi le guerrier mort a-t-il un miroir?

The young officer Chaussegros de Léry drew this sketch of an assault on a Chickasaw village in 1740.

165

A Young Officer's War Journal (1742)

A *cadet à l'aiguillette* was a volunteer who was not paid and who could resign at any time. Canelle came to Louisiana in 1737 when he was fourteen years old. Two years later he went to live among the Choctaws to learn their language. His journal of an attack he led along with several Choctaw chiefs provides a good example of the hit-and-run style of warfare the French adopted against the Chickasaws as a result of their alliance with the Choctaws.

Journal de la Campagne qui a été fait aux **Chicachas** dans le mois d'août 1742. Ecrit par le Sieur Canelle, cadet à l'**aiguillette**.

Le 17. août les **Srs.** Verbois et Canelle sont partis avec trois villages de l'**Est** pour aller en guerre sur les Chicachas.

Le 18. et le 19. Ils ont continué leur marche.

Le 20. Ils **ont été** joints par le S. de Chambly avec sept autres villages que Choucououlacta, un de leurs Chefs, a **harangué**, avec beaucoup de feu et de vivacité, pour les **engager** à **enlever d'assaut** un fort des ennemis.

Le 21. 22. et 23. Ils ont continué leur route, et ont été joints le soir par les Srs. Pechon, Des Islets et un nommé Champagne, indépendamment du Soulier Rouge et de tous les villages de la partie de l'**Ouest**.

Le 24. Tous les Chefs de l'Est et de l'Ouest se sont arrêtés pour **disposer** leur attaque, et après bien des **pourparlers** ils sont **convenus** de prendre le fort des ennemis du **côté** que M. Dartaguiette et son armée avait attaqué.

Le 25. le 26. et le 27. Toute la Nation est marchée assez bien **résolue**, et **étant** arrivée devant le village Ogoulathitoka vers les 11. heures du matin ils ont attaqué ce fort avec beaucoup de **vigueur** et de **fermeté**. Les ennemis se sont **pourtant** défendus vigoureusement, n'**osant cependant** pas faire des **sorties**. Ils ont perdu dans cette affaire cinq hommes, sept femmes, et trois prisonniers, avec neuf

Chicachas Chickasaw Indians
aiguillette n.f. aglet, ornamental shoulder knot

Srs. sieurs

Est eastern division of the Choctaws

ont été were

harangué addressed
engager to persuade / **enlever d'assaut** to take by assault

Ouest western division of the Choctaws

disposer to arrange
pourparlers n.m. negotiatons / **convenus** agreed / **côté** n.m. side

résolue determined / **étant** haing

vigueur n.f. vigor
fermeté n.m. firmness / **pourtant** however
osant daring / **cependant** however
sorties n.f. attacks

chevaux que nos bons alliés leur ont pris ou **tués**. Pendant cet assaut qui a **duré environ** deux heures les **Chactas** ont perdu deux hommes et ont eu sept **blessés**, ensuite de quoi ils **se sont retirés** dans leur camp où ils se sont fortifiés. Sur les trois heures après-midi ils ont été ravager les **blés** de nos ennemis.

Le 30. après avoir ravagé le plus de maïs qu'il leur **fût** possible, les **guerriers firent des représentations** pour engager toute la nation à retourner dans leurs villages à cause des blessés qui leur étaient **à charge**. La pluralité des voix **l'emporta sur** la bonne **volonté** de nos Français qui voulaient rester **encore** quelque temps sur les terres des ennemis, **de façon que** toute l'armée **se mit en marche** pour retourner aux Chactas où ils **se rendirent** le 2e. **7bre**. On **ajoute** que **malgré** la quantité de maïs qui a été ravagée il en reste encore beaucoup qu'on n'a pu approcher à cause de la proximité des forts qui **bordent pour ainsi dire** les **déserts** de nos ennemis.

tués killed

duré lasted / **environ** about
Chactas Choctaw Indians

blessés wounded / **se sont retirés** withdrew

blés n.m. corn

fût was / **guerriers** n.m. warriors / **firent des représentations** presented their viewpoints

à charge responsible
emporta sur prevailed over / **volonté** n.f. will
encore still

de façon que so that / **se mit en marche** began marching / **se rendirent** went / **7bre** September / **ajoute** adds / **malgré** in spite of

bordent border / **pour ainsi dire** so to speak
déserts n.m. cleared fields

Journal de Canelle, août 1742,
C13a, 27:176-77v.

Questionnaire:
1. Combien de jours la marche a-t-elle durée?
2. Combien de villages de l'Est ont joint la marche?
3. Quel village ont-ils attaqué? A quelle heure?
4. Combien de gens les Chicachas ont-ils perdus pendant ce premier assaut? Et les Chactas?
5. Les Chactas ont-ils fait un deuxième assaut l'après-midi? Expliquez.
6. Les guerriers Chactas et les Français n'étaient pas d'accord après le dernier assaut. Expliquez.
7. Finalement, qu'ont-ils décidé de faire?
8. Pourquoi restait-il beaucoup de maïs après les deux assauts?

Composition:
Imaginez que vous êtes jeune soldat pendant la guerre de Vietnam. Ecrivez un journal d'une semaine.

Chickasaws Bargain for Peace (1743)

Pierre François Rigault, Marquis de Cavagnal et Vaudreuil, arrived in New Orleans on May 10, 1743 to take over the governorship of Louisiana from Bienville. In August of that year some Chickasaw chiefs sent this letter greeting him and offering him peace in exchange for the supplies they requested.

Grand chef, de tous les Français et des hommes rouges, écoute notre **parole**; Nous avons **appris** ton arrivée, et que tous les hommes rouges du Nord étaient tes enfants, que **depuis** longtemps tu **en** es le Chef, que tu as **gardé** toujours la paix **parmi** eux; que tu ne leur as jamais **manqué** de parole non plus que ton Père* le grand Chef de toutes les Nations du Nord et que tu ne leur as point **laissé manquer** de **capots**, de **couvertes**, de **poudre**, et de **balles**, de **vermillon** ni de **rassade**.

Si tu veux nous regarder pour tes enfants, écoute notre parole qui est vraie: Nous ne voulons plus **frapper sur** les Français; nous leur donnerons la main quand nous les **trouverons**. Il n'y a plus de Natchez dans nos Villages. Les **Tchactas** sont **fous** de frapper sur nous. Nous ne **roulerons** plus sur le Mississipi; quand nous y sommes venus, nous ne **cherchions** point à faire **coups** sur les Français; nous les avions pris pour te faire écouter notre parole; nous **cherchions** sur le Mississipi des hommes rouges.

Nous aimons tes Français. Nous les regardons comme nos frères: tous les Chefs **Chis** te demandent la paix. Marianne, que nous **gardons** notre prisonnière avec tes Français, te **prie** de nous **accorder** la paix, et de nous envoyer de la poudre, des balles, des **fusils** et des capots, et nous **remènerons**

*Vaudreuil himself had been a post commandant in New France (Canada) before his appointment to Louisiana in 1743; his father had been governor of New France from 1703-1725.

parole n.f. speech; promise / **appris** learned about

depuis for / **en** of them

gardé kept
parmi among / **manqué** broken

laissé let / **manquer** to lack / **capots** n.m. hooded cloaks / **couvertes** n.f. blankets / **poudre** n.f. powder / **balles** n.f. bullets / **vermillon** n.m. red pigment / **ni** nor / **rassade** n.f. beads
frapper sur to attack

trouverons find
Tchactas Choctaw Indians / **fous** n.m. insane
roulerons will travel

cherchions were trying / **coups** n.m. attacks

cherchions were looking for

Chis Chickasaws

gardons keeping
prie begs / **accorder** to grant

fusils n.m. guns / **remènerons** will bring back

168

Marianne et les Français qui **restent** dans nos villages: Envoye-nous tout ce que nous te demandons et ne nous **fais** point de refus. **Sinon** nous roulerons sur le Mississipi et nous frapperons sur tous les Français et les hommes rouges.

restent remain

fais make / **sinon** otherwise

Tchikachas à Vaudreuil, 27 août 1743,
C13a, 28:92-92v.

In 1737, also on the evidence of the Captain of Pacana, De Batz drew this map of Chickasaw relationships with their friends and enemies.

Questionnaire:
1. Pour flatter Vaudreuil, qu'ont dit les Chicachas de sa conduite pendant qu'il était chef de la Nouvelle France? (sa générosité, sa parole, etc.)
2. Les Chicachas ont dit qu'ils cherchaient des hommes rouges sur le Mississipi. Alors, pourquoi avaient-ils pris des Français?
3. Qui est Marianne? Selon les Chicachas, qu'a-t-elle demandé?
4. Quelle menace ont-ils prononcée à la fin de la lettre?

Requests of a Hostage (1743)

Marianne Bienvenu, a trader's wife, was being held prisoner by the Chickasaws after having been captured on the Mississippi, as mentioned in the previous letter. Her personal note to Vaudreuil was enclosed with it.

Copie de la lettre de la femme prisonnière aux **Tchikachas**.

Tchikachas Chickasaw Indians

Monsieur.

Je prends la liberté de vous écrire pour vous faire à savoir de nos **nouvelles**: Voilà la **parole** des Chefs et ce qu'ils m'ont dit que ce n'était pas nous qu'ils **cherchaient**, qu'ils cherchaient des hommes rouges. Et le Chef qui nous a pris demande la **paix** aussi bien que les **Abekas** qui **restent** ici, **jusqu'à ce que** la réponse **soit** venue. Il est, lui, deuxième de sa nation.

nouvelles n.f. news / **parole** n.f. promise

cherchaient were looking for
paix n.f. peace
Abekas Abihka Indians / **restent** remain / **jusqu'à ce que** until / **soit** has

Je vous prie de m'**envoyer** une jupe et une chemise. Je vous **en tiendrai compte**; il n'y a plus de Natchez. Ces **Tchis** ont de bon **traitement** pour nous. Ils **espèrent** la paix de vous, et disent que vous [la] **leur tiendrez** quand vous [la] **leur aurez donnée**, qu'ils **compteront** sur votre parole.

je vous prie I beg you / **envoyer** to send / **en** of it / **tiendrai** will keep / **compte** n.m. account / **Tchis** Chickasaws / **traitement** n.m. treatment / **espèrent** hope for / **leur** from them / **tiendrez** will have / **leur** to them / **aurez donnée** have given / **compteront** will count

Marianne à Vaudreuil, 27 août 1743,
C13a, 28:93.

Questionnaire
1. Pourquoi Marianne a-t-elle écrit cette lettre?
2. Elle a expliqué ce que les Chicachas cherchaient. Comparez son explication à celle que les Chicachas ont écrite dans la lettre précédente.
3. Quelle demande personnelle a-t-elle faite?
4. Selon Marianne, quand les Français auront-ils la paix?

Red Shoe's Request for Trading Posts (1744)

The primary motive for encouraging the Choctaws to attack the Chickasaws was that of preventing the English from expanding their territory southward through the Choctaw nation. It did not take Vaudreuil long to learn that the Chickasaws were not totally committed to driving out the English. This was also the case with the western Choctaw faction under the leadership of Soulier Rouge, who frequently promised to attack the Chickasaws in order to obtain French rewards.

Le fameux **Soulier Rouge paraît jusqu'à** présent s'être bien **comporté** dans tous ces **événements.** J'**aurai bien d'**être content de lui, s'il **effectue** ses promesses d'aller aux **Tchis** faire quelque **coup d'éclat** par l'**envie** qu'il a de gagner ma **confiance,** mais je ne serai obligé de satisfaire aux **engagements** que le Commandant de Tombekbé s'est trouvé forcé de prendre avec lui pour cet **effet** qui consistent premièrement en une **gratification,** comme il est d'usage parmi le Sauvage **dont** l'**intérêt** est toujours le mobile principal de leurs **démarches** et de leurs actions; secondement qu'il sera **établis** dans sa nation 10 magasins. Cette dernière article ne sera jamais un sujet de **dépense** pour le Roi, parce que ce sont les marchandises de la **traite** qui **se fait** chez eux qui seront distribués en 10 villages différents **au lieu** de 4, comme il est pratiqué jusqu' au présent, **pour qu'**ils puissent avoir plus **facilement** leurs **besoins.**

Soulier Rouge Red Shoe / **paraît** appears / **jusqu'à** until / **comporté** (se) behaved / **événements** n.m. events / **aurai bien d'** will have reason / **effectue** carries out / **Tchis** Chickasaws / **coup d'éclat** brilliant action / **envie** n.f. desire / **confiance** n.f. confidence / **engagements** n.m. commitments
effet n.m. result

gratification n.f. reward
dont for whom / **intérêt** n.m. self-interest
démarches n.f. proceedings
établis established

dépense n.f. expenditure

traite n.f. trade / **se fait** is done
au lieu de instead of
pour qu' in order that

facilement easily / **besoins** n.m. necessities

Vaudreuil à Maurepas, 28 décembre 1744,
C13a, 28:257-59.

Questionnaire:
1. Pourquoi Vaudreuil sera-t-il content du Soulier Rouge?
2. Expliquez les deux obligations que Vaudreuil doit satisfaire si le Soulier Rouge effectue ses promesses.
3. Vaudreuil a promis qu'il n'y aurait pas de dépense pour l'établissement des nouveaux magasins. Comment pourrait-il le faire?

A Doubly Valuable Animal

The opossum was the subject of much discussion in early Louisiana. It provided many tasty meals as well as some useful medicines.

Le Rat de **Bois** a la tête et la **queue** d'un rat; il est de la **grosseur** et **longueur** d'un chat ordinaire; ses jambes sont plus courtes, ses **pattes** longues, et ses doigts armés de **griffes**. La queue est presque sans **poil** et faite pour **s'accrocher, car** en le **prenant** par cet **endroit**, elle **s'entortille aussitôt** du doigt; . . . on **ne** voit ordinairement **point** d'animal marcher si lentement, et j'en ai **pris** souvent à mon pas ordinaire. Lorsqu'il se voit sur le point d'être **attrapé**, son instinct le **porte** à **contrefaire** le mort, et il le fait si constamment, que **soit** qu'on le tue **sur la place, soit** qu'on le **fasse** griller, il **ne lui échappe aucun mouvement**, et il **ne** donne **nul** signe de vie.

La **chair** de cet animal est d'un très bon **goût** et approche **fort** de **celle** du **cochon de lait**, lorsqu'elle est grillé et **mise** ensuite à la **broche**. On **prétend** que la **graisse** est **propre** pour **apaiser** les **douleurs** de rhumatisme, sciatique et autres.

Du Pratz, II:94-96.

bois n.m. woodland / **queue** n.f. tail **grosseur** n.f. size / **longueur** n.f. length / **pattes** n.f. paws **griffes** n.f. claws **poil** n.m. fur / **s'accrocher** to cling / **car** for / **prenant** grasping / **endroit** spot / **s'entortille** twists around / **aussitôt** immediately / **ne** . . . **point** no / **pris** caught

attrapé trapped / **porte** causes / **contrefaire** to imitate / **soit** . . . **soit** whether . . . or / **sur la place** on the spot / **fasse** makes / **il ne lui échappe aucun mouvement** he does not move at all / **ne** . . . **nul** no **chair** n.f. flesh / **goût** n.m. taste **fort** closely / **celle** that / **cochon de lait** n.m. suckling pig / **mise** put / **broche** n.f. spit / **prétend** claims / **graisse** n.f. fat / **propre** good / **apaiser** to alleviate / **douleurs** n.f. pains

Rat de bois

Le rat de bois ou rat d'**Inde**, est gros **comme** un chat d'Europe; il a la tête d'un **renard**, les pattes d'un **singe**; il n'a du rat que la queue. Cet animal est très curieux; j'ai tué une femelle qui avait sept petits, [**ceux-ci**] étaient **collés** à la **tétine**. C'est là qu'ils **croissent**, et ils ne s'en détachent que lorsqu'ils sont en **état** de marcher; alors ils tombent dans une membrane qui forme une **espèce** de poche; ceux-ci étaient gros alors comme de petites **souris** nouvellement **nées**. La nature a donné à

Inde n.f. India / **comme** as

renard n.m. fox

singe n.m. monkey

ceux-ci these / **collés** clinging / **tétine** n.f. nipple / **croissent** grow up **état** n.m. condition

espèce n.f. kind

souris n.f. mice / **nées** born

cette femelle une poche sous le **ventre** qui est **garnie** de poil, dans **laquelle** ses petits rentrent lorsqu'ils sont **poursuivis**, et c'est **ainsi** que la mère les **emporte** et les sauve. Sa chair a le goût du cochon de lait; son poil est **blanchâtre**; il a un **duvet** comme le **castor**. Ce **prétendu** rat se nourrit dans le bois, de **faînes**, de **châtaignes**, de **noix** et de **glands**. J'en ai mangé plusieurs fois en voyage; sa graisse est extrêmement blanche et **fine**; on en fait une **pommade** excellente pour la **guérison** des hémorroïdes.

ventre n.m. stomach / **garnie** lined
laquelle which
poursuivis pursued / **ainsi** thus
emporte carries away

blanchâtre whitish / **duvet** n.m. fur
castor n.m. beaver / **prétendu** so-called / **faînes** n.f. beechnuts / **châtaignes** n.f. chestnuts / **noix** n.f. walnuts / **glands** n.m. acorns / **fine** delicate / **pommade** n.f. ointment / **guérison** n.f. cure

Bossu, II:164.

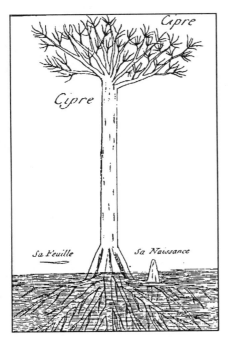

Above: Du Pratz's rat de bois.
Left: Du Pratz's cypress tree.

Questionnaire:
1. Expliquez les différences et les similitudes entre les descriptions de Du Pratz et de Bossu.
2. Selon Du Pratz que fait cet animal pour se protéger?
3. A quel autre animal peut-on comparer le goût du Rat de Bois?
4. Quelle utilisation fait-on de la graisse?
5. Qu'est-ce qui protège les petits quand il y a du danger?
6. Que mange le Rat de Bois?

A Tree with Knees

The cypress tree was commonly used for building in French Louisiana, as it is now, because of its strength and durability.

Le **Cipre** est après le **Cèdre** le bois le plus précieux; quelques-uns le disent incorruptible; s'il ne l'est pas, il faut du moins une longue suite d'années pour le **pourrir**. L'arbre que l'on a trouvé en terre à vingt pieds de **profondeur** près de la Nouvelle Orléans, était un cipre; il n'était point **corrompu; cependant** si en cent ans la terre de la **Basse** Louisiane est augmentée de deux **lieues**, il est nécessaire qu'**il y ait** plus de douze **siècles** qu'il **soit** en terre. Cet arbre **s'élève** extrêmement **droit** et haut, et **acquiert** une **grosseur** proportionnée. On en fait **communément** des **pirogues** d'un **seul** tronc d'un **pouce** et plus d'**épaisseur**, qui portent des trois et quatres **milliers** [de **livres**], il s'en fait encore de plus grosses . . .

cipre n.m. cypress tree [cyprès]

pourrir to decay
profondeur n.f. depth

corrompu rotten / **cependant** however
basse lower / **lieues** n.f. leagues / **il y ait** there were / **siècles** n.m. centuries / **soit** has been / **s'élève** grows / **droit** straight / **acquiert** acquires / **grosseur** n.f. size / **communément** commonly / **pirogues** n.f. dugout canoes / **seul** single / **pouce** n.m. inch / **épaisseur** n.f. thickness / **milliers** thousands / **livres** n.f. pounds

Du Pratz, II:30-31.

Questionnaire:
1. Pourquoi dit-on que le cipre est incorruptible?
2. Expliquez comment Du Pratz s'est rapproché de l'âge de ce cipre-ci.
3. Décrivez le cipre qu'on a trouvé près de la Nouvelle Orléans.
4. Combien d'arbres faut-il pour faire une pirogue?
5. Expliquez la grosseur possible d'une pirogue.

Diderot's marsupial opossum (erroneously labeled unau *or* sloth*) from the* Encyclopédie.

174

Beauchamp's Journal (1746)

After the murder of three Frenchmen by the Choctaw war chief Red Shoe, Jadart de Beauchamp, Major of the Mobile post, was sent to the Choctaw villages to hold a meeting with Choctaw leaders. This selection from his journal describes Red Shoe's attitude as reported by other chiefs.

Journal du Voyage De Monsieur De Beauchamps chevalier de l'ordre Militaire de St. Louis major de la Mobille aux Tchactas en vertu de l'ordre de Mr. De Vaudreuil gouverneur de la province de la Louisianne du 28 août 1746. Pour engager cette Nation à nous donner satisfaction de l'assassinat de trois de nos Français **dont un Cadet á l'aiguillette**, un soldat, et un **traiteur**, fait le 14. août 1746: Par ordre de Imataha Tchitou chef à medaille de cette Nation qui á rejeté les Français pour se donner aux Anglais dans l'espérance d'en **tirer** un plus grand avantage.

dont of whom / **cadet à l'aiguillette** n.m. volunteer officer / **traiteur** n.m. trader

tirer to obtain

Le 16. septembre je partis de la Mobille à huit heures du matin dans le canot accompagné de Messieurs

    Grondel Lieutenant Suisse
    Pechon   {
    De Verbois   {cadets à l'aiguillette
    Roucève   Interprète pour le Roi.
    un Caporal français
    Deux soldats français et Deux Suisses
    un Espagnol pour la conduite des chevaux,
        chargés de marchandises
    un Sauvage, et un Nègre à Mr. de
        Beauchamp

Je partis pour **me rendre** par eau avec marchandises et **équipages** de chevaux aux Mobilliens, d'où je devais, après l'arrivée des cheveaux, prendre la route des Tchactas par terre.

me rendre to go
équipages n.m. pack train

Nous **arrivâmes** à mon habitation sur les trois heures après midi. Nous y **restâmes** jusqu'au 17. J'en partis à 4. heures après midi, et **fus** coucher chez le nommé Myot habitant. Le 18 nous **partîmes** à la pointe du jour et **nous rendîmes** à 7 à 8 heures du matin aux Mobilliens, qui nous attendaient et faisaient une partie de plotte pour se préparer à nous suivre. A mon arrivée Ils **vinrent** me chanter le calumet et une heure après, les chevaux destinés pour ce voyage **arrivèrent** qui étaient le 15. de la Mobille.

J'appris qu'il y avait 4. Tchactas **nouvellement** venus, qui **dirent** que le **Mutin** Imataha Tchitou avait beaucoup de partisans dans leur nation, **ajoutant** qu'il ne paraissait pas encore satisfait des trois Français qu'il avait fait assassiner, qu'il n'en faisait pas **plus de cas**, que s'il **eut** fait tuer des rats de bois, qui n'étaient chez eux **que** pour manger leurs poules: qu'**au reste** ce n'étaient que des traiteurs et conséquemment gens de peu de chose; qu'il **se consolerait** facilement s'il avait fait tuer un chef de conséquence, et n'**aurait** pas regret de mourir après.

Beauchamp, Journal, 16 septembre-19 octobre 1746, C13a, 30:222-40v.

arrivâmes arrived

restâmes remained

fus went

partîmes left

nous rendîmes went

vinrent came

arrivèrent arrived

nouvellement newly

dirent said / mutin n.m. rebel

ajoutant adding

plus de cas more importance / eut had
ne ... que only

au reste besides

se consolerait would console himself
aurait would have

Questionnaire
1. Qui étaient les trois Français assassinés par ordre d'Imataha Tchitou?
2. Combien de personnes ont accompagné Beauchamp?
3. Quelles sont les deux modes de transport pour arriver aux Tchactas?
4. Où se sont-ils couchés le 17? Quand sont-ils partis?
5. Que faisaient les Mobilliens quand Beauchamp est arrivé? Qu'ont-ils fait pour lui faire honneur?
6. Imataha Tchitou était-il satisfait de l'assassinat? Expliquez sa comparaison des rats de bois aux Français.

Choctaw Civil War (1748)

The French king rarely, if ever, saw individual letters from settlers in the colony. Instead he was briefed by a cabinet member who presented him with condensed memos concerning affairs in Louisiana drawn from the letters received from the colony. The following memo describes the outbreak of civil war among the Choctaws as the French strategists saw it: simply part of Vaudreuil's geopolitical maneuvering against the English.

Porté au Roi
le 6. Septembre. 1748

La Louisianne

Le Roi a été informé du **coup** qu'un Chef de la Nation **Chactas** nommé le Soulier Rouge **fit** en 1746 sur des Français **commerçant** dans cette nation, et **dont** trois **furent tués**.

> **coup** n.m. attack
> **Chactas** Choctaw Indians / **fit** made
> **commerçant** trading
> **dont** of which, from which / **furent** were / **tués** killed

La **plupart** des autres chefs **n'ayant point** eu part à cette aventure, M. de Vaudreuil Gouverneur de la Colonie leur avait demandé pour satisfaction la tête du Soulier Rouge, **ainsi que celle** de ses deux principaux **adhérents**.

> **plupart** n.f. most / **n'ayant point** not having
>
> **ainsi que** as well as / **celle** that
> **adhérents** n.m. followers

Après de longues délibérations, la Nation s'est enfin déterminée à porter la tête du chef, lequel a été **conduisant** un convoi de marchandises anglaises chez lui; et par cet événement le parti qu'il était **parvenu à** former en leur faveur **serait** tombé, si en le **faisant** mourir on avait en même temps détruit le convoi; mais **au moyen** des présents que les Anglais qui étaient les maîtres se sont trouvés **en état** de faire, ils sont parvenus à **soutenir** ce parti à la tête de laquelle ils ont mis un frère du Soulier Rouge, et dont **quelques-uns** de **ceux** qui le composent étaient même venus du **côté** des **établissements** français où ils avaient tué cinq prisonniers.

> **conduisant** leading
>
> **parvenu à** succeeded in / **serait** would have
> **faisant** causing
>
> **au moyen** by means
>
> **en état** in a position
> **soutenir** to support
>
> **quelques-uns** some
> **ceux** those / **côté** n.m. vicinity
> **établissements** n.m. settlements

177

La Nation des Chactas **se trouvant** par là divisée il y avait une **espèce** de guerre civile **parmi** elle. M. de Vaudreuil devait l'**assembler** pour **tâcher** de terminer cette guerre, ainsi que pour obtenir, s'il était possible, deux têtes anglaises que la Nation lui avait offertes elle-même à la place des deux Chactas qu'il avait **d'abord** demandés avec celle du chef Soulier Rouge.

Les Anglais ayant **cependant** profité des circonstances pour porter leur commerce dans la nation, l'officier français commandant au poste de Tombekbé **fut** informé au mois d'octobre de l'année dernière que cinq **traiteurs** devaient en partir avec 60. chevaux chargés de **pelleteries**. Sur cet **avis** il **forma** un parti de 12 Sauvages commandé par un chef **affidé**, lequel s'**étant** posté sur la route qui devait **tenir** le convoi, il l'**attaqua** et le **défit** entièrement. Des 60. chevaux dont il était composé 40. furent **enlevés**, et les 20. autres furent tués, mais **il n'y eut qu'**un Anglais de tué, les autres ayant trouvé le moyen de s'**évader**.

Quoique ce coup **ait dû** faire impression sur les Anglais, il ne faut cependant pas **se flatter** qu'il [le coup] **soit** capable de les **rebuter**; et ils avaient même fait **prévenir** les Chactas de leur parti qu'un nouveau convoi de marchandises **arriverait incessamment** chez eux, et lequel serait assez bien escorté pour n'avoir rien à craindre de leur part des Français.

Par rapport aux autres nations de la Colonie, M. de Vaudreuil **rend compte** que les Anglais étaient parvenus à engager **celles** des **environs** des Illinois à détruire les Français qui se trouvent dans cette partie, ainsi que leurs établissements; mais que le Chevalier de Bertet qui y commande ayant découvert la **conspiration**, en avait **empêché** l'**effet**; en sorte qu'on espérait que la tranquillité serait bientôt rétablie.

se trouvant being
espèce n.f. kind / **parmi** among
assembler to assemble

tâcher to try

d'abord at first

cependant meanwhile

fut was
traiteurs n.m. traders
pelleteries n.f. skins
avis n.m. information / **forma** formed
affidé trustworthy / **étant** being / **tenir** to follow / **attaqua** attacked
défit defeated

enlevés stolen
il n'y eut qu' there was only
évader to escape

quoique although / **ait dû** ought to have / **se flatter** to hope
soit would be / **rebuter** to repulse
prévenir to inform

arriverait would arrive / **incessamment** immediately

par rapport in regard
rend compte reports

celles those / **environs** n.m. vicinity

conspiration n.f. conspiracy / **empêché** prevented
effet n.m. result

M. de Vaudreuil observe qu'on ne peut **attribuer** ces différents mouvements des Nations Sauvages qu'au peu de force des **garnisons** des postes Français, et au **bruit** que les Anglais ont **répandu** que le Roi n'avait plus de **vaisseaux**.

attribuer to attribute

garnisons n.f. garrisons

bruit n.m. rumor
répandu spread abroad /
vaisseaux n.m. ships

Mémoire au Roi, 6 septembre 1748,
C13a, 32:241-42v.

The British allies of one side in the Choctaw civil war were so ineffective in supplying ammunition to their allies that the pro-British Choctaws had to return to using bows and arrows in their fight.

Questionnaire:
1. Pourquoi Vaudreuil a-t-il demandé la tête du Soulier Rouge?
2. La Nation des Chactas a-t-elle consenti à porter la tête du Soulier Rouge?
3. Que faisait le Soulier Rouge quand on l'a tué?
4. Pourquoi le parti du Soulier Rouge n'est-il pas tombé, même après sa mort?
5. Vaudreuil a-t-il essayé de terminer la guerre civile entre les Chactas?
6. En plus de la tête du Soulier Rouge, il a demandé deux autres Chactas. Qu'est-ce qu'il a décidé d'accepter au lieu de ces deux autres?
7. Malgré les efforts de Vaudreuil, les Anglais ont réussi à porter leur commerce dans la Nation des Chactas. Qu'est-ce que l'officier français au poste de Tombekbé a fait contre les Anglais?
8. Avait-il du succès? Expliquez.
9. Même après cette défaite, comment les Anglais ont-ils rassuré les Chactas de leur parti?
10. Quelle autre nation les Anglais ont-ils engagée pour détruire les Français? Qui a empêché cette destruction?
11. Selon Vaudreuil, quelles sont les deux raisons pour ces problèmes?

Divided Loyalties (1749)

Vaudreuil encouraged the fighting among the Choctaws in order to obtain satisfaction for wrongs committed against the French as well as to cover up for the supply shortage. The Choctaws were often reluctant to employ this form of justice on their own kinsmen.

Le 23 **Xbre** Allibamon Mingo et les Chefs des villages de sa dépendance, le Grand Chef de la Nation, et tous les Chefs et Guerriers de la Nation des **Tchactas** de la Partie de l'Est avec les villages Okelousa et Yanabé sont venus me trouver, ont jeté à mes pieds plus de cent **chevelures** faites sur les Tchactas révoltés, et y ont **joint** trois **crânes** de trois chefs des villages Coentchito, Neskoubo, et Apeka de l'Ouest et m'ont assuré que les trois villages **dont** le **feu** Soulier Rouge **s'était servi** pour faire tuer les Français ont **subi la peine** dûe à leur **perfidie**, et ne **subsistent** plus, qu'ils m'apportaient les têtes des chefs et les chevelures des guerriers.

Que s'il y avait eu **tant de peine à se déterminer** à me donner la satisfaction que j'**exigeais** d'eux depuis si longtemps ce n'était pas **manque d'**attachement pour les Français, mais seulement parce qu'ils **prévoyaient** que pour la faire **comme il convenait** il fallait qu'ils **renonçassent** à leur **propre sang** et **se déterminassent à détruire** leurs **parents**, leurs amis, et généralement tous **ceux** de leur nation qui s'**étant** laissé **séduire** par les mauvais **discours** des Anglais, se sont **soulevés** contre les Français.

Vaudreuil à Rouillé, 3 mars 1749,
C13a, 33:13-14.

xbre n.m. December

Tchactas n.m. Choctaws

chevelures n.f. scalps

joints added / **crânes** n.m. skulls

dont which / **feu** late (deceased) / **s'était servi** had used / **subi** suffered / **peine** n.f. punishment / **perfidie** n.f. treachery / **subsistent** exist
tant so much / **peine** n.f. trouble / **se déterminer** to resolve / **exigeais** demanded
manque de for lack of

prévoyaient foresaw / **comme il convenait** properly / **renonçassent** disown / **propre** own / **sang** n.m. blood / **se déterminassent** resolve / **détruire** to destroy / **parents** n.m. relatives / **ceux** m. those / **étant** having / **séduire** to win over / **discours** n.m. speeches / **soulevé** revolted

Questionnaire:
1. En décembre 1748 tous les chefs de la Nation des Tchactas ont démontré leur appui des Français. Expliquez ce qu'ils ont fait.
2. Qu'est-ce qui est arrivé aux villages qui ont soutenu le Soulier Rouge?

Composition:
Le manque d'attachement pour les Français était-il la raison pour la lente
réponse des Tchactas? Expliquez.

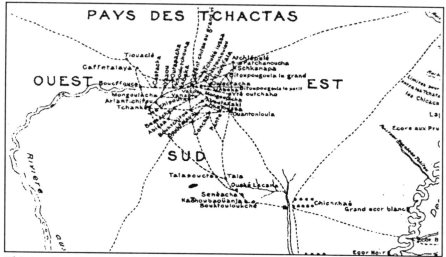

*This tracing of part of a 1733 map by the Baron de Crenay shows the location of the
many Choctaw villages between the headwaters of the Pearl and Chickasawhay
rivers. De Crenay indicates the French understanding of Choctaw political divisions
with his labels* ouest, est, *and* sud.

Uneasy Peace with the Choctaw Nation (1751)

On November 15, 1750, at Fort Tombecbé, the Choctaws made peace among themselves and agreed to ally solely with the French by adopting the Grandpré Treaty, whose terms are listed with a summary of the events preceding it in this memoir for the king.

Sa Majesté est informée que cette colonie a été fort agitée par la révolte des Natchez et des Chicachas, et par les expéditions* de guerre qu'il a fallu **entreprendre** contre ces deux nations. Sa Majesté est **pareillement** instruite qu'il n'**aurait** pas été bien difficile de les **détruire** l'une et l'autre si les Anglais ne les avaient pas **soutenues et** par eux-mêmes **et** par quelques villages Chactas qu'ils avaient trouvé le **moyen** de **débaucher**. Et il a été encore **rendu compte dans le temps** à Sa Majesté qu'après la destruction des Natchez dont il n'est resté que quelques familles dispersées dans différents endroits, et après la réduction des Chicachas qui ont été mis **hors d'état de** donner une certaine **inquiétude**, il avait été jugé nécessaire, pour **réduire** aussi les villages Chactas qui s'étaient tournés **du côté des** Anglais, d'exciter une guerre civile dans cette nation.

Il y a déjà quelques années que ce projet a été **exécuté** par M. de Vaudreuil, gouverneur de cette Colonie. Les Chactas, nos alliés, ont attaqué les révoltés. Il y a eu plusieurs actions entr'eux; et presque toutes ont été à l'avantage de nos alliés. Enfin, au mois de septembre et octobre de l'année dernière, nos alliés, **ayant** à leur tête un officier et quelques Français, **firent** des **incursions** dans lesquelles plusieurs guerriers des révoltés **furent brûlés**: beaucoup de **vivres**, de **pelleteries** et de marchandises anglaises furent **pillés**.

entreprendre to undertake

pareillement similarly / **aurait** would have / **détruire** to destroy **soutenues** supported

et . . . et both . . . and

moyen n.m. means / **débaucher** to corrupt / **rendu compte** reported / **dans le temps** before

hors d'etat de in no condition to / **inquiétude** n.f. uneasiness / **réduire** to subdue

du côté des toward

exécuté carried out

ayant having

firent made / **incursions** n.f. raids **furent** were **brûlés** burned / **vivres** n.m. provisions / **pelleteries** n.f. skins / **pillés** pillaged

*Note in margin: Il y en a eu trois principales en 1731. 1736. et 1739.

Ces **pertes forcèrent** les rebelles à demander grâce; et nos alliés, **flattés** de les avoir ainsi **réduits**, et charmés **d'ailleurs** de pouvoir terminer avec honneur une guerre qui leur coûtait leur propre **sang, se déterminèrent** à proposer cette paix à M. de Vaudreuil; et elle **fut** conclue aux conditions suivantes:

1e. que tout chef considéré ou guerrier Chactas qui **trempera** sa main dans le sang du Français, sera tué sans **rémission**; et que si les **parents** de l'agresseur s'opposent à cette justice, toute la nation prendra les armes contr'eux, et leur fera **subir** le même **sort** qu'aux **coupables**.

2e. que tout Chactas, chef ou guerrier, qui introduira l'Anglais dans son village, sera puni de mort avec l'Anglais, sans que **qui que ce soit** de la nation **puisse** en prendre vengeance.

3e. que toute la nation Chactas continuera de faire la guerre aux Chicachas, et qu'elle ne cessera point de **frapper sur** ces **perfides, tant qu'**il en **subsistera**.

4e. que les villages, **ci-devant** révoltés, détruiront **au plus tôt** leurs forces; et que l'on **rendra de part et d'autre** les prisonniers et les esclaves faits pendant la guerre.

Les principaux chefs des villages qui étaient restés fidèles, en **venant** rendre compte à M. de Vaudreuil de toutes ces conditions, lui ont rapporté les commissions que les chefs révoltés avaient reçues du Gouverneur anglais de la Caroline. Ils **se sont rendus garants de** la **conduite** des autres. Et M. de Vaudreuil **mande** par une lettre du 20 avril dernier que les Chactas ont effectivement fait plusieurs coups sur les Chicachas, et ont même tué un **traiteur** anglais.

Ce gouverneur observe qu'au moyen de cette paix la Colonie va **jouir** d'une tranquillité du côté des nations sauvages qu'elle n'a pas eu le bonheur de **goûter** depuis son établissement. Dans la situation où elle se trouve, elle n'a de mouvements à

pertes n.f. losses / **forcèrent** forced / **flattés** pleased / **réduits** subdued
d'ailleurs moreover

sang n.m. blood / **se déterminèrent** decided
fut was

trempera soaks
rémission n.f. mercy / **parents** n.m. relatives

subir to suffer
sort n.m. fate / **coupables** n.f. guilty ones

qui que ce soit anybody
puisse can

frapper sur to attack / **perfides** treacherous people / **tant qu'** as long as / **subsistera** live
ci-devant formerly
au plus tôt as soon as possible
rendra will give back / **de part et d'autre** on both sides

venant coming

se sont rendus garants de guaranteed / **conduite** n.f. conduct
mande writes

traiteur n.m. trader

jouir to enjoy

goûter to feel

craindre que de la part des Chicachas; mais il en reste si peu que les Chactas **viendront** bientôt **à bout** de les détruire si, comme il y a apparence, ils continuent de les **poursuivre**. Tant que les Chactas nous resterons fidèles, ils en imposeront aux autres Nations. Ils composent 42 villages qui occupent au moins 40 **lieues** de pays, et où il y a près de 4000 hommes **portant** armes. Ils ont toujours été nos alliés. Les efforts que les Anglais ont faits dans tous les temps pour **corrompre** cette nation avaient toujours été inutiles jusqu'à ces derniers temps, qu'ils avaient trouvé le moyen d'en détacher les villages dont on a parlé. Et selon ce que mande M. de Vaudreuil, **il y a lieu** d'espérer qu'elle **se maintiendra** dans les mêmes dispositions à notre **égard**. L'augmentation, que Sa Majesté a faite dans les troupes de la Colonie, contribuera surtout à la **contenir**.

Il **pourrait** être en effet à craindre qu'elle [la nation des Chactas] ne **cherchât** à **se prévaloir** avec nous de sa supériorité sur les autres nations sauvages. C'est par cette considération que dans les ordres qui avaient été donnés en dernier lieu à M. de Vaudreuil on lui avait **mandé** d'examiner si pour **parvenir** à l'**affaiblir**, il ne **convenait** pas mieux de faire continuer la guerre civile entre ces villages, que de les pacifier. Il répond sur cela que d'un côté cette Nation **s'étant** réunie d'elle-même et à des conditions qui prouvent assez la sincérité de ses sentiments, il n'a pas cru devoir se refuser à cette paix, surtout après la satisfaction sans exemple que nos alliés lui ont **procurée** de la part des révoltés, et que d'un autre elle commençait à **s'apercevoir** que cette guerre **intestine** l'affaiblissait tous les jours de plus en plus, ce qui aurait fort bien pu la **rebuter** et la **porter** à faire sa paix sans notre participation. Il ajoute, qu'avec du **ménagement** et surtout en **entretenant** chez elle une **traite**

viendront... à bout will succeed

poursuivre to pursue

lieues n.f. leagues

portant bearing

corrompre to corrupt

il y a lieu there is good reason / **se maintiendra** will continue / **égard** n.m. account

contenir to keep in check

pourrait could

cherchât try / **se prévaloir** to take advantage

mandé directed **parvenir** to succeed / **affaiblir** to weaken / **convenait** was advisable

s'étant having

procurée procured

s'apercevoir to understand / **intestine** internal

rebuter to discourage / **porter** to persuade

ménagement n.m. caution / **entretenant** maintaining / **traite** n.f. trade

qui puisse leur fournir leurs besoins, les Anglais ne
parviendront pas à la détacher de nous.

Mémoire au Roi, 1751,
C13a, 35:383-85.

Questionnaire:

1. Deux nations sauvages étaient les ennemis principaux des Français. Lesquelles?
2. Décrivez la condition de ces deux nations à ce moment-là (d'après ce mémoire).
3. Qui a causé plus de difficultés pour les Français dans la destruction de ces deux nations?
4. Pourquoi a-t-on jugé nécessaire de susciter une guerre civile entre les Chactas?
5. Qui a réussi dans cette guerre civile? Décrivez les dernières incursions.
6. Pourquoi les Chactas (alliés aux Français) voulaient-ils la paix?
7. Dans la première condition de la paix, quelle punition recevait un Chactas qui avait tué un Français?
8. Dans la deuxième condition, quand donnait-on la peine de mort?
9. Dans les deux autres conditions, de quels ennemis parlaient-ils?
10. Pourquoi le bonheur de la Colonie sera-t-il le meilleur depuis son établissement?
11. Expliquez la composition de la Nation des Chactas.
12. Pourquoi a-t-on suggéré que la guerre civile continue?
13. Expliquez la réponse de Vaudreuil à cette suggestion.

Composition:
Ce document révèle clairement les motifs géopolitiques des Français dans leurs rapports avec les Chactas. Commentez ces motifs en pensant aux raisons positives et négatives.

Choctaw Ethics (1751)

Eight French soldiers at Fort Tombecbé, located on the Tombigbee River between modern Mississippi and Alabama, deserted and were later captured by the Choctaws and brought back to the fort. Several chiefs and elders accompanied the deserters, including Alibamon Mingo and Imataha Mingo (nicknamed Le Singe). The soldiers' reasons for desertion were the lack of food and clothing, in addition to the exorbitant prices for merchandise at the King's warehouses. The Indians were willing to hand over French deserters, but only under certain conditions. This document is a report from Dupumeux, the interpreter of the Choctaw language at Tombecbé.

Monsieur

Le 16 du présent Le **Singe** est arrivé, accompagné d'Alibamon Mingo et d'**environ** 50 hommes, tant Chefs et **Considérés** que **guerriers**, qui ont **amené** avec eux sept de nos déserteurs. Le huitième **s'étant sauvé**, nommé Versailles, qu'ils pensent être mort dans le bois, cet homme **ayant la vue si courte** qu'il ne voit pas à quatre pieds devant lui. Vous trouverez **ci-après** copie des **harangues** qu'ils ont faites pour obtenir leurs grâces. En voici la traduction mot à mot.

Singe n.m. monkey
environ about

Considérés n.m. Honored Men / **guerriers** n.m. warriors / **amené** brought / **s'étant sauvé** having escaped
ayant la vue si courte being so nearsighted

ci-après hereafter / **harangues** n.f. speeches

Harangue d'Alibamon Mingo.

Tu vois les Français qui avaient perdu l'**esprit ramenés** à tes pieds. Je te prie d'écrire à Mr. De Vaudreuil, mon père, que quand les deux premières **races**, Inoulactas et Imougoulachas, **font tant que** de demander la vie d'un homme, qu'elle ne leur est jamais refusée, quand même l'homme **serait** déjà **amarré au cadre**. Je suis **dernièrement** descendu à la Mobile pour sauver la vie à deux Français. On m'a **trompé, car** quand je suis arrivé ces deux hommes avaient déjà **passé** deux fois **par les verges**. J'espère que cela ne sera pas de même cette fois-ci. Je mets ma **parole** avec **celle** de tous les Chefs et Considérés de **la petite partie**. Et te prie de l'envoyer à Mr. De Vaudreuil lui expliquer bien

esprit n.m. senses

ramenés brought back

races n.f. tribal groups / **font tant que** go so far as

serait would be / **amarré** fastened / **cadre** n.m. frame (for torture) / **dernièrement** recently / **trompé** deceived / **car** for / **passé . . . par les verges** run the gauntlet

parole n.f. word / **celle** that
la petite partie pro-French division of the Choctaw nation

que ce sont tous les Chefs et Considérés de toute la petite partie en général qui demandent grâces pour ces sept hommes. Quant à moi je la demande **à mon particulier** au nom de tout mon village. Je sais **cependant** bien que ces Français ont mal fait, mais cela fera **d'autant plus** voir aux hommes rouges que Mr. de Vaudreuil, leur Père, a **égard** à leurs demandes. Il peut bien penser à la peine infinie que cela **ferait** aux Tchactas de voir **répandre** le **sang** des personnes qui tous les jours leur apportent leurs **besoins**, et cela avec beaucoup de peines. De plus, ces Français ne sont-ils pas comme nos frères, ne demeurons-nous point comme dans une même cabane? J'espère donc que le grand Chef des Français ne refusera point à ses enfants la **grâce** qu'ils lui demandent. Tu peux bien lui marquer aussi que cela **augmentera** beaucoup le **zèle** des hommes rouges pour les Français. Dis-lui aussi qu'il nous envoie sa réponse bientôt; et que nous **n'aurons aucune** tranquillité jusqu'à ce que nous **sachions** à quoi **nous entretenir**.

Harangue du Capitaine des Ebitabogoulas **dit** Le Singe.

1: Voilà tes Français qui avaient perdu l'esprit. Nous les amenons à tes pieds. C'est la parole de tous les Chefs de la petite partie que je t'apporte, **dont** je suis chargé. Ecoute-la bien. Tu peux bien penser qu'elle doit être suivie par quelques grâces du grand Chef des Français, notre Père. Tu nous as envoyé l'ordre d'arrêter les déserteurs. Nous l'avons fait **volontiers. Comptant** bien qu'il ne leur arrivera aucun mal. Les cinq **peaux** de **chevreuils** que tu vois là sous tes pieds sont une marque blanche pour nous, ce qui fait voir que le sang de ces Français ne doit point être répandu, vu que ce serait la nation Tchactas qui serait cause de leur mort. C'est pourquoi écris au grand Chef que tous les Chefs et Considérés de la petite partie le prient

---

à mon particulier on my part

cependant however

d'autant plus so much the more

égard n.m. respect

ferait would give / **répandre** to shed / **sang** n.m. blood
besoins n.m. necessities

grâce n.f. pardon

augmentera will increase / **zèle** n.m. zeal, ardor

n'... aucune no **sachions** know / **nous entretenir** to count on

dit nicknamed

dont with which

volontiers willingly / **comptant** expecting
peaux n.f. skins / **chevreuils** n.m. deer

de ne point **verser** le sang de ces Français, **dont** il doit être aussi **ingrat** que nous.

verser to shed / *dont* about which
ingrat reluctant

2. Tu vois la parole de tous les Chefs de la petite partie. Nous viendrons ici chercher la réponse de ce qu'on t'aura écrit. Tu sais que nous avons servi les Français au péril de notre sang. Nous espérons que le Chef français aura égard à nous. Il serait **de valeur** pour nous que des Français que nous ramenons aux pieds de leur chef **fussent tués**; cependant si d'autres après **ceux-ci** voulaient faire la même **sottise**, nous ne trouverons **pas à redire qu'ils soient** tués. On pardonne aux enfants quand ils **manquent** une première fois, mais à la **récidive** on les **châtie** avec colère.

de valeur a matter of significance
fussent be / *tués* killed
ceux-ci these
sottise n.f. foolishness / *pas à redire qu'ils soient* no objection to their being
manquent fail / *récidive* n.f. second offense / *châtie* punishes

Mr. De Vaudreuil est notre Père. Nous nous flattons d'être ses enfants. Il sait que nous méritons ce nom. Envoie-lui ces peaux avec ta lettre. Tu lui diras qu'il t'envoie dans sa lettre un **billet** pour nous dans **lequel** sera la grâce de ces Français, que tu me montreras; Je finis en te **disant** de prendre bien garde que je te parle au nom de toute la petite partie. Tu peux penser par les **prières** que nous te faisons combien il serait disgracieux pour nous d'être refusé, et **fais nous avertir sitôt que** tu auras reçu la réponse de tes Chefs.

billet n.m. note
lequel which
disant telling
prières n.f. entreaties
fais nous avertir have us informed / *sitôt que* as soon as

Harangue du Petit Roi des Deux Bayoux.

Je viens te demander aussi de la part de mes Chefs qui m'ont envoyé **exprès**, la grâce de ces Français et te dire de leur part que nous sommes **fâchés** de voir répandre le sang des Français, pour lequel nous **nous battons** tous les jours. [Note de Dupumeux:] Le **restant** de sa harangue **ne vaut pas la peine** de vous envoyer.

exprès especially
fâchés angry
nous battons fight
restant n.m. rest / *ne vaut pas la peine* is not worth the trouble

*Dupumeux à [Beauchamp?], 18 juin 1751,
C13a, 35:354-60.*

Questionnaire:
1. Les Chactas ont amené sept déserteurs au lieu de huit. Pourquoi?
2. Pourquoi pensent-ils que Versailles est déjà mort?
3. Selon Alibamon Mingo, qu'est-ce qui n'est jamais refusé aux deux premières races?

This illustration shows a soldier "running the gauntlet," a punishment in which the offender had to run down between two lines of people who were free to strike him as hard as they could.

An Indian captive being prepared for torture.

4. Pourquoi Alibamon Mingo était-il fâché quand il est arrivé à la Mobile?
5. Pourquoi les chefs demandent-ils grâce pour ces déserteurs?
6. Expliquez le symbole des cinq peaux de chevreuils apportées par Le Singe.
7. Expliquez l'allusion aux enfants qui ne se comportent pas bien.
8. Pourquoi Dupumeux n'a-t-il pas traduit toute la harangue du Petit Roi des Deux Bayoux?

European Barbarians

Bossu uses a time-honored literary tradition in criticizing European society by comparing it to the virtues of Indian customs.

L'intérêt qui **fait** commettre un si grand nombre de crimes **parmi** les peuples de l'Ancien Monde, est **ignoré** parmi ceux du Nouveau; ce n'est point sans **fondement** que les Indiens de Cuba disaient que l'**or** était le véritable Dieu des Espagnols, et qu'il fallait le leur abandonner pour avoir la paix. On **ne** voit **point** en Amérique, de ces hommes que nous appelons Sauvages, qui **soient** assez **barbares** pour **égorger de sang-froid** leurs frères, ni **servir** de faux **témoins** pour les **perdre afin d'**avoir leurs **biens**. On n'y connaît point l'intrigue pour s'enricher par des **voies indignes** de l'humanité. On n'y voit point de femme **empoisonner**, comme en Europe, son mari pour **convoler** à de secondes **noces**. On ne voit point de ces femmes assez **lascives** ni audacieuses, pour déclarer publiquement l'**impuissance** de leurs maris, comme font les Européennes, ni des femmes de **Cacique**, faire comme cette Princesse de Naples, qui **fit étrangler** ses maris, parce qu'ils n'**assouvissaient** pas sa brutale passion, ni de filles détruire leur **fruit** pour paraître chastes aux yeux des hommes. Les femmes Sauvages ont en horreur les filles chrétiennes qu'elles voient tomber dans ce cas; elles leur **opposent** les **bêtes** les plus féroces de leurs forêts, qui ont un grand **soin** de leur **progéniture**.

fait causes
parmi among

ignoré unknown

fondement n.m. foundation
or n.m. gold

ne ... point not

soient are / **barbares** barbaric
égorger to cut the throat of / **de sang-froid** in cold blood / **servir** to use / **témoins** n.m. witnesses / **perdre** to get rid of / **afin d'** in order to / **biens** n.m. goods / **voies** n.f. ways / **indignes** unworthy / **empoisonner** to poison / **convoler** to marry again / **noces** n.f. wedding / **lascives** lewd

impuissance n.f. impotence
Cacique n.m. Cacique, Indian chief
fit étrangler had strangled

assouvissaient gratified

fruit n.m. fruit (newborn child)

opposent compare to / **bêtes** n.f. beasts
soin n.m. care / **progéniture** n.f. offspring

Bossu, II:90-91.

Questionnaire:
1. Selon les Indiens de Cuba, que fallait-il donner aux Espagnols pour avoir la paix?
2. Les hommes de l'Ancien Monde ont choisi des voies indignes pour s'enricher. Donnez-en deux exemples.

3. Nommez trois actes que des femmes européennes ont commis contre leurs maris.
4. Pour paraître chastes, que font quelques filles?
5. Dans ce cas-là, les bêtes des forêts semblaient meilleures que ces filles. Expliquez.

A European image of Native American royalty.

Crime and Punishment (1757)

Governor Kerlérec wrote this official account of a grave incident at Cat Island off the Gulf Coast that reflects both the routine cruelty of military discipline in the eighteenth century and the tension brought about by British naval activity during the French and Indian War. Jean-Baptiste Baudreau, who figures importantly in this episode, was the son of the old settler of the Pascagoula River, Graveline, who had come to Louisiana from Canada with the Le Moyne brothers in the early days of the colony. Compare his portrayal of Baudreau to the one written by Bossu in the next selection.

J'avais donc établi sur cette île une garde composée d'un officier [et] de 12 hommes (**tierce** de Suisses, y compris un sergent français et un **caporal** suisse), **dans la vue** de **suffire** à **nager** deux **voitures**: la première pour me **rendre compte** de la **démarche** des ennemis, et la seconde pour m'informer du **parti** qu'ils **prendraient** pour nous attaquer, **soit** par l'ouverture du fleuve **ou** par **ailleurs**.

Pendant plusieurs mois cette **garnison** que j'avais **soin** de faire **relever** souvent, s'était assez bien **comportée**, mais un **bâtiment** espagnol chargé des subsistances et **approvisionnements** pour le **Préside** de Pensacolle, **s'étant** perdu à quelques **lieues au large** à L'îsle Dauphine, plusieurs **effets** ont été jetés par les **flots** sur les **rives** des îles **circonvoisines**, et même sur **celle** aux Chats. Ces débris ont occasionné bien des **rapines**, entre autres le nommé Jean Baptiste Baudreau, **habitant** sur la **grande terre**, et dans les voisinages des **dites** îles.

Dès que je **fus instruit** de ce **naufrage** **j'expédiai sur le champ** des ordres au Sr. Duroux, officier commandant ce détachement, pour qu'il **tînt** exactement **la main à** ce qu'**il n'y eût** rien de **détourné**, et pour qu'il **obligeât** à chacun à **rendre** tout ce qui appartenait aux Espagnols.

tierce n.f. a third

caporal n.m. corporal / dans la vue with the intention / suffire to have enough / nager to row / voitures n.f. boats / rendre compte report / démarche n.f. movements / parti n.m. course / prendraient would take / soit ... ou whether ... or / ailleurs elsewhere
garnison n.f. garrison
soin n.m. care / relever to relieve
comportée managed / bâtiment n.m. ship / approvisionnements n.m. provisions / préside n.m. fortified post (Spanish *presidio*) / s'étant being / lieues n.f. leagues / au large off (shore) / effets n.m. belongings / flots n.m. waves / rives n.f. shores / circonvoisines neighboring / celle the one / rapines n.f. plundering / habitant n.m. settler / grande terre n.f. mainland / dites said
dès que as soon as / fus was / instruit informed / naufrage n.m. shipwreck / expédiai sent / sur le champ at once / tînt ... la main à make certain / il n'y eût there would not be / détourné diverted / obligeât would compel / rendre to give back

192

Cet officier **se conforma** à mes ordres avec le plus de précision qu'il lui **fût** possible, et comme pendant ce temps, le nouveau gouverneur de Pensacolle qui était passager sur ce bâtiment me **dépêchait** un officier pour m'informer de son naufrage, et de tous les **secours** qu'il recevait du Poste de la Mobile, il me demandait en même temps que je **donnasse** de prompts ordres pour que l'on **se saisît** des différents effets qui **se trouveraient** chez les **particuliers** de notre **obéissance**, et j'y avais déjà **pourvu**.

Ce Gouverneur m'ajoutait par sa même lettre que le nommé Jn. Bapte. Baudreau habitant était **soupçonné** d'avoir **pillé** beaucoup d'effets. Il me **priait** de le faire arrêter. L'officier espagnol chargé de cette **dépêche passant à** l'île aux Chats en **prévint** le Sr. Duroux qui peu de jours après **trouva** l'occasion de saisir le dit Baudreau, et le **fit** mettre aux **fers** en **attendant** qu'il **pût** me le faire passer sous bonne escorte.

C'est de ce jour que ce monstre, pour **éviter** d'être **traduit** devant moi, et [de recevoir] les **châtiments** dûs à ses **brigandages, forma** le projet de **soulever** la garnison de l'île aux Chats, qui **fut exécuté**, au retour du Sr. Duroux officier du Poste qui était allé à une île voisine pour faire **rassembler** et **restituer** des effets volés aux Espagnols.

Cet officier **partit** le 22 d'avril avec un soldat et un habitant pour aller à une île distante de deux lieues pour recouvrer quelques effets naufragés. Et quelques heures après, **retournant** à son poste, et **mettant** pied à terre, il fut assassiné par un caporal suisse, un soldat **idem**, et un Français. Le **susdit** Jean Bapte. Baudreau habitant, **s'étant** fait **élargir** des fers, et après cette opération, **fit** tous ses arrangements **de concert** avec sept soldats suisses et français qu'il avait **subornés** pour **gagner** le territoire anglais dont il connaissait parfaitement les routes, par le **moyen** de deux voitures qu'ils **enlevèrent**, ainsi que tous les **ustensiles** appar-

se conforma complied
fût was

dépêchait sent quickly
secours n.m. assistance

donnasse give
se saisît seize / **se trouveraient** would be found / **particuliers** n.m. individuals / **obéissance** n.f. jurisdiction / **pourvu** attended to

soupçonné suspected / **pillé** plundered / **priait** requested
dépêche n.f. official letter / **passant à** passing by **prévint** informed / **trouva** found
fit had
fers n.m. irons / **attendant** waiting / **pût** could

éviter to avoid

traduit arraigned
châtiments n.m. punishment / **brigandages** n.m. plunders / **forma** formed / **soulever** to stir up / **fut** was / **exécuté** carried out / **rassembler** to collect / **restituer** to return

partit departed

retournant returning

mettant setting
idem ditto / **susdit** above mentioned
s'étant having / **élargir** to open / **fit** made

de concert together

suborné bribed / **gagner** to reach
moyen n.m. means / **enlevèrent** stole / **ustensiles** n.m. implements / **appartenant** belonging

tenant au Roi, qu'ils **jugèrent** leur être nécessaires, et tous les effets de l'officier qui **venait d'**être assassiné.

Dès l'instant que je fus instruit de cet événement j'expédiai des ordres pour La Mobile et les **Alibamoux,** pour que les commandants **fissent** les plus promptes **diligences** pour arrêter ces criminels. **J'ordonnai** de tout promettre aux Sauvages s'ils pouvaient **s'en emparer; j'envoyai** même des officiers porter ces différents ordres, et j'ai eu la satisfaction de voir que mes **peines** n'ont pas été sans succès, **puisque** près de six semaines après, le dt. Baudreau en question a été arrêté par des Sauvages qui avaient à leur tête le Sr. Roussève, interprète du Roi à la Mobile, et quelques habitants choisis, et peu de jours aprés, un Suisse et deux Français le **furent** aussi par le Sr. Baudin, Enseigne détaché aux Alibamoux, qui avec un parti de Sauvages Talapouches ont forcé des cabanes anglaises où ils étaient réfugiés.

Le caporal suisse, assassin dont j'ai déjà fait mention **ci-dessus,** y était aussi, mais dès qu'il se **vit** au pouvoir des Français, il se **poignarda** , et **mourut** dans l'instant même.

Cet habitant et les trois soldats **ayant** été conduits ici j'ordonnai qu'on les **chargeât** de fers et qu'on les **mît** dans des **cachots** séparés. Leur **procédure** a été **instruite** par M. de Belle-Isle, major, dans la plus **grande règle**, et par conseil de guerre assemblé le 7 juin dernier. Le dit Baudreau et le nommé Joseph François Bazille, soldat de la Compagnie de Trant, ont été condamnés à être rompus **vif,** à **expirer** sur la roue, et leurs corps coupés par quartiers jetés à la **voirie,** ce qui fut exécuté trois heures après la sentence rendue, à la tête des troupes.

Kerlérec à Moras, 20 octobre 1757,
C13a, 39:268-71.

jugèrent thought
venait de had just

dès from

Alibamoux Alabama Indians / **fissent . . . diligences** hurry
ordonnai ordered
s'emparer to seize / **envoyai** sent

peines n.f. labor

puisque since

furent were [seized]

ci-dessus above

vit saw / **poignarda** stabbed / **mourut** died

ayant having

chargeât put
mît place / **cachots** n.m. dungeons
procédure n.f. case / **instruite** investigated / **grande règle** n.f. strict rule

vif alive / **expirer** to die

voirie n.f. refuse-dump

Questionnaire:
1. Pourquoi Kerlérec a-t-il établi une garde et deux voitures sur l'Ile aux Chats?
2. Qu'est-ce qui s'est perdu près de l'Ile Dauphine?
3. Où a-t-on retrouvés les débris?
4. Qui était Jean Baptiste Baudreau?
5. Expliquez les ordres envoyés au Sr. Duroux.
6. De quoi l'officier du gouverneur de Pensacolle a-t-il informé Kerlérec? Qu'a-t-il demandé?
7. Qui était le Sr. Duroux? Qu'a-t-il fait à Baudreau? Pourquoi?
8. Quel projet Baudreau a-t-il formé?
9. Pourquoi le Sr. Duroux est-il parti le 22 avril?
10. Quand le Sr. Duroux est revenu à l'Ile aux Chats, qu'est-ce qui s'est passé?
11. Selon Kerlérec, pourquoi les soldats ont-ils aidé Baudreau?
12. Comment se sont-ils échappés? Où allaient-ils?
13. Qui a aidé les Srs. Roussève et Baudin?
14. Le caporal suisse a été arrêté, mais sa mort était différente de celle des autres. Expliquez.
15. Décrivez la punition de Baudreau et de ses compagnons. Etait-elle prompte?

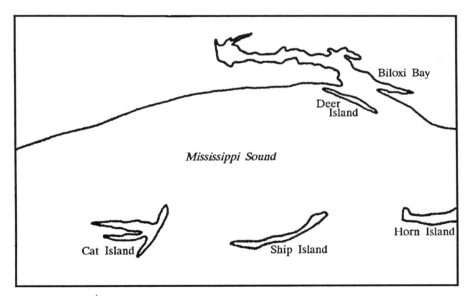

Map of the Mississippi Sound region showing Cat Island.

Crime and Punishment Revisited (1757)

Bossu wrote the following account of the same incident at Cat Island. Clearly Bossu, who was not friendly with Kerlérec, had a very different view of the events and the character of Baudreau.

A 6 lieues de l'Ile aux Vaisseaux, on voit l'Ile aux Chats, ainsi nommée à cause qu'en y débarquant, on y trouva quantité de chats sauvages. Cette dernière n'est remarquable que par les meurtres et les brigandages qui s'y sont commis sous le commandement de deux officiers que M. de Kerlérec, Gouverneur de la Louisiane, y a envoyés.

Il nomma en 1757, le Sieur Duroux pour commander en Chef dans cette île, et lui donna un détachement de soldats de la Marine, et du Régiment Suisse d'Halwyl.

Le Sieur Duroux ne s'y fut pas plutôt rendu, qu'il se regarda comme Souverain; il s'arrogea d'abord le droit de se faire un jardin par les soldats de sa garnison; il les employait aussi pour son compte à faire de la chaux de coquillage, et du charbon, sans les payer, et ceux qui refusaient de se soumettre à ses vexations étaient attachés à un arbre, le corps tout nu, exposés aux piqûres insupportables des maringouins. Tel était le genre de supplice que cet officier faisait subir aux soldats de la garnison; traitement indigne, et qui n'a jamais eu d'exemple chez les barbares.

Le Sieur Duroux leur faisait manger de la munition faite de farines retirées du naufrage d'un vaisseau espagnol qui avait péri sur la côte, et faisait revendre, à son profit, les farines du Roi, destinées pour le pain de sa garnison. Tant de mauvais traitement de la part de ce Commandant déterminèrent quelques soldats à passer à la Nouvelle Orléans pour en porter des plaintes au

lieues n.f. leagues

débarquant landing / *trouva* found

meurtres n.m. murders / *brigandages* n.m. plunders / *sous* under

nomma named

donna gave

ne s'y fut pas plutôt rendu no sooner went there / *se regarda* thought of himself / *arrogea* assumed / *d'abord* first
garnison n.f. garrison
chaux n.f. lime / *coquillage* n.m. shell / *charbon* n.m. charcoal / *ceux* m. those
se soumettre to yield

nu naked / *piqûres* n.f. bites
maringouins n.m. mosquitoes / *tel* such / *genre* n.m. kind / *supplice* n.m. torment / *subir* to undergo / *barbares* n.m. barbarians

munition n.f. food supplies
farines n.f. flour / *naufrage* n.m. wreck
vaisseau n.m. ship

déterminèrent caused

plaintes n.f. complaints

Gouverneur, à qui ils **présentèrent** de ce mauvais pain de munition qu'ils mangeaient; mais M. de Kerlérec, n'**ayant** aucun **égard** à leurs justes représentations, les **renvoya** à la discrétion de leur Commandant. Alors ces misérables, **craignant** son ressentiment, **formèrent** le **dessein** d'en faire un exemple, ce qu'ils **exécutèrent** en cérémonie.

Un jour cet officier **étant** allé faire une partie de **chasse** dans une îlette voisine de son poste, la troupe révoltée **prit** ce temps pour **aviser** aux mesures nécessaires à l'exécution de son **complot**, qui était de massacrer le Sieur Duroux. Une résolution si étrange ne pouvait être inspirée que par le désespoir de n'avoir pu obtenir la justice qu'ils avaient réclamée **auprès du** Gouverneur. Il ne **s'agissait** pour **éviter** ce malheur que d'envoyer un Officier supérieur en grade au Sieur Duroux, qui n'**aurait** commandé qu'en second.

Comme il retournait de la chasse, la sentinelle, ayant aperçu **au large** son bateau, **hissa** le **pavillon** français, ce qui **fit** prendre les armes à la garnison, et **battre aux champs**. Les soldats **conjurés** s'étant avancés sur le **rivage** avec un **caporal** à leur tête, **crièrent** avec une forte voix, suivant l'usage de la mer: *ho! du bateau, ho! ho!* Le Sieur Duroux répondit, *Commandant!* Il **aborde**, et comme il met pied à terre, le caporal donne le signal, et au **même** instant les soldats **font feu** sur ce Commandant, qui tombe **percé** de **coups**; ensuite ils le **dépouillent**, et jettent son corps à la mer. Telle **fut** la **sépulture** et la punition des vexations de ce petit tyran, qui ne fut regretté de personne, n'ayant d'autre recommandation que d'être protégé du Sieur Thiton, premier Secrétaire du Gouverneur. Les soldats, restés maîtres de l'île, **mirent** alors en liberté un **habitant** nommé Baudreau, que le **défunt** Commandant tenait injustement aux **fers** depuis longtemps. Le Sieur Duroux **s'était arrogé** le droit de l'Amiral de France, **prétendant partager** avec les soldats et les habitants tout ce qu'ils **pourraient** sauver des vais-

présentèrent presented

ayant having / égard n.m. regard
renvoya sent back

craignant fearing

formèrent formulated / dessein n.m. scheme
exécutèrent carried out
étant having

chasse n.f. hunting
prit took / aviser to consider
complot n.m. conspiracy

auprès du directly from
s'agissait was a matter / éviter to avoid

aurait would have

au large offshore / hissa hoisted / pavillon n.m. flag / fit caused
battre aux champs to drum the general salute / conjurés conspirator / rivage n.m. shore / caporal n.m. corporal / crièrent cried

aborde lands

même same

font feu fire
percé pierced / coups n.m. gunfire / dépouillent strip / fut was / sépulture n.f. burial

mirent set / habitant n.m. settler
défunt deceased
fers n.m. irons

s'était arrogé had assumed

prétendant claiming / partager to share / pourraient could

seaux naufragés sur la côte de l'Ile aux Chats; et tous ceux, qui lui refusaient de lui payer cette rétribution, ne **manquaient** jamais d'en être punis aussi sévèrement que s'ils **eussent** commis un grand crime. Tel était **celui** de Baudreau; il n'avait été mis aux fers que pour n'avoir pas voulu partager avec le Commandant des **effets** qu'il avait sauvés des débris d'un vaisseau espagnol nommé le Situart, qui avait fait naufrage sur cette côte en 1758.*

Les soldats **meurtriers**, ayant ensuite **pillé** tous les effets **appartenant** au Roi dans l'Ile aux Chats, **prirent** cet habitant dont ils venaient de rompre les fers, et l'**obligèrent** de les **conduire** sur la route de la Colonie anglaise nommée la Caroline. Quand ils **furent** arrivés sur les terres d'un grand Chef Sauvage appelé par les Européens l'Empereur des Kaouytas, ils **renvoyèrent** Baudreau, **muni** d'un certificat qui prouvait qu'il avait été forcé de leur servir de guide. Une partie de cette troupe se **sépara** pour aller chez les Anglais; mais ceux qui **restèrent** chez les Sauvages **furent** bientôt arrêtés par ordre de M. de Montberaut, Commandant **pour lors aux Allibamons**; de ce nombre se trouva un caporal du Régiment d'Halwyl, qui, pour éviter le **supplice** de la **scie usité parmi** les Suisses, se **poignarda** avec son couteau, qu'il portait **pendu** au **col**, à la manière des Sauvages.

M. Beaudin, Officier de la Garnison, fut commandé avec un détachement pour conduire les criminels à la Mobile. Dans cet intervalle, les deux fils de Baudreau **arrivèrent** de la Nouvelle Orléans à la Mobile; ils portaient, sans savoir, un ordre du Gouverneur à M. de Velle, commandant à la Mobile, pour faire arrêter leur père, qui était alors dans son habitation, avec une grande sécurité ; cet habitant **se remit** lui-même en prison, **ignorant** la

manquaient failed

eussent had

celui m. the one

effets n.m. belongings

meurtriers n.m. murderers
pillé plundered
appartenant belonging
prirent took

obligèrent compelled / **conduire** to guide

furent had

renvoyèrent sent back / **muni** supplied

sépara separated
restèrent remained / **furent** were

pour lors at the time / **aux Allibamons** at [Fort Toulouse among] the Alabama Indians
supplice n.m. death penalty / **scie** n.f. saw / **usité** in common use / **parmi** among / **poignarda** stabbed / **pendu** hung / **col** n.m. neck

arrivèrent arrived

se remit went back / **ignorant** not knowing about

*The *situado*, the Spanish vessel bringing Pensacola's annual subsidy from Mexico, was wrecked on the coast in 1757, not 1758.

198

détention des déserteurs qu'il avait guidés, M. de Velle **fit** transférer tous les criminels à la Nouvelle Orléans, où l'on **tint** un conseil de guerre pour faire leur **procès**.

Il **fut** jugé dans ce Conseil, que l'habitant Baudreau, pour réparation du crime qu'il avait commis en **servant** de guide aux meurtriers du Commandant de l'Ile aux Chats, **serait rompu vif**, et son corps jeté ensuite dans le **fleuve**, ce qui fut exécuté: un soldat **subit** le même supplice, et un Suisse fut scié vif par le milieu du corps.

Quand on **réfléchit** sur le **sort** de l'infortuné Baudreau, on sent bien qu'il faut qu'il **ait jugé contre la forme**, et par des militaires qui ignoraient les loix civiles et criminelles, **attendu qu'**il ne pouvait pas avoir mérité le supplice cruel qu'on lui fit subir. Si la politique veut que pour la **sûreté** publique, on ne laisse pas le crime **impunie**, la justice demande, en faveur de l'humanité, que le juge craigne plus de punir trop que de ne pas punir assez, suivant cet axiome, il vaut mieux sauver cent **coupables**, que de punir un innocent.

détention n.f. imprisonment
fit had
tint held
procès n.m. trial
Il fut it was

servant serving
serait would be / **rompu** broken (on the wheel) / **vif** alive / **fleuve** n.m. river / **subit** suffered

réfléchit thinks / **sort** n.m. fate
ait jugé contre la forme was unfairly judged
attendu qu' seeing that

sûreté n.f. safety

impunie unpunished

coupables n.m. guilty ones

Bossu, II:119-26.

Questionnaire:
1. Où se trouve l'Ile aux Chats? Etait-elle bien connue?
2. Quels services personnels le Sieur Duroux imposait-il aux soldats? S'ils refusaient, quelle était leur punition?
3. Quel mauvais traitement a déterminé quelques soldats à se plaindre au Gouverneur? Quelle était la réponse du Governeur?
4. Expliquez le complot contre le Sieur Duroux.
5. Avant l'assassinat de Duroux, pourquoi Baudreau était-il en prison?
6. Après l'assassinat, où voulaient aller les soldats meurtriers? Qu'ont-ils obligé Baudreau de faire?
7. Qui a arrêté ces soldats plus tard?
8. Pourquoi le caporal du Régiment d'Halwyl s'est-il poignardé?
9. Où se trouvait Baudreau dans l'intervalle? Expliquez l'ordre porté par les deux fils de Baudreau.
10. Quelle était la peine infligée pour la réparation du crime de Baudreau?
11. Dans le dernier paragraphe Bossu critique le jugement contre Baudreau. Expliquez la morale exprimée dans la dernière phrase.

The capital punishment called "breaking on the wheel" is pictured here. It entailed fastening the victim to a frame (originally a cartwheel) and then breaking his limbs by heavy blows with a bludgeon. After this the victim was usually strangled by the executioner.

Drawing and quartering was a more unusual punishment by the eighteenth century, reserved for heinous crimes like attempted regicide. The victim was actually pulled apart by four horses attached to his limbs.

Composition:
Après avoir lu ces documents, vous voyez qu'il y avait des opinions différentes sur Baudreau. D'après vous, quel récit est le plus vraisemblable? Pourquoi? Comment les historiens peuvent-ils se décider entre les deux?

Continual Lack of Supplies (1757)

The French and Indian War in North America lasted roughly from 1754 to 1763. In Europe the Seven Years' War began in 1756. These wars absorbed the finances of the countries involved and worsened the already existing supply shortages in the colonies. Governor Kerlérec, who had been appointed in 1752, here explains the grave dangers caused by those shortages. His letter was written in code because of the danger of capture by British naval blockades; the selection here is the decoded text produced in France (see page 205).

M. de Kerlérec
21 Octobre 1757.

Monseigneur

Je n'ai **aucune nouvelle** de la Cour depuis vos **dépêches** du 17. février et 15. juillet 1755. **Aucun** des **secours** que je vous ai demandés par les **miennes dont** voici la quinzième **en chiffre** ne nous sont **parvenus** et, **par surcroît de malheur,** les **moyens,** que M. Descloseaux et moi avons mis en usage pour nous procurer les plus **pressants,** n'ont encore eu aucun bon succès.

Les **magasins** du Roi sont **épuisés. Ceux** des **particuliers** le sont aussi depuis longtemps. Nous sommes **journellement harcelés** par les Chactas qui sont dans la **disette** de tout: ils nous **menacent** plus que jamais d'avoir **recours** aux Anglais et d'introduire leurs **traiteurs** chez eux: Les Nations **Alibamons** parlent sur le même ton: toutes les autres sont tout aussi **mécontentes;** La partie des Illinois n'est pas mieux **pourvue.** Nous n'avons pu y envoyer par le dernier convoi que les plus faibles objets de ses besoins. Les Anglais travaillent fortement à **traverser** et rompre mes négociations pour la paix projetée avec les **Cherakis:** ils prennent de justes mesures pour **s'emparer** de tous les **bâtiments** qui peuvent nous venir: ils ont établi une **croisière fixe** au Cap St. Antoine de **Cube** où

---

n' . . . **aucune** no / **nouvelle** n.f. news
dépêches n.f. dispatches / **aucun** none / **secours** n.m. aid / **miennes** mine / **dont** of which / **en chiffre** in code / **parvenus** reached / **par surcroît de malheur** to make matters worse / **moyens** n.m. means / **pressants** pressing

magasins n.m. warehouses / **épuisés** empty / **ceux** those / **particuliers** n.m. individuals / **journellement** daily / **harcelés** pestered / **disette** n.f. need / **menacent** threaten / **recours** n.m. resort **traiteurs** n.m. traders

Alibamons Alabama Indians / **mécontentes** discontented
pourvue provided for

traverser to thwart

Cherakis n.m. Cherokees **s'emparer** to seize

bâtiments n.m. ships **croisière** n.f. cruising fleet / **fixe** permanent / **Cube** Cuba

ils ont **actuellement** une frégate de (on a omis le nombre de canons) canons avec un bateau de 10.; et leurs **Corsaires** qui **désolent** nos **Caboteurs** viennent les chercher jusqu'aux approches de la **Balize**. Enfin nous **manquons** de tout, et le mécontentement des Sauvages laisse tout à craindre.

actuellement at present

corsaires n.m. privateers / *désolent* are devastating / *caboteurs* n.m. coasting vessels / *Balize* lighthouse at the entrance of the Mississippi River / *manquons* lack

J'ai su, Monseigneur, les **apaiser** jusqu'à présent; mais je n'y suis **parvenu** qu'avec bien des **dépenses**; et sans quelques dernières ressources en marchandises, que nous ont procurées quelques petits bâtiments échappés à la vigilance de nos ennemis, nous **aurions** déjà **éprouvé** quelque **fâcheuse** résolution de leur part.

apaiser to appease
parvenu succeeded
dépenses n.f. expenditures

aurions would have / *éprouvé* experienced / *fâcheuse* unfortunate

Cet **exposé**, Monseigneur, qui **vous remuera sous les yeux** notre situation, nos dangers et nos besoins vous fera juger en même temps combien il est essentiel, pour maintenir ces nations dans notre parti, que le secours que je n'ai cessé de vous demander nous **parviennent** promptement et combien il est même important pour le **ménagement** des finances du Roi qu'on n'achète rien ici, où tout est hors de prix. La situation de la Colonie contre les incursions des ennemis n'est pas moins critique. J'ai déjà eu l'honneur de vous **marquer** qu'elle était **ouverte** de toute part, et combien peu nous étions en **état** de nous opposer à leurs entreprises. Mais que n'aurions-nous pas à craindre, si **faute** de marchandises les Sauvages venaient à nous **tourner casaque**.

exposé n.m. explanation / *vous remuera sous les yeux* will put before you

parviennent reach

ménagement n.m. cautious use

marquer to indicate
ouverte vulnerable

état n.m. condition

faute for lack
tourner casaque to change sides

Kerlérec à Moras, 21 octobre 1757,
C13a, 39:277-79v.

Questionnaire:
1. Quel secours Moras a-t-il envoyé à Kerlérec?
2. Qu'est-ce qui reste dans les magasins du Roi?
3. De quoi les Chactas ont-ils besoin? Expliquez comment ils menacent les Français.
4. Quelles sont les mesures prises par les Anglais contre les Français?
5. Jusqu'à présent, comment Kerlérec a-t-il réussi à apaiser les Sauvages?
6. Dans le dernier paragraphe, que répète-t-il pour résumer la situation dangereuse?

Violence Narrowly Averted (1758)

Once supplies arrived, Kerlérec promised his superiors that he would give only the minimum acceptable amount to the Choctaws, who had gone without their presents for four years. Here he recounts a dangerous incident with some impatient Choctaws.

Il était **plus que** temps, Monsieur, de recevoir quelques **secours puisqu'**il y a **environ** trois semaines que *deux guerriers Chaktas ont levé le casse-tête et le couteau sur deux Français, traiteurs dans leur* village. **Ennuyés** d'attendre et furieux de les voir **dépourvus** de tout, leur mort etait inévitable si ces deux Français ne s'étaient pas réfugiés dans la cabanne d'un chef à **médaille**. Une **telle** violence n'a été **suscitée** que par les Anglais. Et si le **malheur** était arrivé, je me **serais** vu dans la nécessité de déclarer la guerre à cette Nation, au **défaut** par elle [cette nation] de me donner la satisfaction que je n'avais pas **manqué d'exiger**. Et combien d'autres malheurs et de **dépenses** n'**aurait-il** pas résulté d'un **pareil** événement. Voilà, Monseigneur, à quoi cette colonie sera toujours exposée quand elle ne sera pas **pourvue** des besoins indispensables pour les nations.

plus que more than
secours n.m. assistance / **puisque** since / **environ** about / **guerriers** n.m. warriors / **Chaktas** Choctaw Indians / **casse-tête** n.m. tomahawk / **couteau** n.m. knife / **traiteurs** n.m. traders / **ennuyés** tired / **dépourvus** deprived

médaille n.f. medal
telle such / **suscitée** aroused
malheur n.m. misfortune / **serais** would have

défaut n.m. lack
manqué failed / **exiger** to demand
dépenses n.f. expenditures
aurait-il would have / **pareil** similar

pourvue provided

Kerlérec à Moras, 23 août 1758,
C13a, 40:31-33v.

Questionnaire:
1. Quel incident a causé beaucoup d'inquiétude? Comment a-t-on évité la mort?
2. Pour empêcher plus de violence, sur quoi Kerlérec insiste-t-il continuellement?
3. Selon Kerlérec, qui a provoqué cette violence?

English Plans Thwarted (1759)

The struggles between France and England in the "New World" involved territorial competition, which necessitated the maintenance of Indian alliances as well as attempts to weaken those of the opposition. In the following letter to Minister Berryer, Governor Kerlérec explains how he prevented a disaster.

Nlle. Orléans 6.mai 1759
M. de Kerlérec

Monseigneur.

Le voyage que je **viens de** faire à la Mobile ne **fut** jamais plus nécessaire. Le **projet** des Anglais était de **s'emparer** de la Nation **Chactas, en** les **comblant** de présents, de faire **égorger** le poste de Tombekbé, et les Français qui se **seraient** trouvés dans la nation, officiers, missionnaires et autres; après quoi on devait venir par **mer** prendre La Mobile, **soutenu** par les Chactas, et ensuite attaquer la Nouvelle Orléans par mer, et les Chactas par terre par les derrières des lacs. Tout cela a été au moment d'**éclore**; mais j'**ose me flatter** par les deux mois de **séjour** que j'ai faits à la Mobile avec cette nation, et à leur faire les présents, d'avoir **ramené** les choses dans l'**état** de tranquillité que nous pouvons désirer dans la circonstance présente. **Il s'agit de** ne pas **manquer** de **marchandises** pour la **traite** et pour les présents. Cela est de toute conséquence. **Au reste,** Monseigneur, voilà tout ce qu'on peut se promettre de la part des Sauvages sur **lesquels** on **ne** peut compter sagement **que** du soir au **lendemain,** si on les laisse manquer de leurs besoins.

Je suis avec un profond respect, Monseigneur, votre très humble et très **obéissant** serviteur,

Kerlérec

__ mai 1759 (page is torn)

T.S.V.P. Mr.

Nlle nouvelle

viens de have just

fut was / projet n.m. plan
s'emparer to seize control /
  Chactas Choctaw / en by
comblant overwhelming /
  égorger to slaughter
seraient would have

mer n.f. sea

soutenu supported

éclore to happen / ose dare
  / me flatter to hope /
  séjour n.m. stay

ramené restored / état n.m.
  condition

il s'agit de it is a question of
  / manquer to lack / marchandises n.f. goods
  /traite n.f. trade / au
  reste moreover

lesquels whom / ne ...
  que only
lendemain n.m. next day

obéissant obedient

T.S.V.P. Tournez, s'il vous
  plaît

204

L'état des **factionnaires** de cette **garnison** de la Nouvelle Orléans consiste en 90 Français, et celui [l'état] des Suisses à 37, non **compris** sergents et **caporaux**. Tous les autres postes de la Colonie sont **réduits** en proportion.

factionnaires n.m. sentries / **garnison** n.f. garrison

compris including

caporaux n.m. corporals
réduits reduced

Kerlérec

Kerlérec à Berryer, 6 mai 1759,
C13a, 41:51-52v.

Questionnaire:
1. Expliquez le projet des Anglais (au Tombekbé, à la Mobile et à la Nouvelle Orléans).
2. Comment Kerlérec a-t-il contrecarré ce projet?
3. Expliquez l'insulte contre les Sauvages dans la dernière phrase.

This section from the original document that appears as a selection on page 201 shows how code was used in the eighteenth century. What was sent to France was a document consisting of numbers alone; the decoded text seen here on the left side of the page was added once the document arrived. A common codebook was kept in France and in the colony.

English Ships Allowed in New Orleans (1760)

One answer to the supply shortage was to allow English ships called *parlementaires* to trade at New Orleans. In order to be given this status the ships had to have on board French prisoners for exchange, a condition not met by the ship mentioned in this document. Monsieur d'Erneville presents his opinion as to why the ship was allowed passage. He also lodges a number of other complaints against Kerlérec.

Sur la fin de décembre dernier, il est arrivé un bateau anglais **traiteur venant** de Roderland,* sans **aucun** prisonnier, chargé de marchandises **sèches**. Ce bateau était déjà entré dans le fleuve, lorsque du poste on aperçut une **flamme au large**, qui **fit** juger que c'était† un **Vaisseau** de Roi.

Sur le champ, et **vraisemblablement** en vertu des ordres de Mr. le Gouverneur, le Commandant **envoya** ce traiteur anglais un **pratique**, qui, en le **conduisant** à la passe du Sud-ouest, le **déroba** par cette prompte maneuvre, au Vaisseau de Roi: de sorte que cet Anglais **mouilla** dans une passe jusqu'à **lors** peu **pratiqué** des **marins** français, à qui on avait toujours fait voir l'impossibilité d'y pouvoir passer.

L'officier commandant à la Balize lui **donna** à l'ordinaire pour **sauvegarde** un **caporal** et deux soldats, **afin de** le **mettre à l'abri** de toute saisie de la part de ce Vaisseau de Roi **au cas où il vint à** le **joindre** dans le fleuve.

Ce bateau **fit diligence** et **arriva** au Détour des Anglais,‡ distant de la Capitale de 6. **lieues** où ce traiteur **trouva** tous les **secours** dont il avait besoin pour **se touer**.

traiteur n.m. trader / venant coming
aucun any / sèches dry

flamme n.f. flag / large offshore / fit caused / vaisseau n.m. vessel
sur le champ immediately / vraisemblablement very likely

envoya sent / pratique n.m. pilot / conduisant guiding / déroba concealed

mouilla anchored
lors then / pratiqué used / marins n.m. sailors

donna gave
sauvegarde n.f. safeguard / caporal n.m. corporal
afin de in order to / mettre à l'abri to protect / au cas où in case / il vint à it happened / joindre to overtake
fit diligence hurried / arriva arrived / lieues n.f. leagues
trouva found / secours n.m. help / se touer to be towed

*Rhode Island.
†The second ship visible offshore.
‡See page 49 for explanation.

Dans la nuit du 14. au 15. janvier il s'éleva un vent si favorable pour le Vaisseau de Roi que Mr. le Gouverneur, craignant que ce dernier* ne joignit l'Anglais, fit commander le Sieur Chabrillard, Lieutenant des Troupes, avec un détachement pour aller au devant de ce traiteur qui arriva le 15. à la Capitale.

Le lendemain, ou surlendemain, Mr. le Gouverneur fit publier par toute la ville à son de tambour, que cet Anglais était arrivé et qu'il allait ouvrir sa vente. Mr. le Gouverneur, qui par les fréquentes épreuves qu'il en a faites, sait mieux que personne combien le peuple se laisse prendre aux apparences, a cru qu'il ne devait pas négliger cette occassion de lui faire sentir son autorité pour mieux l'engager à se taire, et à prendre ses intérêts.

C'est un homme dangereux, qui ne connaît d'autres règles que sa cupidité, et quelles que soient les voies qui se présentent, il les saisit toutes, si elles tendent à ses fins. Il mesure son pouvoir à sa volonté. Il est le seul maître, il me l'a dit lui-même le 27. Janvier dernier, en présence de plusieurs officiers, ajoutant que le Ministre savait ce qu'il avait à faire, que pour lui, il n'avait de compte à rendre qu'au Roi.

Cela vient, Monseigneur, à l'occasion d'un officier pour qui je devais parler, officier qu'il tient encore en prison, officier qu'il a déshonoré en le chassant du corps sans l'avoir mérité, qu'il a condamné sans avoir voulu l'entendre, et sans qu'aucun des témoins de son affaire ait osé parler en sa faveur.

Cet officier est le Sieur Rocheblave, Gentilhomme, dont le père a toujours servi avec distinction en France: qui a douze frères au service tant en France et au Canada, que dans cette Colonie, et qui s'est toujours bien comporté.

*The vaisseau de Roi.

---

s'éleva rose

craignant fearing / dernier latter / joignit overtake / fit commander / ordered

lendemain n.m. next day

son n.m. sound
tambour n.m. drum

vente n.f. sale
épreuves n.f. tests

se laisse prendre can be fooled

engager to compel / se taire to be silent

cupidité n.f. greed

soient be / voies n.f. ways

ajoutant adding

compte account / rendre to render

tient holds

chassant discharging / corps n.m. military service

témoins n.m. witnesses / osé dared

tant as many

s' ... comporté behaved

Je m'**approchai** de Mr. le Gouverneur, à qui je voulais, en particulier, faire toutes ces observations, mais m'**ayant** quitté, il m'**appela** à l'assemblée en présence de laquelle il me dit que cet officier était l'**écuyer** de Madame de Rochemore dont le mari était son ennemi **juré**. A ce trait seul, vous déciderez, Monseigneur, du caractère d'un homme qui **pousse** à ce point la vengeance; je **fis voir** qu'il était du devoir d'un officier d'être galant avec les dames, il me **répondit** d'un ton aussi haut qu'**emporté**, que **telle** était sa volonté, qu'il l'**enverrait** en France, avec bien d'autres qui ne **s'y attendaient** pas; qu'il était même fâché de ne m'avoir pas **interdit**, que j'avais été contre ses ordres dans ce qui s'était passé aux magasins du Roi, qu'il me soupçonnait d'avoir tenu assemblée chez moi, et que sous six semaines je **serais cassé**.

Vous **auriez peine** à vous le persuader Monseigneur, si cette voix n'était pas générale, mais il est bien rare que toute une colonie **s'entende à** porter le même jugement: l'habitant découragé ne travaille plus que pour vivre, demande tous les jours à quitter un pays qui ne lui offre plus rien de gracieux: et le soldat, **opprimé** par des voyages **pénibles** et continuels, cherche dans la désertion une sorte plus incertaine.

Il est rare de trouver un homme qui **réunisse autant** de passion que Mr. le Gouverneur. Il **souffre** que son secrétaire Titon soit d'intérêt avec tous les officiers commandant dans les postes et lui [Titon] **trésorise** et accumule sans fin. Heureux encore si notre honneur ne **lui** était **à charge**: La **probité** semble lui être suspecte, on ne peut **se flatter** d'avoir son amitié, ni son estime, qu'à un prix **vénal**: la justice est grâce, et cette grâce est à prix d'argent.

Il est despotique; dans plusieurs affaires il se trouve juge et **partie**. Les juges sans expérience ne rendent plus d'**arrêt** qu'ils ne l'**aient** consulté, ou lu dans ses yeux. Enfin s'il voit deux officiers en-

approchai approached

ayant having / **appela** called

écuyer n.m. squire

juré sworn

pousse pushes / **fis voir** pointed out

répondit answered

emporté fiery / **telle** such **enverrait** would send **s'y attendaient** expected it

interdit suspended

serais would be / **cassé** demoted **auriez** would have / **peine** n.f. trouble

s'entende à agrees in

opprimé oppressed

pénibles laborious

réunisse musters

autant as much / **souffre** allows

trésorise gathers up **lui ... à charge** his keeping / **probité** n.f. honesty **se flatter** to hope

vénal corrupt

partie n.f. opponent **arrêt** n.m. decision / **aient** have

semble, c'est un **complot** formé. Son prédecesseur qui nous sera toujours cher, et dont la conduite était bien différente, n'en pensait pas de même. Il aimait le corps militaire. Il en connaissait tout l'**attachement.**

Si Mr. de Kerlérec est [en] droit d'avoir de l'intelligence avec l'ennemi de l'état, d'y **entretenir** un commerce aussi ouvert, pourquoi tout est-il secret? Pourquoi prend-il des routes **détournées** pour y **parvenir**? Pourquoi veut-il nous forcer à approuver ses **démarches**! Démarches, en tout point contraires aux ordonnances de Sa Majesté.

L'année dernière la **disette** des **vivres** servit de prétexte à son ambition. Il est vrai que les vivres ont été un peu plus chers qu'à l'ordinaire: mais la troupe n'en a jamais **manqué**, et depuis le mois d'août, 1759, ils ont été très abondants et à grand prix. Cela n'**empêche** pas que ce commerce **illicite** ne continue, et que les traiteurs anglais ne viennent sans interruption dans nos ports.

complot n.m. conspiracy

attachement n.m. affection

entretenir to maintain

détournées crooked
parvenir to arrive
démarches n.f. proceedings

disette n.f. scarcity / **vivres** n.m. provisions

manqué lacked

empêche prevent / **illicite** unlawful

D'Erneville à Berryer, 15 mars 1760,
C13a, 42:179-86v.

Questionnaire:
1. D'où vient le bateau anglais? Pourquoi ne devrait-il pas être dans le fleuve?
2. Quel vaisseau a chassé le bateau anglais?
3. Pourquoi le bateau anglais s'est-il échappé?
4. Expliquez le secours que ce bateau a trouvé au Détour des Anglais. Quelle est l'ironie de cette situation?
5. Pourquoi le vent donnait-il de l'inquiétude au Gouverneur Kerlérec?
6. Qu'a fait Kerlérec après l'arrivée de l'Anglais?
7. Selon Erneville, Kerlérec était un homme dangereux. Expliquez son raisonnement.
8. Selon Erneville, pourquoi le Sieur Rocheblave ne devrait-il pas être en prison?
9. Quand Erneville a expliqué ses observations sur Rocheblave, comment Kerlérec a-t-il répondu?
10. Ensuite, de quoi Kerlérec a-t-il accusé Erneville?
11. Selon Erneville, quel est le prix de l'amitié de Kerlérec?
12. Expliquez la comparaison entre Kerlérec et son prédécesseur.
13. Expliquez comment la disette des vivres a servi de prétexte a son ambition.

Chef Menteur

Bossu's opinion of Kerlérec was consistently bad; here he alleges that the Choctaws shared it.

Presque toutes les assemblées des Chactas **se tiennent** pendant la nuit. **Quoiqu**'ils **soient** barbares et féroces, il faut, pour se concilier leur **confiance**, avoir grand **soin** de leur **tenir parole** quand on leur a fait quelques promesses, sans **quoi** ils vous **traitent** avec le dernier **mépris**, en vous **disant** que vous êtes un **menteur**, épithète que ces Sauvages ont donnée au Gouverneur **actuel** qu'ils appellent Oulabé-Mingo, c'est-à-dire, le Chef Menteur.

se tiennent are held / **quoiqu'** although / **soient** are
confiance n.f. trust
soin n.m. care / **tenir parole** to keep one's word
quoi which

traitent treat / **mépris** n.m. contempt / **disant** telling / **menteur** n.m. liar
actuel present

Bossu, II:104.

This image of Kerlérec making peace with an Indian leader was taken from a commission honoring a Choctaw medal chief issued in 1760. Note that Kerlérec carries a white feather fan, an Indian symbol of peace.

Questionnaire:
1. Que faut-il faire pour se concilier la confiance des Chactas?
2. Qu'est-ce qui peut être cause du dernier mépris des Chactas?
3. Qui était le Chef Menteur?

Composition:
Croyez-vous que Kerlérec ait mérité cette épithète? Défendez votre réponse.

French Reliance on the Choctaw Nation (1760)

A rumor was spreading through the colony that the English were planning an attack on New Orleans. In June of 1760 Kerlérec went to Mobile, where he met with over 2000 Indians. His report to Berryer, the minister of Marine in Paris, was written shortly before his return to New Orleans at the end of July. The success of Kerlérec's Indian diplomacy had been seen when the Cherokees attacked the British colonies in the spring of 1760.

J'ai eu l'honneur de vous **rendre compte** par une lettre en **chiffre** des premiers jours de juin que j'ai risqué par la **voie** de la Havanne, que je devais partir **sous** très peu de jours pour **me rendre** ici, où ma présence était des plus nécessaires; il y a **environ** deux mois que j'y suis, et après un travail sans **relâche j'ose me flatter** d'avoir pacifié tous les troubles que les Anglais avaient **suscités** dans la nation **Tchacta.** Ils avaient commencé par leur faire faire secrètement la **paix** avec les **Chikachas,** pour trouver moins d'obstacles à **s'introduire** chez eux, pour ensuite faire **frapper sur** les Français, et nous obliger par là à leur faire la guerre, mais **quelques** secrètes, et **quelques sourdes qu'ayant** été leurs **démarches,** je les ai **approfondies,** et **prévenues** assez à **temps,** pour pouvoir les rendre inutiles, et les faire **échouer** totalement, en **faisant** jouer par d'autres nations les **ressorts** qui étaient nécessaires et relatifs à mes **vues** pour nous **conserver** les Tchactas qui seront longtemps le **boulevard,** et la **sûreté** de La Nouvelle Orléans.

rendre compte to report
chiffre n.m. code
voie n.f. way
sous within / **me rendre** to go
environ about
relâche n.f. rest / **ose** dare / **me flatter** to hope / **suscités** stirred up
Tchacta Choctaw
paix n.f. peace / **Chikachas** Chickasaw Indians / **s'introduire** to get in
frapper sur to attack
quelques ... qu' no matter how / **sourdes** underhanded / **ayant** having
démarches n.f. course / **approfondies** penetrated / **prévenues** anticipated / **à temps** in time / **échouer** to fail / **faisant** causing
ressorts n.m. means
vues n.f. views / **conserver** to preserve
boulevard n.m. bulwark
sûreté n.f. security

Kerlérec à Berryer, 25 Juillet 1760,
C13a, 42:54-55v.

Questionnaire:
1. Pourquoi Kerlérec a-t-il pensé que sa présence était très nécessaire à la Mobile?
2. Expliquez les troubles que les Anglais avaient essayés de susciter.
3. Selon Kerlérec, quelle était l'importance des Tchactas?

Weakening Defense of New Orleans (1761)

As hostilities between France and England continued on both sides of the Atlantic, supplies in the colony grew more scarce. Even the English *parlementaires*, ships that traded supplies under the guise of bringing French prisoners for exchange, did not come as frequently. Kerlérec, who wrote the following letter, was unable to improve the plight of the colonists without more support from the French government.

[J'ai] presque **plus de** soldats, qui sont **nus** et qui meurent de faim. Il me reste **environ** neuf **milliers** de **poudre dont** près de six mille fort **avarié** et **de rebut**. Plus de marchandise sauvage et **point d'espérance** d'en avoir par les mauvais traitements qu'on a fait **éprouver** aux parlementaires. Un **ordonnateur** qui **bouleverse** tout et ses **adhérents** toujours animés du **feu** de la discorde. Voilà, Monseigneur, la position d'un gouverneur qui méritait un autre **sort**.

Le militaire en général **rebuté** et **mécontent** de ne pas recevoir la promotion que vous m'avez annoncée est encore un chagrin de plus **vif** pour moi.

Dans l'attente de voir arriver l'ennemi de jour à autre par le fleuve j'y ai fait placer la **flûte** *La Biche* toute prête à y être **coulée bas**, chargée de brique dans l'**endroit** le plus **étroit** des passes. Elle est commandée par un sujet des plus incapables, mais je compte sur son second et dans cette extrémité la **retraite** de son **équipage** se fera sur nos batteries pour aider à les servir.

Des Anglais arrivés depuis peu aux Chikachas y ont **mis** la tête des Français, qui sont dans la nation Chactas, **à prix. Aussitôt que** je l'ai su j'ai fait **lever** des **partis** nouveaux sur eux, entre autres un chef à médaille de ma confiance qui vient de **tuer** cinq Chikachas et de faire dix esclaves.

plus de no more / **nus** naked
environ about
milliers thousands / **poudre** n.f. gunpowder / **dont** of which / **avarié** damaged / **de rebut** wasted / **point d'** no / **espérance** n.f. hope / **éprouver** to experience
ordonnateur n.m. commissary / **bouleverse** upsets / **adhérents** n.m. followers / **feu** n.m. fire
sort n.m. fate

rebuté dejected / **mécontent** discontented

vif sharp

dans l'attente while waiting
flûte n.f. cargo ship
coulée bas sunk
endroit n.m. place / **étroit** narrow

retraite n.f. retreat / **équipage** n.m. crew

mis . . . à prix put a price on / **aussitôt que** as soon as

lever to raise / **partis** n.m. (war) parties

tuer to kill

Kerlérec à Berryer, 8 juin 1761,
C13a, 42:217-20.

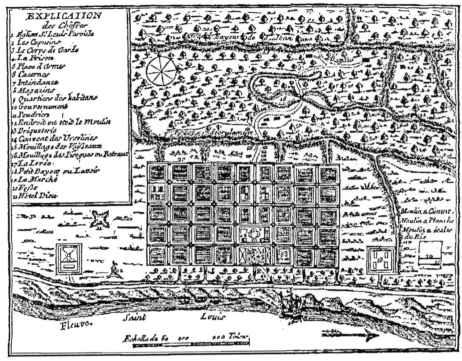

New Orleans in 1758, as illustrated by Du Pratz.

Questionnaire:
1. Expliquez la condition du militaire à la Nouvelle Orléans.
2. Pourquoi sa condition est-elle fort mauvaise?
3. Expliquez ce que Kerlérec a fait pour protéger la ville contre les vaisseaux ennemis.
4. Qu'ont fait certains Anglais chez les Chikachas?
5. Qu'a fait Kerlérec pour résoudre ce nouveau problème? Pourquoi a-t-il confiance en ce chef à médaille?

Treaty of Paris (1763)

The Treaty of Paris, signed in February of 1763 by Spain, France, and England, gave to England all of France's possessions east of the Mississippi. According to the terms of the treaty, France would retain the *Ile d'Orléans*, (New Orleans) and the islands of Guadeloupe and Martinique. Later it was revealed that in a secret treaty France had already given all her possessions west of the Mississippi, including New Orleans, to her ally Spain. Alliances which had been formed between the Indians and the French had to be reevaluated.

Note the formal terms by which the three kings were known: *Sa Majesté Catholique* (Spanish), *Sa Majesté Très Chrétienne* (French), *Sa Majesté Britannique* (English).

Traité de Paris - 1763

AU NOM DE LA TRES SAINTE
et Indivisibile Trinité, Père, Fils, et Saint Esprit. Ainsi **soit**-il.

soit be

Soit notaire à tous ceux qu'il **appartiendra**, ou peut **appartenir** Les Ambassadeurs, et **Pléni-potentiaires** de Sa Majesté Catholique, de Sa Majesté Très Chrétienne, et de Sa Majesté Britanni-que; **ayant** conclu et signé à Paris le dix de Février de cette année, un **Traité** Définitif de Paix, et des Articles séparés, desquels la **teneur s'ensuit**.

soit notaire be witnessed and signed / appartiendra will concern / appartenir to concern / plénipotentiaires n.m. diplomats
ayant having

traité n.m. treaty
teneur n.f. text / s'ensuit follows

AU NOM DE LA TRES SAINTE
et Indivisibile Trinité, Père, Fils, et Saint Esprit. Ainsi soit-il.

Il a plu au tout-**Puissant** de **répandre** l'Esprit d'union et de **concorde** sur les Princes, **dont** les divisions avaient portés le trouble dans les quatre Parties du Monde; et de leur inspirer le **dessein** de faire **succéder** les **douceurs** de la Paix aux **mal-heurs** d'une longue et **sanglante** Guerre, qui (après s'être élevée entre la France, et l'Angleterre, pen-dant le Règne du **Sérénissime** et très Puissant

puissant powerful /
répandre to spread abroad
concorde n.f. harmony /
dont whose

dessein n.m. plan
succéder to follow after /
douceurs n.f. charms /
malheurs n.m. misery /
sanglante bloody

sérénissime most serene

214

Prince George Deux par la grâce de Dieu Roi de la Grande Bretagne, de glorieuse mémoire) a été continuée sous le Règne du Sérénissime, et très Puissant Prince George Trois Son Successeur, ...

ARTICLE VII

Afin de rétablir la Paix sur des **fondements** solides, et durables, et **écarter** pour jamais tout sujet de dispute, **par rapport** aux limites des Territoires Britanniques, et Français, sur le continent de l'Amérique; il est **convenu**, qu'à l'**avenir** les **confins** entre les Etats de Sa Majesté Britannique, et ceux de sa Majesté Très Chrétienne en cette partie du Monde, seront irrévocablement fixés par une ligne **tirée** au milieu du Fleuve Mississipi, **depuis** sa naissance, jusqu'à la Rivière d'Iberville, et de là par une ligne tirée au milieu de cette Rivière, et des lacs Maurepas, Pontchartrain, jusqu'à la Mer: et à cette fin le Roi Très Chrétien cède en toute **propriété**, et garantit à Sa Majesté Britannique la Rivière, et le Port de la Mobile, et tout ce qu'il possède ou a dû posséder du Côté gauche du Fleuve Mississipi, à l'exception de la Ville de la Nouvelle Orléans, et de l'Ile, dans laquelle elle est située, qui **demeureront** à la France; bien entendu, que la Navigation du Fleuve Mississipi sera également libre **tant** aux Sujets de la Grande Bretagne, comme à ceux de la France, dans toute sa **Largeur**, et toute son **étendue**, depuis sa Source jusqu'à la Mer, et **nommément** cette partie, qui est entre la **susdite** Ile de la Nouvelle Orléans, et la **rive** droite de ce Fleuve, aussi bien que l'Entrée, et la **sortie** par son **Embouchure**; Il est de plus stipulé que les **Bâtiments appartenant** aux sujets de l'une ou de l'autre Nation, ne pourront être arrêtés, visités, ni **assujettis** au payement d'aucun **droit quelconque**. Les stipulations **insérées** dans l'Article IV. en faveur des habitants du Canada auront lieu de **même**, pour les habitants des Pays cédés par cet Article.

afin de in order to / **fondements** n.m. foundation
écarter to dispel
par rapport with regard

convenu agreed / **avenir** n.m. the future / **confins** n.m. borders

tirée drawn / **depuis** from

propriété n.f. property

demeureront will remain

tant as much

largeur n.f. breadth / **étendue** n.f. length
nommément particularly
susdite aforesaid / **rive** n.f. bank

sortie n.f. exit / **embouchure** n.f. mouth / **bâtiments** n.m. ships / **appartenant** belonging
assujettis subjected
droit n.m. tax / **quelconque** whatsoever
insérées inserted

même also

ARTICLE XX

En conséquence de la restitution stipulée dans l'Article précédent, Sa Majesté Catholique cède et garantit en toute propriété, à Sa Majesté Britannique, la Floride, avec le Fort de Saint Augustin, et la Baie de Pensacola, ainsi que tout ce que l'Espagne possède sur le continent de l'Amérique **Septentrionale**, à l'Est, ou au Sud-Est du Fleuve Mississipi, et généralement tout ce qui dépend des **dits** Pays, et Terres, avec la **Souveraineté**, propriété, possession, et tous droits **acquis** par Traités, ou **autrement**, que le Roi Catholique, et la Couronne d'Espagne, ont eu jusqu'au présent sur les dits Pays, Terres, lieux, et leurs habitants, ainsi que le Roi Catholique cède et transporte le tout au dit Roi; et à la Couronne, et de la forme la plus ample. Sa Majesté Britannique **convient** de son côté d'**accorder** aux habitants des Pays **ci-dessus** cédés, la liberté de la Religion Catholique. En conséquence elle donnera les Ordres les plus **exprès**, et les plus effectifs pour que ses nouveaux sujets Catholiques Romains **puissent** professer le **culte** de leur Religion, **selon** le Rite de l'Eglise Romaine, **en tant que** le permettent les Loix de la Grande Bretagne. Sa Majesté Britannique convient **en outre**, que les habitants Espagnols, ou autres, qui **auraient** été Sujets du Roi Catholique dans les dits Pays, pourront **se retirer** en toute **sûreté** et liberté, où bon leur semblera, et pourront vendre leurs **Biens**, **pourvu que** ce soit à des sujets de Sa Majesté Britannique, et transporter leurs **effets** ainsi que leurs personnes, sans être **gênés** dans leur Emigration sous quelque prétexte que ce **puisse** être, hors celui de dettes, ou de **procès** Criminels: Le terme limité pour cette Emigration **étant** fixé à l'espace de dix-huit mois, à compter du jour de l'échange . . . .

septentrionale north

dits said
souveraineté n.f. dominion
acquis acquired
autrement otherwise

convient agrees

accorder to grant / *ci-dessus* above

exprès precise
puissent will be able
culte n.m. worship / *selon* according to
en tant que as

en outre furthermore
auraient would have
se retirer to withdraw / *sûreté* n.f. security

biens n.m. property / *pourvu que* provided that
effets n.m. belongings

gênés impeded
puisse can

procès n.m. legal actions
étant being

Treaty of Paris, 1763.

Questionnaire:
1. Qui sont les trois "Majestés" mentionnées dans le premier paragraphe?
2. Sur une carte des Etats-Unis, dessinez la ligne imaginaire qui divise les territoires de l'Amérique dans ce traité.
3. Quel pays va posséder la terre du côté gauche du Fleuve Mississipi?
4. Quelle terre va demeurer à la France?
5. Expliquez les droits de navigation sur le Fleuve Mississipi.
6. Qu'est-ce que le Roi d'Espagne cède au Roi d'Angleterre?
7. Quelle liberté le Roi d'Angleterre a-t-il accordée aux habitants espagnols?
8. Quelle liberté économique a-t-il accordée?

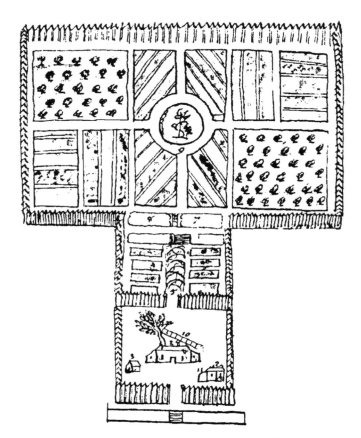

Some French settlers made real homes for themselves and did not choose to leave when the Louisiana colony changed hands. This map of the residential part of the habitation of Dumont de Montigny illustrates how entire European garden plans might be transplanted to the colony. Note the ladder to allow chickens to roost in the tree!

Transfer of Indian Alliance (1763)

By the Treaty of Paris, France and Britain presumed to decide the lives and allegiance of hundreds of thousands of Indians without asking them what they thought of it. Hearing of the terms of the treaty, the Choctaws were outraged and threatened to attack the British if they came to settle. The following text represents an attempt by the Europeans to explain the meaning of the treaty at a large congress held with the Choctaws in Mobile.

Conseil à tenir avec la Nation Tchakta par le gouverneur de la Mobile pour la partie anglaise de la Louisiane, et celui de la Nouvelle Orléans pour la partie française de la dite province.

Aujourd'hui quatorze novembre mil sept cent soixante-trois,

Nous, Robert Farmar Ecuyer gouverneur de la partie anglaise d'une part,

Et D'Abbadie Directeur général et commandant de la partie française, de l'autre.

Harangue aux Nations Sauvages

Grands Chefs, chefs de Villages et de Partis de guerre, **considérés** et **guerriers** des trois parties de la Nation Tchakta que le grand esprit a mis sur la terre pour la peupler et vivre **en** frères.

considérés n.m. honored men / **guerriers** n.m. warriors

en as

Vous autres Tchaktas qui êtes nés aussi libres que les hommes blancs, ouvrez bien vos oreilles pour écouter les **paroles** de valeur que nous allons vous porter de la part du grand Empereur des Anglais et du grand Empereur des Français. Prenez bien garde que le vent ne les **emporte**, ouvrez vos coeurs pour qu'elles y entrent, et croyez que nous **ne** travaillons **qu'**aux bonnes affaires pour votre tranquillité, celle de vos vieillards, de vos femmes et de vos enfants.

paroles n.f. words

emporte carries away

ne ... que only

Les **mélanges** de terres des Français et des Anglais ont **occasionné** jusqu'au présent des querelles et des combats continuels qui ont fait **couler** des rivières de **sang** entre les Anglais et les Français, et entre les hommes rouges partisans **des uns et des autres.**

Vous pleurez encore aujourd'hui vos pères, vos frères et vos neveux qui ont perdu la vie, les uns en **se battant** pour les Français, les autres en **prenant** la partie des Anglais.

Les deux Empereurs d'Angleterre et de France **voulant aplanir** les chemins, et les **rendre** blancs par toute la terre ont travaillé aux bonnes affaires dans leurs grands villages, et ont dit que pour ne plus se battre à l'avenir, il fallait désigner des **bornes** remarquables pour séparer leurs terres.

A cet effet ils se sont promis l'un à l'autre que leurs possessions seront irrévocablement fixées par une ligne **tirée** au milieu du fleuve Mississipi depuis sa naissance jusqu'à la Rivière d'Iberville, et de là par une ligne tirée au milieu de cette Rivière et des Lacs Maurepas et Pontchartrain jusqu'à la mer, et à cette fin le Roi très chrétien **cède en toute propriété** et garantit à sa Majesté Britannique la Rivière et le Port de la Mobile, et tout ce qu'il possède ou a dû posséder du côté gauche du fleuve Mississipi à l'exception de la ville de la Nouvelle Orléans et de l'île dans laquelle elle est située, qui **demeureront** à la France.

♣

Comme vous êtes des hommes libres qui devez avoir appris à penser **depuis** que vous **fréquentez** les blancs, les deux grands Chefs que vous voyez ici présents pour les Anglais et les Français vous assurent aujourd'hui que pour votre repos et celui de vos vieillards, de vos femmes et de vos Enfants vous devez conformer **inviolablement** à cet arrangement.

---

mélanges n.m. mixups

occasionné caused

couler to run / **sang** n.m. blood

des uns et des autres of the one and the other

se battant fighting / **prenant** taking

voulant wishing / **aplanir** to smooth / **rendre** to make

bornes n.f. landmarks

tirée drawn

cède en toute propriété grants all property rights

demeureront shall remain

depuis from / **fréquentez** associate with

inviolablement unfailingly

Vous avez toujours reçu tous vos besoins du grand Empereur des Français; vous les recevrez également de celui des Anglais.

Votre nation a été longtemps **conduite** par les Français, et sous la protection de leur grand Empereur, ce sont les premiers blancs que vous avez connus et qui vous ont appris à **vous servir** du **fusil**.

conduite led

vous servir to use
fusil n.m. gun

Ce sont les Français qui vous ont fait hommes en vous **fournissant** exactement de la poudre, des balles, des **haches**, des casse-têtes et des **tranchants** pour vous défendre de vos Ennemis et pour vous faire vivre **ainsi que** vos femmes et vos Enfants.

fournissant providing
haches n.f. hatchets /
  tranchants n.m. swords

ainsi que as well as

Quoique vous **soyiez** au présent sous la protection de l'Empereur des Anglais, l'Empereur des Français ne vous oubliera pas; ses chefs et ses guerriers vous **serreront** la main et vous **caresseront** partout où ils se rencontreront avec vous; mais il faut que les hommes rouges **évitent** toutes les occasions qui **pourraient** leur faire perdre l'esprit; cela est nécessaire pour **épargner** le sang des Anglais, des Français et des hommes rouges, et pour que toute la terre **soit** blanche et que les chemins **soient** aplanis sans pierres, sans **ronces** et sans **epines**.

soyiez are

serreront shall grip / caresseront shall embrace

évitent avoid

pourraient might

épargner to spare

soit be
soient be / ronces n.f.
  brambles
épines n.f. thorns

Nous **prions** le grand Esprit de faire trouver beaucoup de **chevreuils**, beaucoup d'**ours** et de **boeufs** partout où vous chasserez; nous le prions aussi pour que vos femmes **fassent** autant d'Enfants qu'il y a de feuilles dans les arbres.

prions pray
chevreuils n.m. deer / ours
  n.m. bears
boeufs n.m. cattle (buffaloes)
fassent bear

Nous le prions encore de vous donner de la pluie quand vous en aurez besoin pour vos **maïs**, et des jours de beau soleil sans **nuages** pour les faire **mûrir** et vous procurer des **récoltes** abondantes.

maïs n.m. corn (maize)

nuages n.m. clouds
mûrir to ripen / récoltes
  n.f. harvests

Farmar et D'Abbadie, 14 novembre, 1763,
C13a, 43:239-44.

Questionnaire:
1. Le premier paragraphe de cette harangue est une salutation. Quelle est l'importance du deuxième paragraphe de la harangue?
2. Comparez la ligne tirée au milieu du Mississippi à la ligne décrite dans le traité à la page 215.
3. Remarquez l'air condescendant dans le deuxième extrait qui commence, "Comme vous êtes des hommes libres." Quelles sont les observations qui montrent cette condescendance?
4. Selon D'Abbadie, les Français vont-ils continuer des rapports d'amitié avec les Tchactas? Selon lui, que faut-il pour épargner le sang de tout le monde?
5. Quelle est la signification de la terre blanche et des chemins aplanis?
6. Qu'ont-ils demandé au grand Esprit pour la chasse? pour les femmes? pour la récolte?

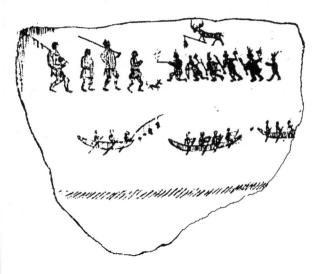

This Choctaw petroglyph or rock carving records the results of a Choctaw war party's attack on its enemies. Note the scalp carried by the deer, which represents a clan.

Composition:
Commentez l'attitude européenne vers les nations sauvages, surtout comme révélée dans cette harangue.

221

Rousseau on the Indians of America (1755)

This selection is drawn from Jean-Jacques Rousseau's Discours sur l'origine et les fondements de l'inégalité parmi les hommes, *published in 1755. Rousseau's acquaintance with what Europeans knew of the American colonies and the people who lived there influenced his formation of the concepts he developed about human society that were important to both the American and French revolutions. But as this selection shows, Rousseau considered that the* sauvages *of his own day were no longer in a "state of nature," but had already begun to differentiate themselves by rank and property within their societies.*

Sitôt que les hommes eurent commencé à s'apprécier mutuellement, et que l'idée de la considération fut formée dans leur esprit, chacun prétendit y avoir droit, et il ne fut plus possible d'en manquer impunément pour personne. De là sortirent les premiers devoirs de la civilité, même parmi les sauvages; et de là tout tort volontaire devint un outrage.

Voilà précisément le degré où étaient parvenus la plupart des peuples sauvages qui nous sont connus; et c'est faute d'avoir suffisament distingué les idées, et remarqué combien ces peuples étaient déjà loin du premier état de nature, que plusieurs se sont hâtés de conclure que l'homme est naturellement cruel, et qu'il a besoin de police pour l'adoucir; tandis que rien n'est si doux que lui dans son état primitif, lorsque, placé par la nature à des distances égales de la stupidité des brutes et des lumières funestes de l'homme civil, et borné également par l'instinct et par la raison à se garantir du mal qui le menace, il est retenu par la pitié naturelle de faire lui-même du mal à personne, sans y être porté par rien, même après en avoir reçu. Car selon l'axiome du sage Locke, il ne saurait y avoir d'injure où il n'y a point de propriété.

sitôt que as soon as / eurent had

considération n.f. respect / fut was
prétendit assumed

impunément with impunity

sortirent came

devint became

parvenus appeared

hâtés hastened

adoucir to soften

funestes fatal / borné restricted

retenu restrained

saurait would know
propriété n.f. property

Ainsi, quoique les hommes **fussent** devenue moins endurants, et que la pitié naturelle **eût** déjà souffert quelque altération, cette période du développement des facultés humaines, **tenant** un juste milieu entre l'indolence de l'état primitif et la **pétulante** activité de notre **amour-propre, dut** être l'époque la plus heureuse et la plus durable. **Plus** on y réfléchit, **plus** on trouve que cet état était le moins sujet aux révolutions, le meilleur à l'homme, et qui n'en a dû sortir que par quelque funeste **hasard**, qui, pour l'utilité commune, eût dû ne jamais arriver. L'exemple des sauvages qu'on a presque tous trouvés à ce point, semble confirmer que le genre humain était fait pour y rester toujours, que cet état est la véritable jeunesse du monde, et que tous les progrès ultérieurs ont été en apparence **autant de pas** vers la perfection de l'individu, et en effet vers la **décrépitude de l'espèce.**

Tant que les hommes **se contentèrent** de leurs cabanes rustiques, tant qu'ils **se bornèrent à coudre** leurs habits de peaux avec des épines ou des **arêtes, à se parer** de plumes et de **coquillages,** à se peindre le corps de diverses couleurs, à perfectionner ou embellir leurs **arcs** et leurs **flèches, à tailler** avec des pierres **tranchantes** quelques canots de pêcheurs ou quelques grossiers instruments de musique; en un mot, tant qu'ils **ne** s'appliquèrent **qu'à** des ouvrages qu'un seul pouvait faire, et qu'à des arts qui n'avait pas besoin du **concours** de plusieurs mains, ils **vécurent** libres, sains, bons et heureux **autant qu'**ils pouvaient l'être par leur nature et **continuèrent à jouir** entre eux des douceurs d'un commerce indépendant; mais **dès** l'instant qu'un homme **eut** besoin du secours d'un autre, dès qu'on **s'aperçut** qu'il était utile à un seul d'avoir des provisions pour deux, l'égalité **disparut,** la propriété s'introduisit, le travail **devint** nécessaire et les vastes forêts se **changèrent** en des campagnes **riantes** qu'il **fallut**

fussent had

eût had

tenant maintaining

pétulante petulant / **amour-propre** n.m. vanity / **dut** should
plus . . . plus the more . . . the more

hasard n.m. chance

autant de pas so many steps

décrépitude de l'espèce decline of the species

tant que to the extent that / **se contentèrent** were contented / **se bornèrent** limited themselves
coudre to sew
arêtes n.f. fish bones / **se parer** to bedeck oneself / **coquillages** n.m. shells
arcs n.m. bows / **flèches** n.f. arrows
tailler to shape / **tranchantes** sharp

ne . . . que only

concours n.m. cooperation / **vécurent** lived
autant que as much as
continuèrent continued / **jouir** to enjoy

dès from / **eut** had
s'aperçut perceived

disparut disappeared / **devint** became / **changèrent** changed / **riantes** pleasant / **fallut** was necessary

arroser de la **sueur** des hommes, et dans lesquelles on **vit** bientôt l'esclavage et la misère **germer** et **croître** avec les **moissons**.

arroser to water / sueur n.f. sweat
vit saw / germer to germinate / croître to sprout / moissons n.f. crops

Rousseau, Discours sur l'origine de l'inégalité, Pt. 2.

Questionnaire:
1. Selon Rousseau, quand a-t-on commencé à demander la consideration des autres?
2. Qu'est-ce qui est devenu un outrage?
3. Selon Rousseau, pourquoi s'est-on hâté de conclure que l'homme est naturellement cruel?
4. Comment Rousseau a-t-il expliqué l'état primitif?
5. Qu'est-ce qui a retenu cet homme primitif de faire du mal à personne?
6. Selon Locke, si la propriété n'existe pas, qu'est-ce qui manque?
7. Selon Rousseau, quel état est la véritable jeunesse du monde?
8. Nommez plusieurs exemples des ouvrages solitaires.
9. Qu'est-ce qui a disparu dès qu'un homme a eu besoin du secours d'un autre?
10. Qu'est-ce qui est arrivé quand la propriété s'est introduite?

Composition:
A votre avis, si Rousseau avait visité les villages dans la Louisiane, aurait-il changé sa théorie de l'inégalité? Expliquez votre réponse.

Du Pratz's image of a Natchez Indian woman and her daughter.

Chateaubriand's Prologue to *Atala* (1801)

The setting for Chateaubriand's romantic novel *Atala* is the Louisiana Colony, just before the Natchez revolt in 1729. In the prologue he wrote a poetic description of the Mississippi River.

La France possédait autrefois, dans l'Amérique **septentrionale**, un vaste empire qui **s'étendait** depuis le Labrador jusqu'aux Florides, et depuis les **rivages** de l'Atlantique jusqu'aux lacs les plus **reculés** du haut Canada.

Quatre grands fleuves, **ayant** leurs sources dans les mêmes montagnes, divisaient ces régions immenses: le fleuve Saint-Laurent qui se perd à l'est dans le golfe de son nom, la rivière de l'Ouest, qui porte ses eaux à des mers inconnues, le fleuve Bourbon, qui **se précipite** du midi au nord dans la biae d'Hudson, et le **Meschacebé** qui tombe du nord au midi dans le golfe du Mexique.

Ce dernier fleuve, dans un cours de plus de mille lieues, **arrose** une délicieuse contrée que les habitants des Etats-Unis appellent le nouvel Eden, et à laquelle les Français ont laissé le doux nom de Louisiane. Mille autres fleuves, tributaires du Meschacebé, le Missouri, l'Illinois, l'Akanza, l'Ohio, le Wabache, le Tenase, l'**engraissent** de leur **limon** et la fertilisent de leurs eaux. Quand tous ces fleuves se sont **gonflés** des déluges de l'hiver, quand les tempêtes ont **abbatu** des **pans** entiers de forêts, les arbres **déracinés** s'assemblent sur les sources. Bientôt les **vases** les cimentent, les **lianes** les enchaînent, et les plantes, y prenant racine de toutes parts, **achèvent** de consolider ces débris. **Charriés** par les vagues **écumantes**, ils descendent au Meschacebé. Le fleuve **s'en empare**, les pousse au golfe Mexicain, les **échoue** sur des bancs de sable et **accroît** ainsi le nombre de ses **embouchures**. Par intervalle, il élève sa voix en **passant** sous les monts, et **répand** ses eaux **débordées**

septentrionale north / **s'étendait** stretched

rivages n.m. shores

reculés remote

ayant having

se précipite rushes forward

Meschacebé Mississippi River

arrose waters

engraissent enrich

limon n.m. silt, mud

gonflés swelled

abbatu beaten down / **pans** n.m. stretches
déracinés uprooted
vases n.m. muds / **lianes** n.f. vines

achèvent succeed

charriés carried / **écumantes** foamy
s'en empare seizes them
échoue strands
accroît increases
embouchures mouths / **passant** passing
répand spills / **débordées** overflowing

autour des colonnades des forêts et des pyramides des tombeaux indiens, c'est le Nil des déserts. Mais la grâce est toujours unie à la magnificence dans les scènes de la nature: tandis que le courant du milieu **entraîne** vers la mer les cadavres des pins et des **chênes**, on voit sur les deux courants latéraux **remonter** le long des rivages, des îles **flottantes** de **pistia** et de **nénuphar**, dont les roses jaunes s'élèvent comme de petits pavillons. Des serpents verts, des hérons bleus, des **flammants** roses, de jeunes crocodiles s'embarquent passagers sur ces vaisseaux de fleurs, et la colonie, **déployant** aux ventes ses **voiles** d'or, va **aborder** endormie dans quelque **anse** retirée du fleuve.

Les deux **rives** du Meschacebé présentent le tableau le plus extraordinaire. Sur le bord **occidental**, des **savanes se déroulent** à perte de vue; leurs **flots** de verdure, en **s'éloignant**, semblent monter dans l'azur du ciel où ils **s'évanouissent**. On voit dans ces prairies sans borne **errer** à l'aventure des troupeaux de trois ou quatre mille **buffles** sauvages. Quelquefois un bison **chargé** d'années, **fendant** les flots à la nage, se* vient coucher parmi les hautes herbes, dans une île du Meschacebé. A son front **orné** de deux croissants, à sa barbe antique et limoneuse, vous le **prendriez** pour le dieu du fleuve, qui **jette un oeil** satisfait sur la grandeur de ses **ondes** et la sauvage abondance de ses rives.

Telle est la scène sur le bord occidental; mais elle change sur le bord opposé, et forme avec la première un admirable contraste. Suspendus sur le cours des eaux, groupés sur les rochers et sur les montagnes, dispersés dans les vallées, des arbres de toutes les formes, de toutes les couleurs, de tous les parfums, **se mêlent, croissent** ensemble, montent dans les airs à des hauteurs qui fatiguent les regards. Les **vignes** sauvages, les **bignonias**, les **coloquintes** s'entrelacent au pied de ces arbres, **escaladent**

entraîne carries along

chênes n.m. oak trees
remonter to go upstream / flottantes floating / pistia n.m. aquatic plant / nénuphar n.m. waterlily

flammants n.m. flamingoes

déployant unfurling

voiles n.f. sails / aborder to run against
anse n.f. cove

rives n.f. banks
occidental west / savanes n.f. savannas / se déroulent spread out
flots n.m. waves / s'éloignant appearing in the distance / s'évanouissent vanish / errer to wander

buffles n.m. buffaloes
chargé burdened

fendant cutting through

orné embellished

prendriez would mistake

jette un oeil observes
ondes n.f. waves

se mêlent blend / croissent grow

vignes n.f. grapevines / bignonias n.m. climbing plants / coloquintes n.f. bitter apples (herbaceous vine) / escaladent climb over

*The word order has been inverted for artistic purposes; should be read as *vient se coucher*.

leurs **rameaux, grimpent** à l'extrémité des branches, s'élancent de l'**érable** au **tulipier**, du tulipier à l'**alcée**, en formant mille **grottes**, mille **voûtes**, mille portiques. Souvent **égarées** d'arbre en arbre, ces lianes traversent des bras de rivières, sur lesquels elles jettent des ponts de fleurs. Du **sein** de ces massifs, le magnolia élève son cône immobile; **surmonté** de ses larges roses blanches, il domine toute la forêt, et **n'**a d'autre rival **que** le palmier, qui balance **légèrement** auprès de lui ses **éventails** de verdure.

Une multitude d'animaux placés dans ces retraites par la main du Créateur, y répandent l'enchantement et la vie. De l'extrémité des avenues, on aperçoit des **ours enivrés** de raisins qui **chancellent** sur les branches des **ormeaux**; des caribous se baignent dans un lac; des **écureuils** noirs se jouent dans l'**epaisseur** des feuillages; des oiseaux-moqueurs, des **colombes** de Virginie de la grosseur d'un **passereau**, descendent sur les **gazons** rougis par les **fraises**; des perroquets verts à tête jaune, des **piverts empourprés**, des cardinaux de feu, grimpent en **circulant** au haut des cyprès; des **colibris étincellent** sur le jasmin des Florides, et des serpents-**oiseleurs sifflent** suspendus aux dômes des bois, en s'y balançant comme des lianes.

Si tout est silence et repos dans les savanes de l'autre côté du fleuve, tout ici, au contraire, est mouvement et murmure: des coups de bec contre le tronc des chênes, les **froissements** d'animaux qui marchent, **broutent** ou **broient** entre leurs dents les **noyaux** des fruits; des **bruissements** d'ondes, de faibles **gémissements**, de **sourds meuglements**, de doux **roucoulements**, **remplissent** ces déserts d'une tendre et sauvage harmonie. Mais quand une brise vient à animer ces solitudes, à balancer ces corps flottants, à **confondre** ces masses de blanc, d'azur, de vert, de rose, à **mêler** toutes les couleurs, à réunir tous les murmures; alors il

rameaux n.m. branches / **grimpent** climb / **érable** n.m. maple / **tulipier** n.m. tulip-tree / **alcée** n.m. hollyhock / **grottes** n.f. grottoes / **voûtes** n.f. arches / **égarées** wandering

sein n.m. bosom, heart

surmonté covered

ne . . . que only

légèrement lightly
éventails n.m. fans

ours n.m. bears / **enivrés** drunken
chancellent stagger / **ormeaux** n.m. elms / **écureuils** n.m. squirrels
épaisseur thickness

colombes n.f. doves

passereau n.m. sparrow
gazons n.m. lawns / **fraises** n.f. strawberries
piverts n.m. woodpeckers / **empourprés** purplish
circulant circling around
colibris n.m. hummingbirds / **étincellent** flash, sparkle / **oiseleurs** n.m. bird-catchers / **sifflent** whistle

froissements n.m. clashings

broutent browse / **broient** grind / **noyaux** n.m. seeds / **bruissements** n.m. roaring / **gémissements** n.m. murmurings / **sourds** muffled / **meuglements** n.m. bellowings / **roucoulements** n.m. cooings / **remplissent** fill
confondre to mix

mêler to mingle

sort de tels **bruits** du **fond** des forêts, il se passe de telles choses aux yeux, que j'**essayerais** en vain de les décrire à ceux qui n'ont point **parcouru** ces champs primitifs de la nature.

bruits n.m. noises / **fond** n.m. depth
essayerais would try

parcouru traveled through

Chateaubriand, Atala, 1801.

Du Pratz's illustration of a buffalo.

Questionnaire:
1. Trouvez les quatre grands fleuves sur une carte des Etats-Unis. Trouvez aussi les six tributaires du Mississippi.
2. Comment Chateaubriand a-t-il expliqué que le nombre des embouchures accroît?
3. Expliquez la formation des "vaisseaux de fleurs." Qui sont les passagers de ces vaisseaux?
4. Décrivez la rive droite du fleuve.
5. Quel animal est comparé au dieu du fleuve? Expliquez cet image poétique.
6. La rive gauche présente un contraste frappant à la savane. Quelles grandes différences y a-t-il entre les deux rives?
7. Commentez la cathédrale symbolique dans cette description. (Pensez à la structure d'une vraie cathédrale: voûtes, flèche, tours, vitraux, etc.)
8. De nos jours, peut-on voir tous ces animaux aux rives du Mississippi? Y a-t-il des erreurs scientifiques dans ces descriptions des animaux? Pourquoi ces images sont-elles si vives?
9. Remarquez tous les mots qui représentent les sons; expliquez la "tendre et sauvage harmonie."
10. Après avoir bien étudié cette prologue, lisez-la à haute voix pour entendre son effet profond.

Legend of the Mississippi from Chateaubriand's *René*

The following excerpt is from another novel by Chateaubriand in which a young Frenchman, René, lives with the Natchez Indians. René has just finished recounting the tragic circumstances which caused him to leave France and travel to the New World. His old friend Chactas advises him to forget that life and rejoice in his simple life among the Natchez. Then Chactas tells this legend of the Mississippi.

«Un jour le Meschacebé, encore assez près de sa source, se **lassa** de n'être qu'un limpide **ruisseau**. Il demande des neiges aux montagnes, des eaux aux torrents, des pluies aux tempêtes, il **franchit** ses **rives**, et **désole** ses bords charmants. L'**orgueilleux** ruisseau **s'applaudit d'abord** de sa puissance; mais **voyant** que tout devenait **désert** sur son passage; qu'il **coulait**, abandonné dans la solitude; que ses eaux étaient toujours troublées, il **regretta** l'humble lit que lui avait **creusé** la nature, les oiseaux, les fleurs, les arbres et les ruisseaux, **jadis** modestes compagnons de son paisible cours.»

lassa tired / **ruisseau** n.m. stream

franchit leaps

rives n.f. banks / **désole** destroys / **orgueilleux** proud / **s'applaudit** rejoices / **d'abord** first / **voyant** seeing / **désert** n.m. waste / **coulait** was flowing

regretta missed / **creusé** hollowed out

jadis formerly

Chateaubriand, René, 79.

A flamingo from the Encyclopédie.

Questionnaire:
1. Pourquoi le Meschacebé demande-t-il des neiges et des eaux?
2. Il est devenu très puissant, mais était plus tard mélancolique. Expliquez le changement.

Vocabulary

This vocabulary contains the words glossed in the body of the reader. Verbs are listed in infinitive form. Difficult grammatical phrasings and idioms are also included. Students whose French vocabulary is minimal should use a good dictionary along with this list.

abandonner to abandon
abattis n.m. a barricade of felled trees
abattre to cut down, to beat down
abonder to be plentiful
à bord on board
abord n.m. arrival
aborder to run against; to land
aboutir to end at
abri n.m. shelter
abricot n.m. apricot
accabler to crush
accommoder to dress; to outfit
accorder to grant, to give
accourir to run up to
accoutumé accustomed
accoutumer (s') to become accustomed
accrocher (s') to cling
accroissement n.m. increase
accroître to increase
accroupi crouched
accuser to accuse
à ce qu'il dit according to him
à cet égard in that regard
à charge responsible
achever to finish, succeed
acier n.m. steel
à corne horned
acquerir to acquire; to reach
acquiescé agreed
à craindre to be feared
action n.f. stock
actuel present
actuellement at present
à défaut de for want of
adhérent n.m. follower
adjugé legally awarded
admirer to admire
adoucir to tame
adresse n.f. cleverness, skill
adroit skillful
adroitement skillfully
affaiblir to weaken
affaire n.f. plan; concern; trouble
affidé trustworthy
affreux frightful
afin de in order to
afin que in order that
agaçant provoking

agir to act; to have an effect
agir (s') to be in question; to be a matter
agiter to debate; to shake
agrément n.m. charm, amenity
aider to help
aigle n.m. eagle
aiguille n.f. needle
aiguillette n.f. ornamental shoulder knot
ailleurs elsewhere
aîné eldest
ainsi in that manner, thus
ainsi que as well as, since
airs n.m. air
aisance n.f. comforts of life
aisé easy
aise n.f. ease, comfort
aisément easily
à jeun on an empty stomach
ajouter to add
à juste titre rightly
à l'avenir in the future
à l'égard with regard to
à l'insu without the knowledge of
à la dérive adrift, lost
à la sourdine secretly
alcée n.m. hollyhock
alêne n.f. awl
aliment n.m. food
alléguer to put forth; to allege
aller to go
allez-vous-en go away!
allonger to lengthen
allouez n.m. (Alloués) Honored Men
allumer to light
altérer to change for the worse
amande n.f. almond; kernel
amant n.m. lover
amarrer to fasten; to moor
amas n.m. material woven by West Indian natives
amas n.m. heap
âme n.f. soul
amende n.f. fine
amener to bring
amère bitter
à mesure at the same rate
à mesure que to the extent that
ameuter to stir up

à moins que unless
à mon particulier on my part
amour-propre n.m. vanity
amplement amply
an n.m. year
anche n.f. river mouth
ancien old
ancre n.f. anchor
andouille n.f. sausage; package thus shaped
anguille n.f. eel
animer (s') to become animated; to be angry
année n.f. year
anse n.f. cove, meander
anthropophage n.m. cannibal
antipathie n.f. aversion
apaiser to alleviate, to pacify
à peine scarcely; under penalty
apercevoir to catch sight of, to realize
apercevoir (s') to understand; to perceive
aplanir to smooth
appareil n.m. formal preparation
appareiller to get under way (ships)
appartenir to concern, to belong to
appas n.m. attraction
appauvrir to impoverish
appeler to call
appétissant appetizing
applaudir (s') to boast; to rejoice
apporter to bring
appréhender to fear
apprendre to learn; to teach, to inform
apprentissage n.m. apprenticeship
apprivoiser to tame
approcher to approach
approfondir to penetrate; to make deeper
approvisionnements n.m. provisions
appuyer to back up; to support
à propos at the right moment; by the way
arbrisseau n.m. shrubby tree
arc n.m. bow
à reculons backwards
arête n.f. fish bone
argent n.m. silver; money
arme n.f. weapon
armurier n.m. gunsmith
arpent n.m. acre (1.5 acres); distance
  measure (one arpent = 192 feet)
arracher to pull up; to obtain by force
arrêt n.m. decision
arrêter to stop; to delay; to settle
arrêter (s') to stop
arriver (il) to happen
arroger (s') to claim (without right)
arroser to water
artifice n.m. trick
à sa portée within his range

à savoir that is
à souhait to one's heart's content
aspic n.m. asp, viper
assaisonner to season
assassinat n.m. assassination, murder
assaut n.m. assault
assembler to assemble
asseoir (s') to sit down
assis seated
assister à to attend
assommer to beat to death
assouvir to satiate, to gratify
assujettir to subjugate
assurer to make firm; to secure
astre n.m. star
astrolabe n.m. instrument for measuring
  latitude
à temps in time
à travers through
attachement n.m. affection
attacher to fasten; to connect
attacher (s') to apply oneself; to attach
  oneself
attaquer to attack
attendre to wait for, expect
attendre (s') to count on; to expect
attendu que seeing that
attente n.f. hope
attirer to attract
attraper to catch
attribuer to attribute
au cas où in case
aucun, aucune any, no
au deçà on this side
au-delà de beyond
au-dessous below
au-dessus above
au-devant toward
au fait well-informed
au fond at the bottom
augmenter to increase
au hasard at random
au large in the open sea, offshore
au lieu de instead of
au lieu que whereas
au milieu in the middle
au moyen by means
auparavant before, beforehand
au plus tôt as soon as possible
auprès near
auprès du directly from
au quart at the quarter (hour)
auquel (auquelle, auxquels, auxquelles) to
  which, to whom
au reste besides
aussi bien que as well as

aussitôt immediately
aussitôt que as soon as
autant as many, as much
autant que as much as
autel n.m. altar
autour around
autour de round about
autrefois formerly
autrement differently, otherwise
aux arrêts under arrest
aux fers in irons
avaler to swallow
avancer to advance, assert
avant farther
avantage n.m. advantage
avarié damaged, spoiled
avenir n.m. the future
avertir to inform, to warn
aveugler to blind
avidité n.f. greediness
avis n.m. news; opinion; notice
aviser to consider
aviser (s') to think of
avoine n.f. oats
avoir beau in vain
avoir besoin de to need
avoir bien de to have reason
avoir de quoi to have anything
avoir lieu to take place
avoir prise sur to have a hold over
avouer to admit
bacha n.m. pasha, oriental potentate
baie n.f. bay
baissant losing altitude
balle n.f. bullet
balustre n.m. railing
bande n.f group; stripe
barbare barbaric
barbare n.m. barbarian
barbue n.f. bearded one (catfish)
bardelée striped
baril n.m. small barrel
barque n.f. small craft
barré striped; barricaded
barrique n.f. large barrel
bâtiment n.m. ship
bâtir to build
bâton n.m. stick
batte-feu n.f. strike-a-light
battre to beat; to drum the general salute
battre (se) to fight
batture n.f. sandbar
bénite holy
besoin n.m. necessity
bestiaux n.m. cattle, livestock
bête n.f. animal, beast

biens n.m. goods, property
bienveillance n.f. goodwill
bignonias n.m. climbing plants
billet n.m. note
biscayenne n.f. boat
blanchâtre whitish
blanchir to whiten
blé n.m. wheat
blé d'Inde n.m. Indian corn
bled n.m. backwoods; waste land
blesser to wound
boeuf n.m. buffalo, cow
boire to drink
bois n.m. wood, woodland
bois de tremble n.m. aspen tree
bord n.m. edge, shore, bank
bordage n.m. planking
bordé n.m. border
border to border
borne n.f. boundary, limit, landmark
borner to restrict, to limit
borner (se) to restrain oneself
bosquet n.m. thicket
boucané smoked (meat)
boucher to block; to obstruct
bouclier n.m. shield
bouillir to boil
boulanger n.m. baker
boulevard n.m. rampart; boulevard
bouleverser to upset
bourbeux, -euse muddy
bourg n.m. town
bourrelier n.m. harness-maker
bousillage n.m. mud-walling
bout n.m. end
bouteille n.f. bottle
bouton n.m. button
brancard n.m. litter
branler to make a move
brasse n.f. fathom (measure of depth)
braye n.f. breechcloth
brevet n.m. officer, commissioner
brigandage n.m. plunder
briser to break
broche n.f. spit
brouiller (se) to be at odds with
brouter browse, to graze
broyer to grind; to crush
bruissement n.m. roaring, soughing
bruit n.m. noise; tumult; rumor
brûler to burn
brume n.f. fog, mist
buffle n.m. buffalo
but n.m. objective
cabane n.f. shelter, hut
cabaner to camp

cabaretier n.m. tavern-keeper
cabestan n.m. capstan, windlass
caboteur n.m. coasting vessel
cacher to hide
cachot n.m. dungeon
cacique n.m. cacique, Indian chief
cadet à l'aiguillette n.m. volunteer officer
cadre n.m. frame; scaffold
caille n.f. quail
caillou n.m. pebble
caïman n.m. alligator, cayman
calumet n.m. pipe
canne n.f. cane
canot n.m. canoe, small boat
cap n.m. cape, headland
capeyer to remain at anchor
caporal n.m. corporal
capot n.m. hooded cloak
car for, because
carabine n.f. carbine, rifle
carême n.m. Lent
caresser to embrace; to stroke; to pamper
carquois n.m. quiver
carré square
carreau n.m. cushion; square title
cas n.m. case, instance
cassation n.f. reduction in rank, demotion
casse-tête n.m. club, tomahawk
casser to break, demote
castor n.m. beaver
cèder to give up
cèdre n.m. cedar
cellule n.f. cell
celui (celle, ceux, celles) the one that
cendré ashy, ash-colored
centaine n.m. about a hundred
cependant however; meanwhile; yet
cerf n.m. stag
cesser to cease
chacun each one, every one
chagriner to annoy, vex
chair n.f. flesh, meat
chaleur n.f. heat
chaloupe n.f. ship's boat, longboat
chambellan n.m. chamberlain
champ n.m. field
chanceler to stagger
changer to change; exchange
chanter to sing
char n.m. chariot
charbon n.m. charcoal
charger to burden, to load
charpentier n.m. carpenter
charrette n.f. wagon
charrier to carry
charron n.m. wheel-wright

charrue n.f. plow
chasse n.f. hunt; game
chasser to hunt; to discharge
chasseur n.m. hunter
chat n.m. cat
châtaigne n.f. chestnut
châtaignier n.m. chestnut tree
châtier to punish
châtiment n.m. punishment
chaudière n.f. copper pot, cauldron
chaudronnier n.m. coppersmith
chaufournier n.m. lime-kiln worker
chausser (se) to put on one's shoes
chaux n.f. lime
chemin n.m. path
chêne n.m. oak tree
chenille n.f. caterpillar
cher expensive
chercher to look for; to try
chéri cherished, dear
cherté n.f. high price
chevalier n.m. knight
chevelure n.f. scalp
chevet n.m. head
cheveux n.m. hair
chèvre n.f. goat
chevreuil n.m. deer
chez soi at one's own home
chichikois n.m. hollow gourd rattle
chiffre n.m. code
chirurgien n.m. surgeon
ci-après hereafter
ci-dessus above
ci-devant before, formerly
ciel n.m. sky, the heavens
ci-joint herewith
cingler to sail before the wind
cipre n.m. cypress tree [cyprès]
circonvoisin neighboring
circuler to circle around; to move
citer to name
clinquant n.m. tinsel
cliquetis n.m. rattling
clisses de plumes n.f. woven feathers
clôture n.f. seclusion; cloister
clou n.m. nail
cochon n.m. pig
cochon de lait n.m. suckling pig
col n.m. neck
colibri n.m. hummingbird
collationné compared to
colle n.f. glue
coller to glue; to cling
colleter (se) to come to grips with
colline n.f. hill
colombe n.f. dove

colon n.m. colonist
coloquintes n.f. bitter apples
combler to heap, to overwhelm
commander to command, to order
comme as, since
comme il convenait properly
commencer to begin
commerce n.m. sex; trade
commercer to trade
commis n.m. clerk
commissaire n.m. commissary
commodité n.f. comfort
commun common
communément commonly
complot n.m. conspiracy
comploter to plot; to join in a conspiracy
comporter to behave; to manage
comporter (se) to behave oneself
comprendre to understand; to include
comptant in cash
compte n.m. account
compter to count; to expect; to consider
comte n.m. count
concession n.f. land grant
conclure to conclude; to state
concorde n.f. harmony
concours n.m. cooperation
condition n.f. rank high social position
conduire to guide, to conduct
conduite n.f. conduct; guidance
confédéré n.m. associate
confiance n.f. confidence, trust
confin n.m. border
confondre to mix
conformer (se) to comply with
congédier to discharge, to dismiss
conique conical
conjuration n.f. conspiracy
conjuré n.m. conspirator
connaissance n.f. knowledge
connaître to know
conseiller n.m. counsellor
conserver to preserve
considération n.f. attention; (token of) es-
teem
considéré n.m. Indian elder
considerer to observe carefully
consoler (se) to console oneself
consommé consumed
conspiration n.f. conspiracy
constituer to appoint; to organize
construire to construct
conte n.m. story
contenir to contain; to restrain
contenter (se) to be contented
conter to tell, to relate

continuer to continue
contraindre to coerce, to compell
contre against
contrefaire to imitate
contrevenir to act contrary to
convaincre to convince
convenir to agree; to be suitable
convoi n.m. procession
convoler to marry (again)
convoquer to call together
coq d'Inde n.m. turkey
coque n.f. eggshell; nutshell
coquillage n.m. shell, shellfish
coquille n.f. shell
corde n.f. cord, rope
cordier n.m. rope-maker
cordonnier n.m. shoemaker
corne n.f. horn (of an animal)
corps n.m. body; military company
corps de garde n.m. guardhouse
corrompre to corrupt; to rot
corsaire n.m. privateer
cortège n.m. procession
corvette n.f. a small warship
côte n.f. shore, coast
côté n.m. direction; side; vicinity
côté-là n.m. that side, there
coteau n.m. hill
côtoyant following the coast, skirting
couchée n.f. campground
coucher (se) to go to bed; to set (sun)
coudre to sew
coulée bas sunk
couler to run, to flow
coup n.m. attack; shot
coupable n.m. guilty one
coup d'eau de vie n.m. drink of brandy
coup d'éclat n.m. brilliant action
coup de fusil n.m. rifle shot
coup de mer n.m. wave
coupe n.f. cup
couper to cut
cour n.f. court
courant n.m. current
coureur de bois n.m. trapper
courir to run
couronne n.f. crown
cours n.m. course, passage
course n.f. expedition
court short; quick
cousin n.m. midge, big mosquito
coût n.m. cost
couteau n.m. knife
coutil de chasse n.m. duck fabric
coutume n.f. custom
couvent n.m. convent

couver   to sit on; to brood
couverte   n.f. blanket
couverture   n.f. roofing
couvrir   to cover, to protect
craindre   to fear
crainte   n.f. fear
crâne   n.m. skull
crédit   n.m. influence
creuser   to hollow out
creux   n.m. trough
creux, creuse   hollow
cri   n.m. shout, cry
crier   to shout, to cry out
croire   to believe
croisière   n.f. cruising fleet
croître   to grow (plants), to sprout
croix   n.f. cross
cru   n.m. production
cueillir   to gather
cuir   n.m. leather
cuirasse   n.f. armour-plate
cuisse   n.f. thigh, leg
cuivre   n.m. copper
cul   n.m. backside
culbuter   to overthrow; to fall down
culotte   n.f. breeches, trousers
culte   n.m. worship
cupidité   n.f. greed
curial   pertaining
cyprière   n.f. cypress grove
d'abord   at first
d'ailleurs   moreover
danser   to dance
dans l'attente   while waiting
dans la suite   eventually
dans la vue   with the intention
dans le cas   in that position
dans le dessein de   with the intention of
dans le temps   before
dans ses besoins   when he was in need
darde   shoots out
d'autant plus   so much the more
davantage   more
débarquer   to disembark, to land
débauche   n.f. debauchery
débaucher   to corrupt, to debauch
débit   n.m. market
déborder   to overflow
deçà   on this side
décharge   n.f. outlet; volley of shots
décharger   to unload; to fire
décider   to decide
de concert   together
découverte   n.f. discovery
découvrir   to find out, to discover
décrier   to discredit

dedans   inside
de deux jours l'un   every other day
dédommager (se)   to recover
de face   in front
de façon   in such a way
défaire   to undo; to defeat; to get rid of
défaire (se)   to get rid of
défaut   n.m. lack
défendre   to defend; to forbid
défier (se)   to distrust
défrayer   to defray
défricher   to clear
défunt   deceased (person)
dégât   n.m. damage
delà   beyond, on the other side
de long cours   lengthy
déluge   n.m. flood
demander   to ask
de manière que   in such a way that
démarche   n.f. movement; proceeding
démenti   n.m. denial; lie
démentir   to contradict
démettre   to dislocate; to overrule
demeure   n.f. abode, home
demeurer   to remain; to live
demi-lieue   n.f. half league
denier   n.m. penny; cash
dénoncer   to denounce
denrées   n.f. produce, provisions
denrées du cru   n.f. raw materials
dent   n.f. tooth, fang
de part et d'autre   on both sides
dépêche   n.f. official letter, dispatch
dépêcher   to hurry, to dispatch
dépeindre   to depict, to describe
dépense   n.f. expenditure
dépérir   to decline
déplaire   to displease
déployer   to unfurl
dépouiller   to strip
dépourvu   destitute
depuis   for, from, since
depuis . . . jusqu'à   from . . . to
depuis que   since
déraciné   uprooted
de rebut   wasted
derechef   once again
dernier, -ière   latter, last; greatest
dernièrement   recently
dérober   to steal; to hide
dérouler (se)   to unroll; to spread out
dès   from, since
dès lors   ever since then
dès que   as soon as
de sang-froid   in cold blood
descendant   descending

désert n.m. waste land; cleared field
désespoir n.m. despair
déshabiller to undress
désobéissance n.f. disobedience
de sorte que so that
desquels, -quelles of which, of whom
dessein n.m. plan, drawing
desservir to officiate
dessous underside
dessus on
destiner to destine; to intend
détention n.f. imprisonment
déterminer to persuade, to cause
déterminer (se) to resolve; to decide
déterré n.m. dead-tired person
de tour in circumference
détourner to divert, to turn aside
détruire to destroy
deuil n.m. mourning
devenir to become
devis n.m. estimate
devoir to owe; to have to
diable n.m. devil
différer to defer, to put off
diminuer to diminish
dire to say, to tell
discours n.m. speech
disette n.f. famine, scarcity
disparaître disappear
dispenser (se) to do without
dispos fit, nimble
disposer to arrange
disposer (se) to dispose oneself; to get ready
disposition n.f. arrangement
dissolu licentious
dit nicknamed
divers several
dolent doleful, pitiful
domicilié resident
dommage n.m. damage
donner to give
donner sur to attack
dont about, of, by, from which or whom
dorénavant from now on, thereafter
dos n.m. back
d'où vient why
doubler to line; to round
douce fresh
douceur n.f. advantage; charm
douleur n.f. grief; pain
douter to doubt
douter (se) to suspect
doux, douce fresh
douzaine n.f. dozen
dragon n.m. dragoon; dragon
drap n.m. cloth

dresser to erect
droit n.m. right; tax
droit straight; upright
du côté de concerning; toward
du monde people
duché n.m. dukedom
dudit of the said
d'un air chagrin with an air of grief
duquel of which
durcir to harden
dur hard
durer to last, to endure
duvet n.m. down, fur
eau n.f. water
écaille n.f. scale
écarlatine n.m. red wool
écarter to dispel
échafaud n.m. scaffold
échange n.m. barter, exchange
échantillon n.m. sample
échapper to escape
échauffer (s') to grow angry; to overheat
  oneself
échoir (s') to expire; to happen
échouer to fail
éclaircissement n.m. explanation
éclairer to light; to shine
éclairer (s') to become enlightened
éclore to hatch; to appear
écorce n.f. bark
écorcher to skin; to peel
Ecossais n.m. Scotsman
écouler to flow away
écouler (s') to flow away; to pass
écraser to crush
écrevisse n.f. crawfish
écumant foamy
écume n.f. froth, foam
écureuil n.m. squirrel
écuyer n.m. squire
édit n.m. edict
effectuer to carry out
effet n.m. effect, result
effets n.m. belongings; clothes
effrayer to frighten
égal equal
également equally
égard n.m. regard, respect; account
égaré wandering
égorger to cut the throat of; to slaughter
égrainer to shell, to hull
élancer (s') to bound forward
élargir to open; to enlarge
élevé high
élever to raise, to rear
élever (s') to ascend; to increase

éloigné distant
éloigner to move away; to delay
éloigner (s') to withdraw
embarquer to set out, to embark
embarquer (s') to embark, to go aboard
emboîté fitted together
embouchure n.f. mouth
embuscade n.f. ambush
éminence n.f. ridge
emmener to bring
emparer (s') to seize (control)
empêcher to prevent
empêcher (s') to refrain from (with negative)
empester to infect; to cause to stink
emplacement n.m. piece of land
empoisonner to poison
emporté fiery, hasty
emporter to win over; to carry off
empourpré purplish
empresser (s') to be eager
emprunter borrow
en of it, of them; as, by, upon, while
enceinte pregnant
en chiffre in code
encore furthermore, still
en droit n.m. location, place
en droiture directly
en effet in fact
en état in a position
enfer n.m. hell
enfuir (s') to flee
engagé n.m. an indentured worker
engagement n.m. commitment
engager to compel, to persuade; to enlist
engager (s') to engage onself; to promise
engraisser to fertilize; to enrich
en guise de by way of
enivrés drunken
enjoindre to change; to prescribe
enjolivé decorated
enlever to take; to steal
ennuyé tired
en outre besides
en peine at a loss
en quartier on duty
enseigne n.m. ensign
en sorte que such
ensuit (s') follows, results
en tant que as
entassé stacked up
entendre to understand; to hear
entendre (s') to understand one another
enterrer to bury
entêté obsessed
entortiller (s') to wind oneself around
entr'elles among themselves

entraîner to carry along
entrefaites n.f. meantime, interval
entreprendre to undertake
entrer to enter
entretenir to maintain, to support
entretenir (s') to support oneself; to converse
entretien n.m. maintenance, upkeep
entrevoir to catch a glimpse of
envers about
envie n.f. desire
environ about
environs n.m. vicinity
envisager to look; to consider
envoyer to send
épaisse thick
épaisseur n.f. thickness
épargner to spare
épaule n.f. shoulder
épine n.f. thorn
épineuse complicated
épouse n.f. wife
épouser to marry
épouvantable dreadful
épouvanter to terrify
époux n.m. husband
épreuve n.f. test
éprouver to experience
épuiser to drain
équarrir to square
équipage n.m. crew; equipment; pack train
érable n.m. maple
éreinter to tire out; to beat unmercifully
ériger to set up, to erect
errer to wander
escalader to climb over
esclavage n.m. slavery
esclave n.m./f. slave
espèce n.f. kind, species
espérance n.f. hope
espérer to hope; to expect
esponton n.m. short spear
esprit n.m. senses; mind
esquif n.m. small boat
essayer to try
essuyer to wipe off; to endure
estimer to estimate
et . . . et both . . . and
établir to establish; to settle
établissement n.m. settlement
étain n.m. pewter
étape n.f. stopping-place
état n.m. condition; inventory
étendre to extend, to stretch
étendre (s') to stretch out
étendue n.f. extent
étinceler to flash, to sparkle

étoffe n.f. material
étonner to surprise
étonner (s') to be astonished
étouffer to suffocate, to smother
étourdie n.f. thoughtless person
étrangler to strangle
être to be
étroit narrow
évader to escape
évanouir (s') to faint; to vanish
éveiller to wake up
événement n.m. event
éventail n.m. fan
évêque n.m. bishop
éviter to avoid
examiner to examine
exant exempt
exécuter to carry out
exécuter (s') to be carried out
exercer to exert
exiger to demand, to require
expédier to send
expérimenté experienced
expirer to die
exposé n.m. explanation
exposer to explain; to endanger
exprès especially; on purpose
extrait n.m. excerpt
fabricant n.m. manufacturer
fâché angry
fâcher (se) to get angry
fâcheuse unfortunate
facilement easily
façon n.f. construction; treatment
factionnaire n.m. sentry
fade tasteless, insipid
fagot n.m. bundle
faîne n.f. beechnut
fainéant idle
faire to do; to make
faire apparoir to show
faire campagne to go to war
faire diligence to hurry
faire faire to have done
faire le tour to go around
faire leur possible to do their best
faire main basse sur to pillage
faire (se) to be done; to happen
faire tant que to go so far as
faire un méchant parti to hurt; to kill
faisceau n.m. bundle, sheaf
fait exprès especially made
falloir to be necessary
farine n.f. flour
faute de for lack of
fauve wild; tawny

faux, fausse false
faux-monnayeur n.m. counterfeiter
feindre to pretend, to feign
femelle n.f. female
fendre to split, to cut open
fer n.m. iron; blade; shackle
fer de cheval n.m. horseshoe
fer rouge n.m. hot iron
fermer to close
fermeté n.m. firmness
festin n.m. feast, banquet
festiner to entertain; to feast
feu deceased
feu n.m. fire
feuillage n.m. foliage
feuille n.f. leaf
fève n.f. bean
fier to trust
fièvre tierce n.f. tertian fever (malaria)
figuré imagined
figure n.f. face; shape
filer to spin (thread)
filet n.m. net; thread
fillette n.f. little girl
fin, fine fine, delicate
fixe permanent
fixer to fix; to establish
flambeau n.m. torch
flammant n.m. flamingo
flamme n.f. flag
flanqué defended
flatter to please
flatter (se) to hope
fléau n.m. scourge
flèche n.f. arrow
fleuri flowering
fleuve n.m. river
flibustier n.m. buccaneer
flot n.m. wave
flotter to float
flûte n.f. cargo ship
foi n.f. faith
foncé dark
fond n.m. depth; background; bottom
fondé based
fondement n.m. foundation
fonds n.m. funds, assets; land; dowry
forban n.m. pirate, corsair
forcer to force
forme n.f. common usage; form
former to form; to formulate
fort extremely, very
fort à propos just at the right moment
fosse n.f. grave; to pit
fossé n.m. ditch
fou n.m. fool

foudre n.f. thunderbolt
fouetter to whip
fougue n.f. passion
fouille n.f. excavation
fourmiller to swarm
fourneau n.m. stove
fournir to furnish, to provide
fournitures n.f. supplies
fourrage n.m. fodder
fourreur n.m. furrier
frais, fraîche fresh, cool; brisk
fraise n.f. strawberry
franchir to jump over; to overcome
frapper to strike
frayée n.f. track
frégate n.f. frigate
fréquenter to visit; to associate with
friand appetizing
friand de partial to
friche n.f. waste or fallow land
froissement n.m. clashing
froment n.m. wheat
frotter to rub
fuir to flee
fuite n.f. flight
fumée n.f. smoke
fumer to smoke; to reek
funeste deadly, fatal
fusil n.m. gun, rifle, musket
gage n.m. wage
gagner to reach, to extend
gagner sur to persuade
galérien n.m. galley-slave, convict
galon n.m. braid
gamelle n.f. mess hall
garanti protected
garder to keep
garder (se) to last; to abstain
garnir to decorate; to fill; to cover
garnison n.f. garrison
garniture de tête n.f. cap, hat
gâter to ruin
gazon n.m. lawn
gémissement n.m. murmuring
gêner to annoy; to hinder
génie n.m. spirit
genou n.m. knee
genre n.m. kind
gérer to manage
germer to germinate
gibier n.m. game (animals)
girait would be grounded
glaise n.f. clay
gland n.m. acorn
glisser to slide
glorieux, -ieuse vain

goguenard mocking
golfe n.m. gulf, bay
gonflé swelled
goût n.m. taste, flavor
goûter to enjoy
goutte n.f. drop
gouvernail n.m. rudder
gouverner to manage
grâce n.f. pardon
graine de canne n.f. cane sugar
graisse n.f. fat, grease
grand jour n.m. broad daylight
grande règle n.f. strict rule
grande terre n.f. mainland
gras, grasse fat; greasy; rich
gratification n.f. reward
gravelle n.f. kidney stone
graver to engrave
gré n.m. will
grenouille n.f. frog
griffe n.f. claw
grimper to climb
gros, grosse large, heavy
grosseur n.f. size
grotte n.f. grotto
guère hardly
guérir to cure, recovery
guérite n.f. sentry-box
guerrier n.m. warrior
gueule n.f. mouth
habile capable, clever
habillement n.m. clothes
habit n.m. clothes
habitant n.m. settler, resident
hache n.f. hatchet, axe
haleine n.f. piece of cloth, rag
hallebarde n.m. halberd (a sort of battle-ax)
hallier n.m. bush
hameçon n.m. hook
harangue n.f. speech
haranguer to address
harceler to pester
hardes n.f. clothes
hardi bold
hardiment boldly
hasard n.m. chance
hâter to hasten
hautement resolutely
hauteur n.f. elevation, height; latitude
heureusement fortunately
hisser to hoist
honte n.f. shame
honteux, -euse shameful
hors except; out of
hors d'état de in no condition to
huile n.f. oil

huilier n.m. oil-maker
huître n.f. oyster
hurlement n.m. yelling
hurler to howl, to yell
ici-près nearby
idem ditto
ignoré unknown
ignorer to be ignorant of
il arriva there arrived
il faut it is necessary
illicite unlawful
il s'agit de it is a question of
il y a there is
il y a lieu there is good reason
il y a peu a short time ago
il y a plusieurs années several years ago
imaginer to imagine, to think
immoler to sacrifice
importer to matter
imprégner (s') to become impregnated
imprimé printed
impuissance n.f. impotence
impunément with impunity
impuni unpunished
incessamment immediately
incommoder to disagree with; to incon-
    venience
incursion n.f. raid
indigne unworthy
indigner (s') to be indignant
indigoterie n.f. indigo factory
indubitablement undoubtedly
infiniment extremely
infirme weak; feeble
infortune n.f. misfortune
ingrat reluctant; unpleasant
inhabité uninhabited
inonder to flood
inquiétude n.f. uneasiness
insérer to insert
instant urgent; earnest
instruire to instruct; to inform; to investigate
insulte n.f. attack
interdire to forbid; to suspend
intérêt n.m. self-interest
intestin internal, domestic
introduire (s') to get in
inviolablement unfailingly
jadis formerly
jaloux, -ouse jealous
jarret n.m. hamstring
jaunâtre yellowish
jaunir to turn yellow
jeter to throw
jeter (se) to pounce
jeter un oeil to observe

jeunesse n.f. youth
joindre to overtake; to join
joue n.f. cheek
jouir to enjoy
jour n.m. day
journalière daily
journée n.f. day
journellement daily
juger to judge; to think
jupon n.m. petticoat
jurer to swear; to promise
jusqu'à as far as
jusqu'à ce que until
jusqu'alors until then
justaucorps n.m. jerkin, jacket
lâche n.m. coward
laine n.f. wool
laïque n.m. secular person
laisser to leave; to allow
laisser (se) to allow oneself
langue n.f. tongue
languir to languish; to be sickly
lard n.m. bacon, pork
large broad; offshore
largeur n.f. breadth, width
las, lasse tired
lascive lewd
latanier n.m. palm frond
lecture n.f. reading
ledit, ladite the (afore) said
légère slight
légèrement nimbly; slightly
lendemain n.m. next day
lequel (laquelle, lesquels, lesquelles) which,
    whom
lessive n.f. washing
leur to them, from them
lever to raise; to rise
lever (se) to stand up
liane n.f. vine
lien n.m. bond
lier to fasten, to bind
lieu n.m. place; reason
lieue n.f. league (2.5 miles)
lièvre n.m. hare
ligne n.f. one-twelfth of an inch
liguer (se) to join in league
limaçon n.m. snail
limbourg n.m. wool cloth
limon n.m. silt, mud, slime
linge n.m. piece of cloth; washing
lis n.m. lily
livre n.f. pound
livrée n.f. livery
livrer to deliver
livrer (se) to indulge

loger to lodge; to dwell
loin far
longue paume n.f. open-air tennis
longueur n.f. length
lors then
lorsque when
louer praise
loup n.m. wolf
lugubre dismal
lui-même itself
lune n.f. month; moon
mâcher to chew
mâchoire n.f. jaw
maçon n.m. bricklayer, mason
magasin n.m. warehouse
mai n.m. May-pole
maillot n.m. swaddling clothes
maintenir (se) to keep up; to hold out
maïs n.m. maize, Indian corn
mal à propos improperly
mâle n.m. male
malgré in spite of
malheur n.m. misfortune
malheureux, -euse unfortunate
maligne malicious
maltraiter to abuse
manche n.f. sleeve
mander to write; to send word
manger to eat
manière n.f. way
manioc n.m. tropical plant with edible root
manne n.f. manna; gift
manque de for lack of
manquer to lack; to fail
manquer de parole to break one's word
marais n.m. marsh, swamp
marchandise n.f. goods
marcher to walk
maréchal n.m. farrier
mari n.m. husband
marié married
marin n.m. sailor
maringouin n.m. mosquito
marque n.f. sign
marquer to mark; to indicate
marron runaway (slave)
massue n.f. club
matelot n.m. sailor
mécontent discontented
médaille n.f. medal
médicament n.m. drug
médium n.m. medecine man
méfiance n.f. mistrust
mélange n.m. mixup
mélasses n.f. molasses
mêler to mingle, to mix

mêler (se) to mingle; to have a hand in
même same; even
menace n.f. threat
menacer to threaten
ménage n.m. household
ménagement n.m. caution, prudence
ménager to manage
mener to bring; to lead
menterie n.f. lie
menteur n.m. liar
menuisier n.m. carpenter
mépris n.m. contempt
mépriser to scorn; to despise
mer n.f. sea
mériter to deserve
mésintelligence n.f. misunderstanding
messe n.f. Mass
mesure n.f. measure
métier n.m. craft, trade
mettre to put, to place; to put on
mettre à exécution to put into effect
mettre à l'abri to protect
mettre à la voile to set sail
mettre à prix to put a price on
mettre (se) to place onself; to set about
meuglement n.m. bellowing
meunier n.m. miller
meurtre n.m. murder
meurtrier n.m. murderer
milice n.f. militia
milieu n.m. middle
millier n.m. thousand
mince thin
miner to undermine
minéral n.m. mineral
minot n.m. 1.11 bushels
misère n.f. misery
moindre least
moisson n.f. crop
moitié n.f. half
monseigneur my lord
monter to go up; to assemble
montrer to show
moqueur mocking
morceau n.m. piece
mordre to bite
morsure n.f. bite
mortifier to humiliate
morue n.f. codfish
morue verte n.f. salted codfish
mouche n.f. fly
mouillage n.m. anchorage
mouiller to cast anchor; to get wet
mouleur n.m. molder
moulin n.m. mill
mourir to die

mouton n.m. sheep
moyen n.m. means; manner
moyenne n.f. medium-sized (one); average
Mr Monsieur
Mrs Messieurs
muet mute
munir to supply
munitions n.f. supplies
mûr mature, ripe
muraille n.f. thick, high wall
mûrier n.m. mulberry tree
mûrir to ripen
musque n.m. musk
nager to swim; to row
naître to be born
nappe n.f. blanket
natte n.f. mat
naufrage n.m. shipwreck
naviguer to row; to sail
navire n.m. ship
né born
ne . . . aucun no, none
nèfle n.m. medlar (similar to crabapple)
négoce n.m. business; trade
négrillon n.m. small black child
ne . . . nul no
ne . . . nullement not at all
nénuphar n.m. waterlily
ne . . . point no, not, not at all
ne . . . que only
neté n.f. dominion
nette clear
nettoyer to clean
ni . . . ni neither . . . nor
nier to deny
Nlle Nouvelle
noces n.f. wedding
noeud n.m. knot, joint
noisette n.f. hazel-nut
noix n.f. nut; walnut
nommément particularly
nommer to name
notamment specially
nourrice n.f. wet-nurse
nourrir to nourish
nourriture n.f. food
nouvellement newly
nouvelles n.f. news
noyau n.m. seed, stone
noyer n.m. walnut
noyer to drown; to flood
nu naked
nuage n.m. cloud
nulle . . . ni no . . . nor
nullement not, not at all
obéir to obey

obéissance n.f. obedience; jurisdiction
obérer to place in debt
obliger to compel
obsèques n.f. funeral
obtenir to obtain
obvier à to prevent
occasionner to cause
occidental west
office n.m. worship service
offrir to offer
oie n.f. goose
oignon n.m. bulb
oiseleur n.m. bird-catcher
oisif unoccupied, idle
olivâtre olive-colored
onde n.f. wave
opiniâtreté n.f. obstinacy
opposer to oppose; to object
opprimer oppress
opulent wealthy
or n.m. gold
ordonnance n.f. order
ordonnateur n.m. commissary
ordonner to order
orge n.f. barley
orgueilleux, -euse proud
orient n.m. east
originaire de native
ormeau n.m. elm
orner to decorate
os n.m. bone
oser to dare
ossements n.m. bones
ôtage n.m. hostage
ôter to take away
ou . . . . ou either . . . . or
oublier to forget
ouest west
ouï heard; listen to that!
ouï-dire n.m. hearsay
ours n.m. bear
outarde n.f. bustard, field-duck
outil n.m. tool
outre beyond, besides
outre que besides which
ouvert open, exposed; vulnerable
ouverture n.f. opening
ouvrage n.m. work; wall
ouvrier n.m. skilled laborer; worker
pacanier n.m. pecan tree
pain d'épice n.m. gingerbread
paix n.f. peace
pan n.m. panel; section; patch
paquet n.m. bundle
par conséquent consequently
parer (se) to bedeck oneself

par la suite afterwards
par rapport in regard
par surcroît de malheur to make matters worse
paraître to appear
parcourir to travel through
pareil, -le similar
pareillement similarly
parent, -e n.m.f. relative
parer to adorn; to get clear of
pari n.m. bet, wager
parier to bet
parler to speak, to talk
parmi among
paroisse n.f. parish
paroissiale parish
parole n.f. speech; promise; word
partager to share
parterre n.m. flower bed
parti n.m. course of action; side; (war) party
particulier individual, private
particulier n.m. individual
partie n.f. opponent; game
partir to leave, to depart
partout everywhere
parure n.f. finery; set of jewelry
parvenir to succeed; to arrive
pas n.m. step, pace
passagère short-lived
passant n.m. passer-by
passer to spend; to go; to pass
passer par les verges to run the gauntlet
passereau n.m. sparrow
passer (se) to pass; to happen; to do without
patate n.f. potato, sweet potato
pâte n.f. paste; dough
patrie n.f. native land
patron n.m. skipper (of a boat)
patte n.f. paw
pâturage n.m. pasture
pavillon n.m. flag
payer to pay
pays n.m. country
peau n.f. skin, hide
pêche n.f. fishing
pêcher n.m. peach tree
pêcher to fish for; to get hold of
peine n.f. trouble, punishment; labor
peint painted
pelleterie n.f. furs, skins
pendre to hang
pénétrer to penetrate; to affect
pénible laborious
pension n.f. annuity
pépin n.m. pip, seed
percer to pierce; to soak

perche n.f. pole
perdre to lose; to get rid of
perdrix n.f. partridge
perfide n.m. treacherous (person)
perfidie n.f. treachery
périr to perish
permettre to allow
pernicieux, -euse hurtful
perruque n.f. wig
perte n.f. loss
pesant heavy
peste n.f. plague
peu little, not much
peur n.f. fear, dread
piaquemine n.f. persimmon
piastre n.f. coin worth about one dollar
pièce d'Inde n.f. adult male black slave
piège n.m. trap
pierre à fusil n.f. flint
piété n.f. piety, godliness
pieu n.m. pole, stake, post
piger to look at
piler to crush
pillage n.m. plunder
piller to pillage
pilule n.f. pill
pin n.m. pine tree
piocher to dig (with a pickaxe)
piquant bitter, sour
piquer to sting
piqûre n.f. sting
pirogue n.f. dugout canoe
piste n.f. trail, track
pistia n.m. aquatic plant
pistole n.f. coin worth ten francs
pivert n.m. woodpecker
placer to place
plaie n.f. wound
plaignant pitying
plaindre to pity
plaindre (se) to complain
plainte n.f. complaint
plaire to please
plaire (se) to delight; to love; to thrive
plaisir n.m. pleasure
plan n.m. plan, drawing; shoot (of plants)
planche n.f. board, plank
planter to plant; to set in the ground
plat flat
plat n.m. dish
plat de côtes n.m. upper ribs
plein full; covered
plénipotentiaire n.m. diplomat
pleurer to cry; to mourn
plomb n.m. lead
pluie n.f. rain

plume n.f. feather
plupart n.f. most
plus . . . plus the more . . . the more
plus de no more
plus que more than
plusieurs several
plutôt sooner
poignarder to stab
poil n.m. fur
poing n.m. fist
point not, not at all
point de no
poisson n.m. fish
poitrine n.f. chest
policer civilize
pommade n.f. ointment
pont n.m. bridge
portage n.m. carrying (canoes, small boats)
portée n.f. reach, range
porter to carry; to persuade
porter (se) to go; to be (in health)
poste n.m. settlement; military post
poteau n.m. post, stake
potier n.m. potter
pouce n.m. inch
poudre n.f. powder; gunpowder
poule n.f. chicken, hen
pour ainsi dire so to speak
pour lors at the time
pour peu que if in the least
pour que in order that
pourparlers n.m. negotiatons
pourrir to rot, to decay
poursuivre to pursue
pourtant however
pourvoir to provide
pourvoir à to provide for
pourvu que provided that
pousser to push
pousser (se) to jostle
pouvoir to be able
pratique n.m. pilot, sailor
pratiquer to practice; to keep company with
précipiter (se) to rush forward
préférer to prefer
préjudice n.m. detriment
préjugé n.m. presumption
prendre to take
prendre la résolution to resolve
prendre (se) to be caught; to begin
préparer to prepare
présent n.m. gift, present
présentement at present
présenter to present
présentes n.f. present documents
préside n.m. fortified post (Spanish *presidio*)

pressant pressing
prétendant n.m. claimant
prétendre to claim; to mean
prétendu so-called
prêtre n.m. priest
preuve n.f. evidence
prévaloir (se) to take advantage
prévenir to inform; to warn; to foresee
prier to beg; to pray
prière n.f. prayer
priver (se) to deprive oneself
probité n.f. honesty
procédure n.f. proceedings, case
procès n.m. legal action; trial
proche near
procurer to procure, to get
profond deep
profondément profoundly
profondeur n.f. depth
progéniture n.f. offspring
proie n.f. prey
projet n.m. plan
projeter to plan; to design
promettre to promise
promission n.f. promise
propos n.m. remarks
propre suitable; own
propriété n.f. ownership; property
prostener to prostrate
provenir to come from; to proceed
prunier n.m. plum tree
puant stinking
pudeur n.f. modesty
puisque since
puissance n.f. power
puissant powerful
purger (se) to get rid of
quant à as for
quart n.m. quarter
quelconque whatsoever
quelque some
quelques whatever; several
quelques-uns some
quereller (se) to quarrel
quérir to fetch
questionner to question
queue n.f. tail
qui who, which
qui que ce soit whoever it may be
quincaillerie n.f. hardware
quitter to leave
quoi which
quoi qu'il en soit be that as it may
quoique although
race n.f. race; tribal group
racine n.f. root

raconter to tell
rade n.f. channel, harbor
raffiné refined
rafraîchir to refresh; to renew
rafraîchissements n.m. replacement supplies
railler to scoff at
raisonner to reason
ramasser to gather
rameau n.m. branch
ramener to bring back; to restore
rancune n.f. spite
rangée n.f. row
ranger to arrange
ranger (se) to step aside
râper to grind
rapine n.f. plundering
rappeler to repeal
rapport n.m. reference
rapporter to report; to bring back
rassade n.f. beads used in Indian trade
rassasier to satisfy; to satiate
rassembler to collect
rassurer reassure
ravi delighted
rayé striped
rebuter to discourage; to repulse
recevoir to receive
réchappé survived
recharger to reload; to recharge
recherche n.f. search; research
rechercher to search for; to do research
récidive n.f. second offense
récif n.m. reef (of rocks)
réciproquement mutually
récit n.m. report
récolte n.f. harvest, crop
recommander to advise
récompense n.f. reward
reconnaître to recognize
recourbé curved
recours n.m. recourse; remedy
récréer (se) to have fun
reculé remote
récuser to challenge
redoutable terrible
redoute n.f. stronghold
réduire to subdue; to reduce
réfléchir to consider
refroidissement n.m. chill
refrottant rubbing again
régaler to treat; to entertain
regarder . . . comme to consider
regarder (se) to consider oneself
réglé proper, regular
règlement n.m. regulation
régner to reign; to extend

regretter to miss; to regret
rejeter to reject
relâche n.f. rest
relation n.f. account
relever to relieve
religieuse n.f. nun
remarque n.f. observation
remarquer to notice
rembrassant embracing again
remédier to remedy
remener to bring back
remercier to thank
remettre to deliver; to put back
remettre (se) to recommence; to recollect
rémission n.f. mercy, forgiveness
remonter to go upstream
remplir to fill
remuer to stir, to move
renard n.m. fox
rencontrer to meet
rencontrer (se) to meet; to be found
rendre to make; to give back
rendre compte to report
rendre (se) to go; to become; to surrender
renfermer to confine; to enclose
renvoyer to send back
répandre to spread abroad; to spill; to shed
répandre (se) to be poured out; to be scattered
repartir to go away again; to answer
répliquer to reply; to retort
répondre to answer
reposer (se) to rest
représentation n.f. display; remonstration
représenter to show
réprimer to suppress
reprise n.f. repetition
reprocher to blame
répudier to renounce
répugner to be repugnant; to feel loathing
résoudre to resolve; to convince
ressort n.m. means
restant n.m. rest; remainder
rester to remain
restes n.m. remains
restituer to return
retenir to restrain; to remember
retentir to reverberate
retirer to withdraw
retirer (se) to withdraw
retour n.m. return
retourner to return
retraite n.f. retreat; shelter
retrancher to cut off
retrancher (se) to restrain oneself; to entrench

réunir to reunite; to assemble
réussir to succeed
revenir to return
rêver to ponder; to dream
revêtir to line; to dress
riant pleasant
rideau n.m. curtain
rivage n.m. shore
rive n.f. bank, shore
roche n.f. rock
rompre to break (on the wheel)
rompre la tête to worry (someone)
ronce n.f. bramble
rond n.m. ring
rond round
ronger to gnaw
roseau n.m. reed
rosée n.f. dew
rôtir to roast
roucoulement n.m. cooing
rouer to break on the wheel
rougeole n.f. measles
rougir to redden, to blush
roulé coiled
rouleau n.m. roller
rouler to roll; to travel
rousse reddish-brown
Roy n.m. king (roi)
ruban n.m. ribbon
rude severe
ruelle n.f. space between bedside and wall
ruisseau n.m. brook, stream
sable n.m. sand
sagamité n.f. hominy
sage-femme n.f. midwife
sagement wisely
sagesse n.f. wisdom
sain healthy
saisir to seize
sale dirty
salé salty, salted
salpêtre n.m. saltpetre
saluer to greet
sang n.m. blood; ancestry
sanglant bloody
santé n.f. health
sarcler to weed
sarrou n.m. smock
satisfaction n.f. atonement
sauter to jump
sauvage native, wild
sauvage n.m. Indian
sauvegarde n.f. safeguard
sauver to save
sauver (se) to escape, run away
savane n.f. savanna

savoir namely
savoir to know
scie n.f. saw
scieur n.m. sawyer
sec, sèche dry
sécher to dry
secouer to shake
secourir to help
secours n.m. help
séduire to win over
seigle n.m. rye
seigneur n.m. lord
sein n.m. bosom, heart
séjour n.m. abode; stay; persistence
séjourner to stay
sel n.m. salt
selon according to
semblable similar, such
semblable n.m. fellow (person)
se mêler to mingle; to have a hand in
semence n.f. planting; seeds
semer to sow; to scatter
sensible sensitive
sentir to feel
sentir (se) to feel
séparer to separate
septentrionale north
sépulture n.f. burial
sérénissime most serene
serpent-à-sonnettes n.m. rattlesnake
serpenter to wind (like a snake), to meander
serré narrow
serrer to squeeze; to lock; to grip
serrurier n.m. locksmith
service n.m. service
servir to use; to serve
servir de (se) to use
seul single
si fait indeed
sibola n.f. sable (zibeline)
siècle n.m. century
sieur n.m. gentleman; Mr.
siffler to whistle
simple n.f. medicinal plant
singe n.m. monkey
sinon if not; otherwise
sitôt anytime soon
sitôt que as soon as
soie n.f. silk
soin n.m. care, trouble
soit namely
soit . . . ou either, whether . . . or
soit . . . soit either, whether . . . or
soit que whether
solde n.f. pay
soleil couché n.m. sunset

soleille n.f. female Natchez Indian chief
solliciter to urge, to beg
sols n.m. copper coins worth 5 centimes [sou]
son n.m. sound
songer to think
sor-ouest southwest
sort n.m. fate, lot
sortie n.f. exit; sortie
sortir to go out; to sprout
sot n.m. fool
sottise n.f. foolishness
soucier (se) to be worried
souffrir to allow
souhaiter to wish for
soulever to stir up; to revolt
soulier n.m. shoe
soumettre (se) to yield
soupçonner to suspect
soupçon n.m. suspicion
sourd underhanded; muffled
souris n.f. mouse
sous under, within
soussigné the undersigned
soustraire (se) to escape
soutenir to support
soutenir (se) to stand up
souvenir (se) to remember
souverain supreme
souverainement supremely
spongieux spongy
Sr. sieur
subir to suffer; to undergo
suborner to bribe
subsistance n.f. supplies
subsister to exist, to survive
suc n.m. juice
succéder to follow after; to inherit
succulent rich
suer to sweat
sueur n.f. sweat
suffire to have enough
suite n.f. following; consequence
suivant according to, following
suivre to follow
sujet n.m. reason
supplice n.m. death penalty; torture
supplier to beg
supporter to stand
sur ce pied on that footing
sûreté n.f. safety, security
sur la place on the spot
sur le champ at once, immediately
sur les lieux on the premises
surmonté covered
surprenant surprising

susciter to stir up, arouse
susdit aforesaid
sustenter to nourish
tâcher to try
tafia n.m. rum
taillandier n.m. edge-tool maker
tailler to shape
tailleur n.m. cutter; tailor
taire (se) to be silent
tambour n.m. drum; drummer
tandis que while
tant as many, as much
tant . . . court so brief
tant . . . que both . . . and
tant que to the extent that
tant soit peu (un) (a) little bit
tarder to delay
tarir to dry up; to cease
tâtonner to feel one's way
taureau n.m. bull
tel, telle such
témoigner to witness; to show
témoin n.m. witness
tempête n.f. storm
tendre tender
tendre to set out; to stretch; to lead
ténèbre n.f. darkness
teneur n.f. text; meaning
tenir to hold; follow
tenir . . . la main to uphold
tenir parole to keep one's word
tenir (se) to hold fast; to remain
ternie stained
terrain n.m. piece of land
terre cuite n.f. terra-cotta
terre ferme n.f. mainland
terroir n.m. soil
tétine n.f. nipple
tierce n.f. a third
tiers n.m. one third
tille n.f. hemp
tirer to extract; obtain; to shoot; to trace
tirer au sort to draw by lottery
tirer (se) to extricate oneself
tirer sur to tend toward
tirer vengeance to take revenge
toile n.f. linen; canvas
toise n.f. fathom (measure of length)
tomber to fall
tonnelier n.m. barrel-maker
tonner to thunder
tortu sideways
touer to tow; to warp
touer (se) to be towed
touffu thick
tour n.f. tower

tour n.m. turn
tourner casaque to change sides
tout ce qui all who
tout lieu de good reason to
tout son saoul to his heart's content
traduire to translate, to express; to arraign
traîner to drag
traite n.f. trade
traité n.m. treaty
traitement n.m. treatment
traiter to trade, ransom; to treat
traiteur n.m. trader
trajet n.m. pass
tranchant n.m. sword; unit of measure
tranchant sharp
travaux n.m. pl. work
traverser to cross; to thwart
traversier n.m. large, ocean-going ship
tremper to soak; to be implicated
trésor n.m. treasure
trésorier n.m. treasurer
trésorise gathers up
tribut n.m. tribute
tricot n.m. jersey (cloth)
tromper to deceive
tromper (se) to deceive themselves
trompeur deceitful
trou n.m. hole
trouver to find
trouver (se) to find oneself; to be
tubéreuse n.f. tuberose
tuer to kill
tulipier n.m. tulip-tree
tuyau n.m. pipe
user to use up, to consume
usité in common use
ustensile n.m. implement
vache n.f. cow
vague n.f. wave
vaisseau n.m. ship, vessel
vaisselle n.f. plates and dishes
valeur n.f. courage; value
valoir to be worth
vanter to praise
varier to vary
vase n.f. slime, mud
vase n.m. vessel
vaseuse slimy, muddy
veau n.m. calf
veille n.f. day before
venal corrupt
vendre to sell

venger to avenge
venger (se) to get revenge
venin n.m. venom
venir to come
venir à bout to succeed
venir de to have just
vent n.m. wind
vente n.f. sale
ventre n.m. belly, stomach
verge n.f. rod
vérité n.f. truth
vermillon n.m. red pigment
verni glazed, varnished
vérole (petite) n.f. smallpox
verre n.m. glass
verser to shed
vertu n.f. virtue; ability
veuve n.f. widow
viande n.f. meat
vider to empty
vie n.f. life
vieillard n.m. old man
vif, vive alive; sharp
vigne n.f. grapevine
vigneron n.m. vineyard-grower
vigueur n.f. vigor
virer to turn
vis-à-vis opposite
vivant living
vivre to live
vivres n.m. provisions
voie n.f. way
voile n.f. sail
voir to see
voirie n.f. refuse-dump
voisin neighboring
voisinage n.m. nearness, neighborhood
voiture n.f. boat
voix n.f. voice
vol n.m. theft
volaille n.f. fowl, poultry
voler to fly
volonté n.f. will
volontiers willingly
voltiger to dart; flutter
vouloir to wish, want
voûte n.f. arch
vraisemblable likely, probable
vraisemblablement probably
vue n.f. sight, view
zèle n.m. zeal, ardor
zélé zealous

Bibliography

MANUSCRIPT SOURCES

Correspondance Générale: Louisiane. Archives des Colonies, Série C13A, 13B. Archives Nationales de Paris. Mississippi Department of Archives and History.
Dumont de Montigny, Louis François Benjamin. Poeme en Vers Touchant l'établissement De la province de La Loüisiane Connüee sous le nom du Missisipy . . . Manuscript 3459, Bibliothèque de l'Arsenal, Paris.
———. Mémoire. Manuscript, Newberry Library.
Minet. Voiage fait du Canada par dedans les terres allant vers le sud dans l'année 1682, Fonds Minet, MG18, B19. National Archives of Canada. Manuscript Division, Ottawa.

PUBLISHED SOURCES

Blanchard, Kendall. *The Mississippi Choctaws at Play: The Serious Side of Leisure*. Urbana: University of Illinois Press, 1987.
Bossu, Jean Bernard. *Nouveaux voyages aux Indes Occidentales*. 2 vols. Paris: Le Jay, 1768.
Catlin, George. *Letters and Notes on the Manners, Customs, and Condition of the North American Indians*, 2 vols. New York: Wiley and Putnam, 1842.
Charlevoix, Pierre François Xavier de. *Histoire et description générale de la Nouvelle France*. 6 vols. Paris: Rollin fils, 1744.
Chateaubriand, Francois-René de. *Atala*. Paris: Bordas, 1968.
———. *René*. Paris: Nouveaux Classiques Larousse, 1984.
Compton's Pictured Encyclopedia, vol. 4. Chicago: F.E. Compton & Company, 1922.
Diderot, Denis, and Jean le Rond d'Alembert, eds. *Encyclopédie, ou Dictionnaire des sciences, des arts et des métiers*. 35 vols. Various publishers, 1751-1781.
Dumont de Montigny, Louis François Benjamin. *Mémories Historiques sur la Louisiane*. 2 vols. Paris, 1753.
Hélyot, P. *L'histoire des ordres monastiques religieux et militaires*. Paris, 1714.
Het Groote Tafereel der Dwaasheid. Wyze, 1720.
La Fontaine, Jean de. *Fables Illustrées*. Paris, n.d.
Law, John. *Anmerkingen over den Koophandel en het Geldt*. Amsterdam: Steenhouwer en Uytwerf, 1721.
Le Code Noir. L'Imprimerie Royale, Paris, 1727.
Lemaire, Jacques Joseph. *Les Voyages du Sieur Le Maire aux isles Canaries, Cap-Verd, Senegal, et Gambie*. Paris: Jacques Collombat, 1695.
Le Page du Pratz, Antoine Simon. *Histoire de la Louisiane française*. 3 vols. Paris: De Bure, 1758.
Mallet, Alain Manesson. *Les Travaux de Mars*. Paris, 1672.
Margry, Pierre, ed. *Découvertes et établissements des Français dans l'ouest et dans le sud de l'Amérique septentrionale (1614-1754)*. 6 vols. New York: AMS, 1974.
McDermott, John Francis. *A Glossary of Mississippi Valley French 1673-1850*. Washington University Studies in Language and Literature 12, St. Louis, 1941.
Monardes, medico de Sevilla. *Primera y secunda y tercera partes de la historia medicinal de las cosas que se traen de nuestras Indias Occidentales que sirven en Medicina*. Seville: Alonso Eserivano, 1574.
Monnereau, Elie. *Le Parfait Indigotier ou Description de l'Indigo*. Amsterdam: Jean Mossy, 1765.
Prévost, Abbé. *Manon Lescaut*. Paris: Librairie générale française, 1972.
Read, William A. *Louisiana-French*. University Studies 5. Baton Rouge: Louisiana State University Press, 1931.
Saint-Simon. *La Cour de Louis XIV*. Paris: Nelson, Editeurs, 1916.
Swanton, John R. *Indians of the Southeastern United States*. Bureau of American Ethnology Bulletin 137, 1946.
———. *Early History of the Creek Indians and their Neighbors*. Bureau of American Ethnology Bulletin 73, 1922.
Thomassy, R. *De La Salle et ses relations inédites*. Paris: Charles Douniol, 1859.
Treaty of Paris. L'Imprimerie Royale, Paris, 1763.
Voltaire (François-Marie Arouet). *Essai sur les moeurs et l'esprit des nations*. Tome IV. Paris: L'Imprimerie de la Societe Litteraire, 1785.
Winsor, Justin, ed. *Narrative and Critical History of America*. 8 vols. Boston: Houghton, Mifflin and Co., 1889.